솔로몬

왕의 기도

솔로몬 **왕의 기도**

초판 1쇄 | 2009년 6월 30일

지은이 | 엘머 타운즈
옮긴이 | 박상명
펴낸이 | 방주석
펴낸곳 | 도서출판 소망

주소 | 서울 서대문구 충정로 2가 157 사조빌딩 403호
전화 | 02-392-4232
팩스 | 02-392-4231

출판등록 | 1977년 5월 11일(제11-17호)

ISBN 978-89-7510-053-6 03230

■책값은 뒤표지에 있습니다.

ELMER TOWNS

솔로몬
왕의 기도

소망
도서출판

엘머 타운즈과 나는 개인적인 친구 사이라서 우리는 함께 세계를 여행하기도 했었다. 내가 아는 그는 대단히 훌륭한 영성의 사람이고, 이 책을 집필할 만한 뛰어난 실력의 소유자이다. 그는 희랍어와 히브리어에 능한 성경학자이기 때문에 히브리서 원문을 충분히 번역해낼 뿐만 아니라 이 책의 독자들을 하나님께로 인도하는 신실한 학자이기도 하다. 나는 Global Pastors Network에서 일하는 수천 명의 직원들 모두가 나와 함께 잠언으로, 전도서로, 아가로 기도하기를 원한다.

제임스 O. 데이비스

Global Pastors Network 공동설립자 및 회장

잠언과 전도서와 아가서로 어떻게 기도해야 하는지를 보여주는 엘머 타운즈의 새로운 저작은 지금껏 출판업계에서 전무했던 획기적인 책이다. 이런 책은 이제까지 단 한 번도 나오지 않았다. 구약학 교수인 나는, 그가 그의 전작 『시편으로 드리는 기도』를 얼마나 정확하고 세심하게 집필했는지 알고서 대단히 놀랐다. 이제 그는 솔로몬의 지혜로 우리가 기도할 수 있도록 더욱 훌륭한 방법을 선사해주었다. 이 독특하면서 유용하고 실제적인 지침서를 절대 놓치지 말기 바란다. 이 책은 기

도하는 당신의 삶을 더욱 넓히고 하나님과 동행하는 당신의 발걸음을 더욱 힘차게 할 것이다.

에드 힌슨 박사

Liberty University 구약학 교수

나는 엘머 타운즈를 35년 전 처음 만났다. 그 때 나는 복음주의와 교회 성장을 위한 그의 열정에 반하게 되었다. 엘머는 자신의 연구를 복음주의에 기초하여 수행해왔다. 무엇보다도 그는 하나님의 말씀, 특히 원문에 근거하여 연구해왔다. 그것은 하나님이 그를 그토록 위대하게 사용하시는 까닭이다. 이제 그는 자신의 히브리어 지식을 사용하여 정말 멋진 책 한 권을 번역해내었다. 이 책은 우리가 하나님을 알고 그분을 만지도록 도울 것이다. 『솔로몬 왕의 기도』는 우리를 하나님께 더 가까이 다가서게 할 것이다. 나는 내 모든 친구들에게 매일의 경건 시간에 이 책을 사용할 것을 권한다.

C. 피터 와그너

Wagner Leadership Institute 총장

<<< 차례

|잠언으로 드리는 기도, 성공의 길을 걷다|

|전도서로 드리는 기도, 죄와 고통을 피하다|

아가로 드리는 기도, 사랑의 의미를 배우다

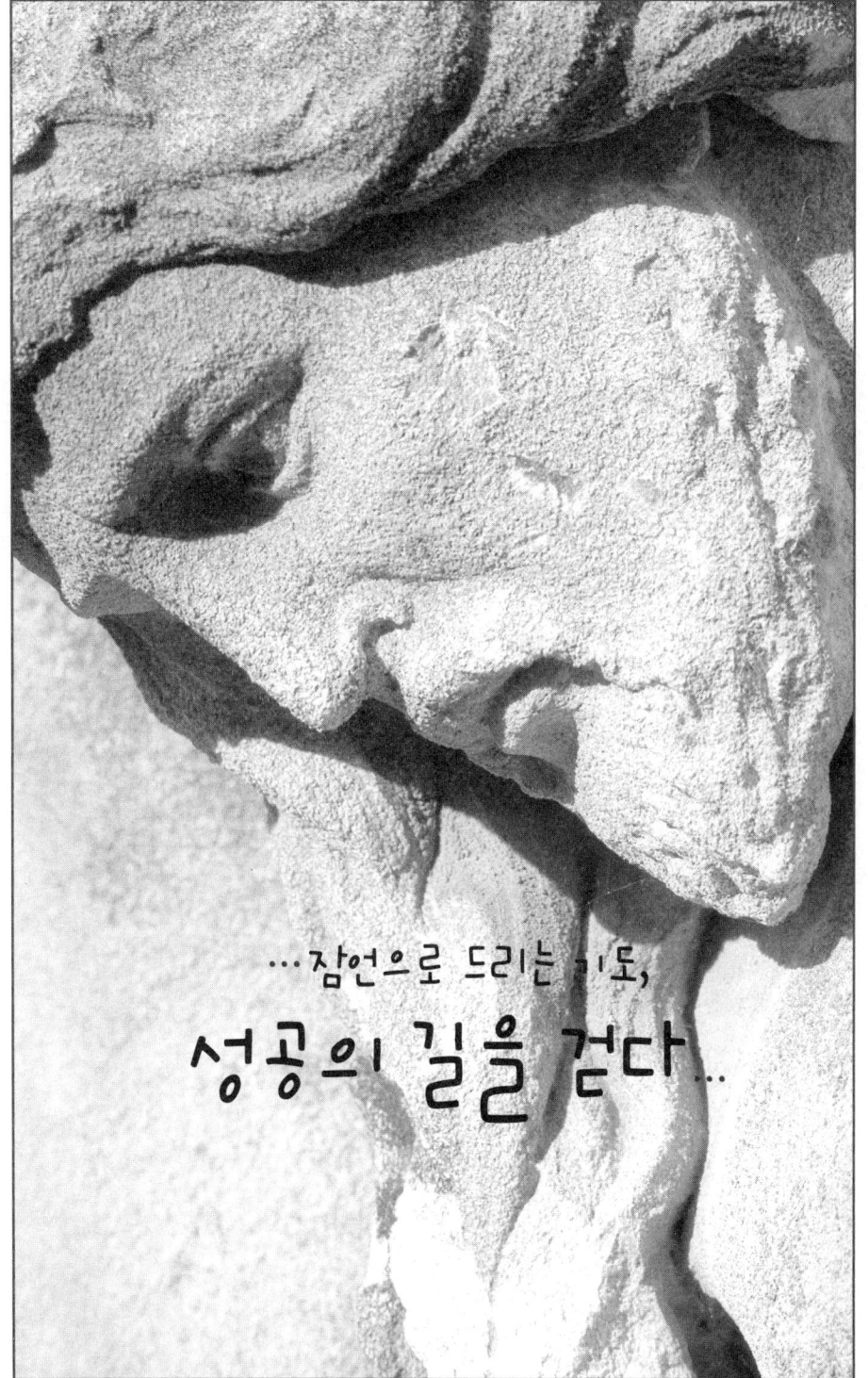

...잠언으로 드리는 기도,
성공의 길을 걷다...

당신은 지금 당신의 삶을 변화시킬 수 있는 책을 손에 들고 있다. 당신이 신실하게 「잠언」의 말씀으로 기도한다면 당신의 삶은 더욱 아름답고 더욱 견고하게 바뀔 것이다. 그런 의미에서 이 책의 제목은 이렇게 불려도 될 것이다. "성공적인 삶을 이끄는 길을 믿으라."

하나님은 「잠언」에다 많은 것들을 넣지 않으셨다. 여기에는 구원의 계획, 교리, 메시아 예언도 없다. 게다가 이야기마저도 없다. 이런 주제들은 잠언서 이외에 성경의 다른 책들에서 주로 접하게 되는 것들이다. 「잠언」에는 사건이나 이야기가 펼쳐지지도 않고, 이름이 명시된 인물들도 나오지 않는다. 딱 한 사람 솔로몬만 거론될 뿐이다(「잠언」에서 다른 이름으로 등장하는 저자들 역시 모두 솔로몬을 지칭한다고 나는 믿는다). 「잠언」은 전하려는 핵심적 내용을 한 두 줄로 간단하게 기술하여(인물 요약) 올바른 삶이 어떤 것인지를 보여준다. 이렇게 소개된 인물들이 이야기로 얽히거나 서로 대화를 나누는 법은 없다. 「잠언」을 보는 당신은 책을 읽는 내내 그런 인물들을 잠깐씩 스쳐 지나게 될 것이다.

2004년 겨울과 2005년 한 해 동안 나는 매일의 경건 시간에 「잠언」의 원문을 현대 영어로 번역했다. 그런데 단순히 히브리어를 영어로 번역만 한 것이 아니라 매 구절의 잠언을 기도로 바꾸어보았다. 그리고 그것을 그날의 중보제목으로 삼고 기도했다. 나는 당신의 기도생활이 날마다 당신 삶에 직접 적용되어 기도와 삶이 하나가 되도록 돕기 위해서 「잠언」을 번역했다. 당신이 매 구절의 잠언으로 기도를 한다면 하나님께 성공적인 삶을 이끄는 길을 신뢰하면서 따라가게 해달라고 기도하는 것이 된다. 다시 말하면 당신은 올바른 원리대로 삶을 살 수 있도록 하나님께 상식과 지혜를 달라고 기도하는 것이다.

그러므로 「잠언」으로 기도를 드리고 행하라. 그러면 당신은 하나님이 당신에게 바라시는 대로 믿고, 바라시는 대로 살게 될 것이다.

나는 이 잠언들이 권고하는 대로 삶을 살려고 한다. 그리고 내가 가는 옆에서 당신도 함께 걸어가기를 바란다. 나는 이 잠언들을 통해서 인생에 대해 가져야 할 올바른 태도들, 하나님이 내게 바라시는 마음가짐들을 정말 많이 배웠다. 그리고 각 경구들을 어떻게 행동으로 옮겨야 할지도 배웠다. 「잠언」의 가르침은 대단히 깊어서 우리의 인생길 내내 이 책 한 권이 충분히 동행해줄 수 있다. 「잠언」의 의미들은 우리가 몇 번 적용하고서 폐기할 것들이 결코 아니다.

당신이 이 책을 읽을 때, 「잠언」이 당신에게 새로운 인생을 열어주길 기도한다. 당신이 기도할 때, 당신이 하나님을 만질 수 있기를 소망한다. 그러나 무엇보다도, 하나님이 당신을 만지시기를 소망한다.

그리스도 안에서 진심으로 문안하며,

엘머 타운즈(블루 브릿지 산맥 어귀 자택에서)

잠언이란 무엇인가?

「잠언」은 구약에 있는 다섯 권의 지혜 문학서인 잠언, 욥기, 전도서, 아가, 시편 중에 한 권이다.

잠언이란 간결한 경구 혹은 특정한 진리를 두 줄 정도로 요약한 짤막하고 대중적인 격언을 말한다. 「잠언」의 영문명인 proverbs에는 "verb(동사)"라는 단어가 포함되어 있다. 이것은 「잠언」이 진리를 말해주는 동시에 그것을 실천하도록 명령한다는 것을 나타내준다.

「잠언」은 보통 외우기 쉬운 어투로 표현되어 있다. 미국의 격언서나 간결한 경구들은 대개 길이가 한 줄인 반면 성경에서는 보통 두 줄이다. 잠언은 대개 일반 사람들이 두루 알고 있고 자주 언급되는 진리들과 유사하다. 하지만 비유를 사용해서 간결하고 압축적으로 표현해내었기 때문에 사람들이 그 가르침을 더욱 귀히 여기고서 삶에 적용한다.

「잠언」은 "지혜에 전념하라. 그러면 분별력을 얻을 것이다"라고 충고한다. 이것은 옳은 것을 분별하는 힘을 기르는 또 다른 길이다. 이 길을 따라서 옳은 것을 분별하게 된다면, 당신은 옳은 것을 행동으로 옮길 것이고, 결국 인생을 성공으로 이끌게 된다. 그래서 「잠언」의 주제는 〈성공적인 삶을 이끄는 길을 믿으라〉이다.

잠언은 주님으로부터 온 진정한 지혜이다. "이 세상의 지혜"(고전 2:1-8; 약 3:13,15)도 물론 있지만, 이것은 그것과는 구별되는 하나님의 지혜이다. 그런데 대부분의 그리스도인들은 진정한 지혜를 예수 그리스도로 정의한다. 예수 그리스도가 곧 하나님의 지혜이시라고 말하는 것이다. 이 고백을 구약의 「잠언」의 내용과 비교해보겠다. 먼저 잠언 8:22-31에서 묘사된 하나님의 지혜는 영원한 것으로 제시되는데(잠 8:22-26), 예수 그리스도께서 영원하신 것과 동일하다. "예수 그리스도는 어제나 오늘이나 영원토록 동일하시다"(히 13:8). 두 번째로 지혜는 모든 만물을 창조하는 원인이 된다(잠 8:27-29). 이 또한 예수 그리스도께서 만물을 창조하신 것과 같다(요 1:3; 골 1:16). 또한 지혜는 하나님의 기뻐하시는 바로 불리는데(잠 8:30-31), 예수 그리스도께서도 역시 그러하시다(요 1:1,2; 골 1:15,19). 그러므로 구약성경에서 진정한 지혜를 얻는 것을 묘사하는 내용은 신약성경에서 당신의 삶을 주장하시는 예수 그리스도를 소유하는 모습과 동일하다.

「잠언」에 포함되지 않은 내용이 무엇인지 확인해보자. 먼저 「잠언」은 구원의 계획을 말하고 있지 않다. 사람들에게 개종하라고 권하지도 않는다. 또한 메시아 예언도 없고, 교리를 가르치지도 않는다. 그리고 기적의 이야기도 없다. 다만 하나님은 「잠언」을 통해서 독자들에게 하나님의 관점과 사고방식, 그리고 이른바 상식을 주려고 계획하셨다. 그러므로 「잠언」은 하나님의 계약으로 들어와 그분을 위해 살기를 갈망하는 자는 물론이요, 구원을 받지 못한 자의 삶에도 해당하는 좋은 충고들을 담고 있다.

솔로몬은 대략 3,000개의 잠언을 썼다(왕상 4:32). 이 때문에 「잠언」에 있는 800구절의 말씀들이 그가 직접 쓴 작품인 것으로 널리 알려지게 되었다. 그러나 히브리어 원문을 정확히 해석해보면 저자를 솔로몬만으로 국한시킬 수는 없다. "다윗의 아들이요, 이스라엘 왕인 솔로몬을 위하여 전하는 지혜자의 말씀이다"(잠 1:1).

왕이 된 솔로몬을 위한 교훈

(잠 1:1-9:18)

「잠언」 1장 1절에서 9장 18절까지의 부분은 이스라엘 왕이 된 솔로몬을 위해 다윗이 쓴 교훈들을 담고 있다. 이 부분 모두가 아버지 다윗이 아들 솔로몬에게 주는 교훈임을 주목할 필요가 있다. 다윗은 "내 아들"에게 하는 훈계를 통해서 솔로몬에게 그가 왕이 되면 어떻게 처신해야 되는지를 가르치고 있다. 흠정역 성경에서 이 부분을 번역한 것을 보면, 대명사 "너의," "너를," "너는"이 등장하며, 아마도 밧세바를 언급하는 "너의 어머니"라는 말이 또한 등장한다.

솔로몬의 잠언들

(잠 10:1-19:19)

「잠언」의 두 번째 부분인 10:1-19:19은 솔로몬이 쓴 것이다. 그래서 이 부분은 "솔로몬의 잠언"이라고 시작한다. 또한 솔로몬을 더 이상 제 삼자로 지칭하지 않기 때문에, "그," "그의," "그를"이라는 대명사들이 나오지 않고, 이전 구절에서 저자가 "내 아들"이라고 부르던 것 역시 나오지 않는다. 이것은 솔로몬이 이제 글을 쓰는 사람이지 글을 받는 자가 아니라서 그렇다. 이 두 번째 부분은 모든 하나님의 백성들의 삶을 실제로 지도하기 위해 쓰여진 글이며, 이스라엘의 왕 되기를 준비하는 젊은 왕자를 위한 것이 아니다.

솔로몬을 위한 잠언들

(잠 19:20-24:34)

이 부분은 "내 아들"로 시작한다. 즉 이 잠언들의 수신자가 다시 솔로몬이 된 것이다. "그," "그를," "그의"라고 부르는 것도 다시 등장한다. 이 잠언들은 솔로몬이 왕이 되었을 때 솔로몬을 지도하기 위한 내용들이다.

25장부터 시작되는 히스기야 왕의 지혜자들의 잠언이란 본래 솔로몬이 썼던 것을 왕궁 도서관에서 발견한 것이다(잠 25:1). 이 사람들은 히스기야의 지도 아래 솔로몬의 잠언들을 하나님의 감동에 따라 필사했고, 그것이 성경에 포함되었다. 그러나 그들이 하나님의 영감을 받았는지는 의문시될 게 없다. 그 질문은 그들이 전해준 잠언들이 어떻게 우리에게까지 오게 됐는지를 묻는 것과 같다. 이 잠언들은 본래 솔로몬이 말했던 것으로, 그의 서기관들이 받아 적거나 솔로몬 자신이 직접 적었던 것이다. 그리고선 왕궁 도서관에 보관해두었던 것이 후에 히스기야의 서기관들에 의해 정경으로 편입되었다.

30장은 아굴이 썼고(잠 30:1), 31장은 르무엘 왕이 썼다. 하지만 이 이름들은 솔로몬의 별칭들이다. 따라서 이 두 장의 저자 역시 솔로몬이다. 탈무드에서는 솔로몬을 여섯 가지 이름으로 부른다. 솔로몬, 여디디야, 야겟의 아들, 아굴, 르무엘이 그것들이다.

마지막 부분은(잠 31:1-31) 르무엘 왕의 글이다. 르무엘(Lemuel)은 El(여호와라는 뜻)과 Lem(왕이라는 뜻)이 합성된 이름이다. 즉 하나님이 사랑하시는 왕이라는 뜻이다. 이것은 솔로몬 자신을 가리킨다. 왜냐하면 솔로몬이 태어났을 당시 "여디디야", 다시 말하면 "여호와께서 사랑하시는 자"라고 불렸기 때문이다(삼하 12:25).

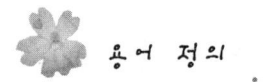
용어 정의 · · · · ·

아버지 – 「잠언」 전체뿐만 아니라 성경의 다른 책들에서도 '아버지' 는 가르치는 자를 지칭한다(왕하 2:12; 6:21; 13:14; 삿 17:10; 18:19).

아들 – 학생을 가리킨다(삼상 3:6,16; 왕하 2:3,5,7,15).

바보 – 지혜로운 충고를 거절하는 완고한 자들을 일컫는다. 사실상 그들은 자신이 모든 것을 알고 있다고 생각하는 자기중심적인 자들이다. 바보들은 영적인 면에서 하나님께 대항하는 자로 그려져 있다. 바보를 가리키는 다른 명칭으로는 죄인, 악인, 혹은 위선자가 있다(잠 3:33; 28:4,28; 29:2). 바보로 번역된 히브리어의 본래 명칭은 모두 세 가지가 있다.

1. evil – 생각이나 행동거지가 부주의한 자를 묘사한다(잠 7:22; 10:8; 13:21; 11:29 등).
2. kesil – 우둔하고 무감각한 자나 배우기를 거부하는 자를 뜻한다. 잠언에 49번 나온다(잠 1:22,32; 3:35 등).
3. nabal – 반항하는 본성을 표출하는 상스러운 자이다. 잠언에 세 번 등장한다(잠 17:7,21; 30:22).

낯선 여인 – 이 명칭은 히브리어 zarah와 mokriah를 번역한 것이다. 성경학의 관점에서 보면, 그녀는 죄를 짓는 이스라엘 여인일 뿐만 아니라 외국에서 온 이방 여인을 뜻한다. 낯선 여인과 관계하지 말라고 남성에게 이르는 말은 단순히 그의 성적인 순결성을 지키라는 뜻일 뿐만

이 아니라 종교적인 순결성 또한 지키라는 말이다. 왜냐하면 만일 그녀가 다른 민족 사람이라면 그를 하나님의 계약에서 분리시킬 것이기 때문이다. 오늘날, 매춘부와 성행위를 하는 사람은 자기 몸을 거슬러 죄를 짓는 것일 뿐만 아니라 하나님에 대항해서 죄를 짓는 것이기도 하다. 필자는 이 여인을 창녀라고 지칭했다.

지혜 – 이 단어는 인생에 적용한 하나님의 진리를 말한다. 즉 사람이 올바로 살 수 있게 인도하는 바른 원리들을 뜻한다.

「잠언」의 핵심 단어는 지혜이다. 그 주제는 "지혜를 얻으라. 그러면 당신은 삶을 성공으로 이끄는 방법을 생각해낼 수 있다."이다.

지혜로 번역된 히브리어 단어는 모두 여섯 가지가 있다.

1. chokmah – 42차례 번역되어 나온다. 진정한 지혜 또는 하나님의 모든 계명들과 일관된 것을 뜻한다. 이 단어는 모든 하나님의 율법들이 세워진 옳은 원리들을 지칭한다.

2. binah – 이 단어는 인식 또는 분별력이란 뜻이다. 흠정역 성경에서는 이 단어를 12차례에 걸쳐 "이해력(understanding)"이라고 번역했다.

3. lab – 이 단어는 마음으로, 또는 지혜라고 번역된다(잠 10:21; 11:12; 15:21; 19:8). 사람이 태어날 때부터 갖고 있는 지혜를 뜻한다.

4. ermah – 이 말은 지혜 혹은 영리함으로 번역된다(잠 1:4; 8:5).

5. sakal – 양식이나 상식으로 번역된다(잠 1:3).

6. sekel – 통찰력이나 이해력으로 번역된다(잠 3:4; 12:8; 15:15; 16:22; 23:9).

교훈 – 학생을 훈계하거나 훈련하는 것을 뜻한다. 학생이 잘못했을 때에 야단을 치거나 벌을 주는 것을 뜻하기도 한다.

말씀들 – 사람의 격언이나 생각들을 뜻한다. 말씀들이란 용어는 im이나 ah를 번역한 것인데, 사람이 배운 지식이나 깨달음을 나타낸다.

순진한 자 – 교활하지 않고, 의심하지 않고, 배움이 없는 자를 뜻한다 (잠 7:7; 8:5; 9:4; 16:14,15; 19:25; 21:1; 22:3; 27:12). 이 말은 우둔한 자나 어리석은 자를 뜻하지는 않는다. 왜냐하면 우둔한 자나 어리석은 자라는 말은 그에게 배울 능력이 없다는 것을 암시하기 때문이다. 그러나 순진한 자는 배울 수 있다. 그렇기 때문에 「잠언」은 순진한 자에게 교훈과 훈련을 받으라고 권고한다. 그러나 순진한 자가 교훈을 거절하면 바보가 되어버린다.

해석 – 전하는 말의 핵심 뜻을 설명하는 것을 뜻한다.

두려움 – 이것은 걱정하거나 겁을 내는 것을 의미하지 않고, 차라리 존경에 가깝다. 두려움이란 존경하는 마음으로 드리는 신뢰를 뜻한다. 이것은 구원과 관련된 용어이다. 「잠언」에서 이 단어는 14번 나왔는데, "주를 두려워함"이라고 번역되었다.

1

...

아버지의 가르침 - 지혜로워라

다윗의 아들, 이스라엘의 왕 솔로몬의 잠언

주님, 저는 주께서 제게 무엇을 원하시는지 알고 싶습니다.

그래서 그 뜻대로 순종하길 원합니다.

저의 이 소원을 들으시고 저를 가르쳐주십시오.

그러시면 제가 마땅히 할 일을 항상 깨달을 수 있을 것입니다.

제가 갖춰야 할 모든 지혜를 제게 내려주십시오.

그러시면 저는 매사를 공정하게 행하여

한쪽으로 치우치지 않겠습니다.

제게 가르칠 수 있는 지혜를 주셔서,

어찌 행할 바를 모르는 사람들을 도울 수 있게 해주십시오.

제게 경청하는 귀와 배우고자 하는 마음을 주셔서

저의 이해력이 어제보다 오늘 더욱 깊어지게 해주십시오.

그러시면 저는 항상 옳은 일을 행할 것입니다.

저는 지혜자들로부터 많은 조언을 얻고 싶습니다.

그래서 저 역시 지혜로운 사람이 되어서

어려운 상황을 헤쳐 나가는 법을 배우기 원합니다.

주여, 주님께 모든 지혜가 있음을 저는 압니다.
주님의 길들을 이해할 수 있도록 저를 도우시고
마음이 비뚤어져 주님 인도를 멸시치 않게 해주십시오.

아버지를 대하듯 주님의 말씀을 새겨듣고
어머니를 대하듯 주님의 뜻에 순종하도록
저를 가르치시고 지도하여 주십시오.
제 삶을 승리로 인도하시는 주님의 선한 법을
다른 사람들도 함께 볼 수 있게 하시고
그들 역시 주님의 아름다움에 영광을 돌리도록 해주십시오.

주님, 함께 죄를 짓자는 죄인들의 유혹을 물리치도록,
그들에게 속아 넘어가지 않도록 저를 단단히 지켜주십시오.
그들은 떳떳하지 못한 방법으로 돈을 벌도록 저를 부추깁니다.
그래서 무고한 사람들에게 해를 끼치도록 저를 유도합니다.
주님, 그들의 유혹을 거부하도록 제 심지를 굳세게 해주십시오.
남의 삶을 파괴하는 것은 곧 제 삶을 스스로 죄에 가두는 것입니다.
죄인들이 제게 약속하는 바가 아무리 엄청날지라도,
엄청난 재산과 부유한 가정, 으리으리한 집을 제게 준다 해도,
그들이 자신의 재산까지도 저와 나누겠노라 맹세한다 해도,
그 저주의 길로 가지 않도록 저를 붙잡아 주십시오.

그들을 멀리하라던 주님의 음성을 저는 기억합니다.

주님은 제게 말씀해주셨습니다.

"그들을 닮지 말고 그들에게 끌려 다니지 마라."

그들은 법을 우습게 여기고 쉽게 위반하며

무고한 자들을 착취하여 그 삶을 파괴하기 때문입니다.

다른 사람들을 이용하려는 그들의 모든 계획들은

오히려 그들을 깊은 수렁에 빠뜨립니다.

그들은 자기 욕심을 위해 남의 행복을 훔치려하지만

그 행복을 누릴 수 있는 모든 기회는

그들의 탐욕이라는 제단 위에 모두 살라지고 맙니다.

주님, 정직한 자들이 이 세상의 불의와 범죄를 보고 비통해합니다.

정의가 바로 서도록, 범죄에 대한 심판이 내려지도록,

정직한 자들이 눈물로 탄원합니다.

"언제까지 이 죄악이 만연하겠습니까?"

"언제까지 주님을 신뢰하지 않는 사람들이 득세해야 됩니까?"

"언제까지 패역한 자들이 하나님의 법을 무시하고 짓밟겠습니까?"

주님은 저희들을 주님께 돌아오라고 부르십니다.

주님은 저희에게 성령을 부어주신다고 약속하십니다.

주님은 저희에게 주님의 길을 가르쳐주신다고 약속하십니다.

그렇습니다, 주님.

주님이 패역한 자들을 부르신 것은

자비의 손을 내미시어 그들에게도 기회를 주시기 위함입니다.

그러나 패역한 자들은 주님의 길을 거절할 뿐만 아니라

그것과 정반대로 행하기로 작정을 합니다.

그리고선 주님이 뜻하신 모든 것들을 철저하게 배척합니다.

그러므로 주님이 그들을 벌하실 날에

주님은 그들에게서 등을 돌리실 것입니다.

그리고 이렇게 말씀하실 것입니다.

"너희들은 너희들이 바라던 바를 얻은 것이다."

그 날에 주님을 거역했던 자들은

스스로 저지른 죄악의 결과들 속에서 숨이 막히고

죽음의 고통 속에서 울부짖을 것입니다.

자비를 구하며 울부짖지만 얻을 수 없고

주님을 찾아보지만 찾을 수 없을 것입니다.

지옥에서는 더 이상의 기회가 없습니다.

그들은 주님이 보여주신 생명의 길을 증오했기 때문입니다.

그들은 주님의 말씀을 듣고 배우려 하지 않았습니다.

그들의 삶을 위한 주님의 계획을 거절하고

주님께서 그들에게 바라신 일들을 거부했습니다.

그러므로 패역한 자는 자신의 죄악의 열매를 거두게 될 것입니다.

남들에게 주었던 동일한 불행과 고통 속에서 괴로워할 것입니다.

그가 저질렀던 사악한 범죄는 그 자신을 심판하게 될 것입니다.

주여, 지금도 많은 사람들이 주께로 돌아와 주님의 자녀가 됩니다.
패역한 자들 역시 그들처럼 회개하고 돌이킬 수도 있었습니다.
그러나 그들은 마음을 바꾸지 않았습니다.
주여, 주께서 의로운 자들에게 내리시는 풍요가
사악한 자들에게 회개하도록 경고했을 것입니다.
그러나 그들은 행동을 고치지 않았습니다.

그러나 주님, 주님의 교훈을 듣고 배우려는 사람들은
주님의 임재 안에서 안전할 것입니다.
그리고 악에게서 건짐을 받을 것입니다.
아멘

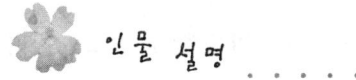 인물 설명 . . . . .

바보

오늘날 사람들의 주목을 받는 무대 위에서 바보들이 인기를 얻는 일이 종종 있다. 필자의 어린 시절에는 루 코스텔로(1940년대 활동한 미국 2인조 희극단-역자주)가 인기였는데, 그들의 바보스러운 행동들을 보면서 많이 웃었다. 제리 루이스(1950년대 전성기를 누린 미국 유명 희극인-역자 주)도 굉장히 바보스러웠던 것으로 유명했는데, 그를 보면서도 많이 웃었다. 다음으로는 어릿광대 삼총사(Three Stooges, 1960년대 절정을 누린 미국 희극단-역자주), 로럴과 하디(뚱뚱이와 홀쭉이로 유명한 미국 2인조 희극인-역자주)를 보면서 참 많이 웃었던 기억이 있다. 이 사람들이 진짜로 바보이거나 멍청한 것은 아니었다. 그들은 단지 사람들을 웃기려고 그런 척했을 뿐이다.

그러나 성경은 바보를 다르게 정의 내린다. 성경에서 말하는 바보란 상식대로 행하기를 거부하는 사람, 규칙 준수하기를 거부하는 사람, 사람들이 현명한 일이라고 말해줘도 행하기를 거부하는 사람을 일컫는다. 그런 바보들은 하나님을 부인하는 자들이다. "바보는 마음속으로 '세상에 하나님은 없어'라고 말한다"(시 14:1). 성경에서는 이런 사람을 "지식을 미워하고 하나님 두려워하기를 택하지 않는다"고 묘사한다(잠 1:29). 바보는 옳은 일을 행하기보다 이기적인 일을 하거나 자신을 행복하게 하는 일을 하거나 육신이 만족스러운 일을 한다. 바보는 자기 생각대로만 밀고 나가는 사람이라, 규칙이나 법 준수하기를 아주 싫어한다. 바보는 법에 거스르는 일 하기를 원한다(잠 10:23; 13:19; 29:27).

바보의 또 다른 어리석음은, 그들이 일을 행할 때 하나님의 방법보다는 자신의 방법을 더 신뢰한다는 것이다(잠 1:7,29). 그 결과 바보는 자기 생각만으로 모든 것을 정당화한다(잠 12:15). 그와는 반대로 현명한 자는 충고를 경청해서 지혜로운 자들이 그에게 해준 말을 실천으로 옮긴다. 사람이 자기 자신만을 신뢰하게 되면 곧 교만해진다(잠 21:24).

현대인에게서 나타나는 바보의 유형에는 두 가지가 있다. 첫째, 바보는 멍청이다. 무지하고 무식해서 무엇을 해야 될지, 어떻게 해야 될지, 왜 옳게 행해야 되는지 모른다. 그러나 멍청한 사람들 대부분은 못 배워서 그런 것이지 배우기만 하면 현명해질 수 있는 사람들이다. 그러나 진정한 바보는 그마저도 배우려하지 않는다.

진짜 문제는 두 번째 유형의 바보에게 있다. 이 바보는 극도로 이기적이다. 이런 사람들은 남들에게 주목받기를 좋아하고, 육신의 안락과 물질의 소유를 좋아한다. 그들은 다른 사람들에게 불쾌감을 줄 정도로 이기적이지만, 자신의 인생에서 필사적으로 원하는 것을 얻기 위해서는 적절한 단계를 밟으려 하지 않는다. 그들은 자신의 이기적인 중독을 보지 못하고, 무엇 때문에 자기 인생의 목표에 도달하지 못하는지 알지 못한다. 바보는 누군가가 그를 참고 용납해주거나 아니면 그를 이용하고 조종할 경우에는 남들에게 좋은 사람으로 비출 수도 있다. 즉, 그들은 스스로를 속이고 있기 때문에 바보들이다.

바보의 특징

첫째, 바보는 올바른 삶을 높이 평가하지 않는다. 즉 바보는 올바로 행동하거나 좋은 일을 바르게 행하기를 귀하게 여기지 않는다. 그 대신 바보는 자신의 이기적인 충동을 따른다. "소원을 성취하면 마음이 즐거우나, 어리석은 자들은 악에서 떠나기를 싫어한다"(잠 13:19, 쉬운성경). 이 구절을 보면 바보는 소원을 성취하는 것, 즉 유익한 일을 성취하는 것에 흥미를 느끼지 않는다. 그들은 장인 정신을 가지고 뛰어난 기술과 능력을 연마하여 일을 성취하는 것에 인생의 만족을 찾지 않는다.

둘째, 바보는 악한 일들에서 재미를 찾으면서 죄로 가득 찬 자신의 이기적인 욕망을 정당화한다. "악을 행하는 것은 바보에게 오락을 하는 것과 같다"(잠 10:23). 바보는 십계명을 어기는 중대한 죄를 저지르는 와중에도 자신을 정당화하면서 이렇게 말한다. "난 그냥 농담을 했을 뿐이라고," "그저 장난 좀 쳤을 뿐이야."

셋째, 바보는 법을 어기는 자들과 같이 올바로 사는 사람들을 비웃는다. 한편 누군가로부터 법을 어기고 있다는 사실을 지적 받으면 그들은 웃으면서 얘기한다. "이거 아무 것도 아니에요." 이를 두고 성경은 "바보들은 죄를 비웃는다"(잠 14:9)고 말해준다.

넷째, 바보는 사람들의 마음을 돈으로 살 수 있다고 생각하거나 자기를 위해 좋은 결정을 내려주고 좋은 일도 해주는 지혜로운 자를 돈으로 고용할 수 있다고 생각한다. "어찌해서 바보의 수중에 지혜를 살 돈이 있는가? 그에게는 그럴 마음이 없는데"(잠 17:16).

다섯째, 바보는 좋은 충고를 들으려하지 않는다. 지혜롭게 되기 위해서는 상당한 대가를 지불해야 되는데, 즉 공부도 해야 되고, 옳은 결정을 내려야 하고, 자신을 훈련시켜야 하는 대가를 치러야 한다. 대학이나 사설 학원에서 공부를 하려 해도 지식을 배우는 데 돈을 지불해야 하는 것과 같다. 그러나 "지혜는 미련한 자에게는 너무 높이 있어서"(잠 24:7, 쉬운성경), 바보는 대가를 지불하려고 하지 않는다. "여호와를 경외하는 것이 지식의 시작이지만, 어리석은 자들은 지혜와 교훈을 멸시한다"(잠 1:7, 쉬운성경).

여섯째, 바보는 자신의 감정을 조절하는 훈련이 되어 있지 않다. 그는 화를 참는 법을 배워본 적이 없다. 그의 감정이 그를 조종하기 때문에 그에게 닥친 문제들이 그를 조종한다. "미련한 자는 참지 못하고 발칵 성을 내지만, 슬기로운 사람은 수치를 당해도 참는다"(잠 12:16, 쉬운성경). 바보는 이성을 잃고 폭발한다. "슬기로운 사람은 쉽게 화내지 않으며, 허물을 덮어 주어 자신의 영광으로 삼는다"(잠 19:11, 쉬운성경).

그리고 또한 바보는 자신의 혀를 통제하지 못한다. 그는 옳은 이야기라도 좋지 않은 때에 말하거나, 그것마저도 못해서 항상 틀린 것만 얘기하고 다닌다. "슬기로운 사람은 자기 지식을 잘 드러내지 않지만,

미련한 자는 자기 미련을 드러낸다"(잠 12:23, 쉬운성경). 「잠언」이 하는 말을 다시 주목해보자. "지혜로운 사람은 지식을 담고 있지만, 미련한 자의 입은 파멸을 가져온다"(잠 10:14, 쉬운성경). "지혜 있는 자의 혀는 지식을 전달하지만, 어리석은 자의 입은 미련을 토해 낸다"(잠 15:2, 쉬운성경). 이것은 그들이 언덕 아래로 굴러가는 속 빈 깡통과 같아서 항상 시끄러운 소리만 내는 것을 나타내고 있다. "어리석은 자는 명철에 도무지 관심이 없고, 자기 생각만 떠벌린다"(잠 18:2, 쉬운성경). 그래서 「잠언」은 이렇게 설명을 덧붙인다. "어리석은 자의 입은 그를 파멸로 이끌고, 그의 입술은 자기에게 올무가 된다"(잠 18:7, 쉬운성경).

바보는 진지하게 생각하는 적이 거의 없다. 심각한 문제에도 콧방귀 뀌고, 영원의 문제를 두고도 농담을 한다. 바보는 자신의 천박함을 사랑한다. 하지만 실상 그는 자신을 속이고 있는 것이다. "지혜 있는 자의 혀는 지식을 전달하지만, 어리석은 자의 입은 미련을 토해 낸다"(잠 15:2, 쉬운성경).

바보들은 좋은 충고를 들으려 하지 않는다. "그들이 지식을 미워하고 여호와를 경외하는 것을 택하지 않았기 때문이며, 그들이 주님의 교훈을 받아들이지 않고 주님의 책망을 업신여겼기 때문이다"(잠 1:29,30, 쉬운성경).

바보들을 가르치려고 애쓰는 것은 시간 낭비일 뿐이다. "비웃는 자를 꾸짖는 사람은 오히려 모욕을 받게 될 것이고, 악한 사람을 책망하는 사람은 해를 입을 것이다"(잠 9:7, 쉬운성경). 이렇기 때문에 바보들은 당신이 하는 말을 거절한다. 또한 이와 반대되는 경우도 맞는 말이 된다. "지혜로운 사람을 훈계하여라. 그는 더 지혜롭게 될 것이다. 의로운 사람을 가르쳐라. 그는 더 많이 배울 것이다"(잠 9:9, 쉬운성경).

바보는 감사할 줄 모른다. 감사는 모든 미덕들 가운데 가장 좋은 것이며, 부모가 자식들에게 꼭 가르쳐야 할 덕목이다. 그러나 바보는 부모의 훈계를 들으려 하지 않고(잠 15:20), 부모를 깊은 근심에 빠뜨린다(잠 10:1). 결국 바보를 자식으로 둔 부모들은 자기 바보 자식을 결코 자랑스러워할 수 없다.

바보는 지식을 배척할 뿐만 아니라 다른 사람들을 속여서 거짓을 믿도록 한다. "슬기로운 사람의 지혜는 그의 길을 밝혀 주지만, 어리석은 자의 미련은 속이는 것뿐이다"(잠 14:8, 쉬운성경). 바보는 진실을 말하지 않을 뿐만 아니라 자신을 반대하는 사람들을 중상 모략한다. "남을 헐뜯는 자는 바보이다"(잠 10:18, 쉬운성경). 바보는 보통 싸우기를 좋아한다. "다툼을 피하는 것은 영예로운 일이나, 미련한 자는 조급히 싸우려 든다"(잠 20:3, 쉬운성경). 바보는 싸움을 시작할 뿐만 아니라 물리적인 폭력을 사용하며 상대를 위협하고, 다른 사람들까지 싸움에 휘말리게 한다. 왜냐하면 "악인의 입은 폭력으로 가득하"(잠 10:6, 우리말성경)기 때문이다.

그러나 이렇듯 바보에 대해서 말하고 설명할 경우에, 우리는 반드시 예수님이 하신 경고를 주의해야 한다. "자기 형제에게 바보라고 하는 사람은 지옥 불에 던져질 것이다"(마 5:22). 우리는 어떤 사람에게든 바보라고 불러서는 안 된다. 우리는 다만 하나님이 바보에 대해서 말씀하신 바를 묘사할 뿐이다. 첫째, 하나님은 하나님을 무시하기를 선택한 자들, 그래서 이기적인 자기 뜻대로만 가는 자들을 가리켜 "바보들"이라고 부르신다(시 14:1; 53:1). 둘째, 우리는 보통 다른 사람들을 정죄한 죄가 있다. 그래서 만일 우리가 바보처럼 누군가를 바보라고 불렀다면, 우리는 바보와 똑같은 멸망의 길을 향하고 있을 것이다. 결국 우리가 누군가에게 "바보"라는 딱지를 붙여놓는다면, 그들은 스스로 회개하고 고치려하기 보다는 우리의 예언을 성취시키려고 노력할 것이다. 그들이 심판받는 것에는 우리도 부분적인 책임이 있다(약 5:20).

바보를 대하는 법

1. 바보의 수준으로 살지 마라. 바보는 자기 일만 하고 법에 순종하지 않는다.

죄를 짓는 저급한 수준으로 바보가 당신을 끌어내리게 하지 마라. 바보는 생각하지 않고 말하고 분노에 휩싸인다. 우리가 생각 없이 말할 때 우리는 바보처럼 행동한다. 우리의 분노가 우리를 조정할 때 우리는 바보와 같아진다. 「잠언」은 우리에게 바보에게는 절대 대꾸도 하지 말라고 한다. 그렇지 않으면 우리도 그와 같이 될 것이다(잠 26:4).

2. 바보를 칭찬하지 마라.

바보들은 자기 스스로 의롭다고 생각한다. 게다가 그들이 칭찬과 찬사를 받게 되면 자신이 한 어리석은 일들과 잘못된 방법을 남들이 지지해주고 옳다 여기는 줄로 착각한다. 그래서 바보에게 어떤 영광도 돌리지 말아야 한다(잠 26:1). 당신이 바보에게 대답해줄 때면, 흠정역 성경에서 말하길, "바보가 스스로 지혜롭다 여기지 않게" 해야 된다(잠 26:5). 이것은 바보가 지혜롭게 된다는 뜻이 아니라, 당신이 그를 칭찬해주면 그가 이기적이고 자기중심적인 착각을 굳히게 될 것이라는 뜻이다. 그러면 바보는 멸망으로 향하는 그의 내리막길을 계속 걸어가게될 것이다. 따라서 바보가 한 어리석은 일들을 칭찬해주지 말아야 한다.

3. 바보를 고치려 들지 말라. 바보는 좋은 훈계를 들으려 하지 않고, 옳은 일을 행하려 하지도 않는다.

그는 책망의 말이나 좋은 충고를 들으려 하지 않는다. 사실, 당신이 바보를 고치려 든다면 그가 도리어 당신에게 야단칠 것이다. 그리고 당신이 바보를 비판한다면 그는 당신을 모욕할 것이다. "교만하여 남을 비웃는 자들을 고치려들지 마라. 그렇지 않으면 그가 너를 증오할 것이다. 지혜로운 자를 꾸짖어라. 그러면 그가 너를 사랑할 것이다"(잠 9:8).

4. 바보가 자신이 행한 결과를 보고 배우게 하라.

성경은 "죄인들의 길은 험난하다"(잠 13:15, 우리말성경)고 말한다. 자기 고집대로 자기 길을 가는 바보는 결국에 어리석은 행동들의 결과를 맞게 되어 고통을 겪는다. 이것은 죄에 대한 심판의 결과이거나 그들의 멍청한 행동의 결과들이다. 그러나 이러한 결과들은 바보가 자신의 어리석음을 볼 수 있도록 돕는 계기가 된다.

성경에서 "바보가 하는 말은 교만해서 매를 스스로 번"다고 말하는데(잠 14:3, 우리말성경), 이 말씀은 바보가 어리석은 것을 말하면 바보는 자기가 말한 것의 결과라는 "매"로 벌을 받게 된다는 것을 뜻한다. 성경은 또 "어리석은 사람의 입술은 다툼을 일으키고 그 입은 매를 부른다"(잠 18:6, 우리말성경)고 말하는데, 어리석은 자는 어리석은 것을 말하려고 입을 여는 것 때문에 징계를 받게 된다고 알려주고 있다.

또한 성경은 "어리석은 사람에게 사치는 어울리지 않다"(잠 19:10)고 말한다. 바보가 좋은 것이나 사치를 해서는 안 된다는 뜻이 아니고, 그들에게 많은 재산이 주어지면 그가 다 낭비해버릴 것임을 뜻한다. 바보에게 돈이 있으면 그는 그 돈을 잃을 것이다. 바보에게 사치스러운 삶을 살도록 재산이 풍족해져도, 그는 그것을 유지할 만큼 영리하지 못하다. 오늘날로 말하자면, 바보에게 최고급 저택을 줘도, 그는 그것을 쓰레기 취급해서 다 부수고 말 것이고, 새 고급 차를 뽑아 줘도 그 고급 차량을 유지하지 못할 것이다.

5. 바보는 함께 논의 할 상대가 못 되기 때문에, 결국 바보들은 자기 실수를 통해서 배우도록 해야 한다.

「잠언」은 바보가 함께 상대하여 의논할 자가 못 되며, 현명한 조언과 토론을 통해서 배울 수 있는 자가 아니라고 말한다. 그들이 유일하게 교훈을 얻는 효과적인 방법은 오직 실수뿐인 것 같다. 특히나 그들이 고통스러운 결과 때문에 고통을 겪게 될 때에야 비로소 교훈을 얻는 것이다. "말에게는 채찍, 나귀에게는 재갈, 미련한 사람의 등에는 매가 필요하다"(잠 26:3, 표준새번역). 이것은 바보가 미련하다는 이유만으로 매를 맞아야 한다는 뜻이 아니다. 이것은 교통 법규를 어긴 자가 벌금을 물거나 유치장에 가야만 하는 등의 상황을 묘사하고 있는 것이다. 당신이 만일 법을 어긴다면 당신의 자유를 빼앗기는 것이 말도 안 되는 일이겠는가? 채찍으로 말에게 순종하는 법을 가르치고, 재갈로 나귀에게 명령을 따르는 법을 가르칠 수 있다. 그와 같이 오직 징계를 통해서만이 바보를 도와줄 수 있다. "거만한 자가 벌 받으면 어수룩한 자가 지혜를 얻고"(잠 21:11, 공동번역).

바보에 대하여 잘못된 인상을 갖지 마라. 「잠언」은 그들에게 배울 능력이 없다는 이유로 바보가 벌을 받아야 된다고 가르치지 않는다. 아니다! 그들은 자기들이 배우기를 거부한 대가를 치르면서 고통을 겪는다. 실수를 저지른 사람보다, 자신이 실수한 것으로부터 배우기를 거절한 사람이 더 멍청한 것이다. 「잠언」은 바보가 배우려 들지 않기 때문에 가루로 갈리듯이 극한 시련에 처할 것을 묘사해주고 있다. "미련한 사람을 절구에 넣고, 공이로 곡식 찧듯 찧어도, 그의 미련은 벗겨지지 않는다"(잠 27:22, 쉬운성경).

바보를 어떻게 대할지, 「잠언」은 가르쳐주는 기본적인 교훈은 이것이다. 상처에 난 딱지를 건드리지 말고, 그 상처를 일으킨 감염의 원인을 속 깊이 파고들라. 즉, 바보의 바보스러운 증상들을 다루려고 하지 마라. 그 증상들의 원인에 처방을 내리고 약을 적용하라. 바보의 문제는 그가 하나님을 거절하고 진리를 거절하길 택했다는 것이다. 그는 스스로 어리석은 것을 행하기로 선택했다는 점에서 어리석다. 「잠언」의 대답은 지혜이다. "너희 어리석은 사람들아, 언제까지 어리석은 것을 좋아하겠느냐? …… 미련한 사람들은 언제까지 지식을 미워하겠느냐? 너희가 내 책망을 듣고 돌이키면 내가 내 영을 너희에게 쏟아 부어 내 말을 너희가 깨닫도록 할 것이다"(잠 1:22-23, 우리말성경). 「잠언」은 바보가 자신만을 신뢰하기를 멈추고 하나님을 신뢰하면 지혜로워질 수 있다고 지적한다. 바보는 자기의 고집대로 행하기를 그치고 하나님의 길대로 따라간다면 지혜로워질 수 있다.

6. 당신은 바보들과 교제하지 말아야 한다.

「잠언」은 말한다. "어리석은 사람이 있으면 그에게서 멀리 떨어져라. 그 입술에서는 지식을 얻지 못한다"(잠 14:7, 우리말성경). 왜 그런가? 어리석음은 전염되기 때문이다. 바보스러운 사람과 어울리는 사람도 그들과 함께 바보가 된다. 왜 그런가? 모든 사람은 이기적인 본성이 있다. 그런데 바보는 자신의 이기적인 본성에 중독되어 있는지라, 자기 주변의 사람들을 자신의 이기적인 본성과 통하게 하려고 자신과 같은 사람으로 바꾸어놓는다. 그러므로 바보 곁에 있는 사람들은 게으르고, 거짓을 말하고, 타락하게 된다. 또한 바보처럼 자신의 인간관계가 비참한 상태에 처한 사실을 알지 못한다.

바보는 당신을 해칠 수 있다. 「잠언」은 "어리석은 사람을 만나는 것보다 새끼를 빼앗긴 곰을 만나는 것이 낫다"(잠 17:12, 우리말성경)고 충고한다. 어리석은 사람들은 자기 주변의 사람들을 세우지 못한다. 오히려 비꼬는 말과 잔인한 정죄로, 모든 사람들을 자신의 수준으로 낮춘다. 또한 당신이 바보와 친구가 된다면, 그는 당신을 이용해먹고 당신의 생명을 빨아먹을 것이다. 새끼곰을 빼앗긴 어미곰을 만나면 분노한 곰이 당신의 사지를 찢어놓는 것처럼, 바보는 당신을 불구로 만들고 쓸모없는 존재로 만들어 버린다.

또한 그 반대의 경우도 잘 살펴보라. 애석하게도 바보의 어리석음이 전염되듯이 지혜로운 자의 지혜가 전염되지는 않는다. 지혜로운 자와 어울린다고 당신이 지혜롭게 되지는 않는 것이다. 지혜로워지려면, 당신은 지혜자의 "현명한 생각"을 경청해야 하고 "현명한 일들"을 행동으로 옮기도록 나서야만 한다.

7. 바보로부터 떨어져 있기 위해서 할 수 있는 모든 일을 해야 한다.

바보는 당신을 해칠 것이기 때문에 바보들 주위에 머무르지 마라. "거만한 사람을 쫓아내라. 그러면 다툼이 없어지리니 논쟁과 모욕하는 일이 그칠 것이다"(잠 22:10, 우리말성경).

이것은 신약성경에서도 일관성 있게 가르치는 것이다. 그리스도인들은 구원받지 못한 자와 사귐을 갖거나 그들의 말에 귀 기울이고 그들과 닮아가서는 안 된다. 바울은 "그리스도와 벨리알이 어떻게 화목하게 지낼 수 있으며, 믿는 사람과 믿지 않는 사람 사이에 무슨 공통점이 있겠습니까? 하나님의 성전과 우상이 어떻게 어울릴 수 있겠습니까? 우리는 살아 계신 하나님의 성전입니다. 하나님께서도 이렇게 말씀하셨습니다. '내가 그들 가운데서 살고 그들 중에 다닐 것이다. 나는 그들의 하나님이 되고 그들은 나의 백성이 될 것이다'"(고후 6:15, 16)라고 열변한다. 그래서 교회는 권고받기를, 제멋대로 행동하면서 교회의 모든 사람들과 불화하는 자들을 물리치라고 했다(마 18:15-17).

결론

당신이 그리스도인이든지 아니든지, 「잠언」에 있는 원리들은 당신이 더 좋은 삶을 살 수 있도록 도와줄 것이다. 당신이 옳게 행동할 때 당신은 하나님 보시기에 의롭게 되는 기초를 닦아놓는 것이 된다. 물론 당신이 의롭게 행한 좋은 일들이 당신이 하나님 앞에 설 수 있도록 자격을 부여하는 것은 아니다. 그러나 선행과 의로움의 순서를 거꾸로 놓고 생각해보라. 올바로 믿고 올바로 행하길 원하는 자들은 어떻게 의로움을 얻을 수 있을지 가르치는 성경의 말씀을 받아들여서 그 의로움의 기초를 쌓는다. 즉 의롭게 행하려면, 사람들은 먼저 예수 그리스도의 의로움을 받아들일 것이고(롬 5:1), 그 예수님을 믿음으로 구원을 받을 것이다.

2

...

당신이 택한 선이 당신을 지킬 것이다

주님이 제게 주신 말씀,

아이가 부모의 교훈을 받듯

제 마음 깊숙이 담아둡니다.

그리고 제 두 귀를 활짝 열어서

주님의 지혜를 듣고 깨달으려 합니다.

제 마음을 다해 주 알기 원합니다.

그렇게 제가 알게 된 주님을

다른 사람들에게 전할 것입니다.

돈보다도, 숨겨놓은 금단지보다도

저는 주님의 지혜와 지식을 더 원합니다.

주님의 행하시는 법을, 주님이 가시는 길을,

소중히 여기며 따르도록 저를 가르쳐주십시오.

주님이 제게 원하시는 삶이 어떠한지를 보여주십시오.

주님을 알고, 명하신 바를 순종하도록

제게 지혜를 내려주십시오.

주님, 바른 삶을 살려는 자들에게
풍성한 지혜가 준비되어 있다는 사실을
저는 깨달아 알고 있습니다.
주님을 아는 자들을,
정직한 길을 가려는 자들을,
주님은 성실하게 보호하십니다.
주님은 옳은 일을 선택하는 자들에게
의를 행할 길들을 보이십니다.

제가 정직하게 선을 행하려 하면
주님의 성령은 제가 무엇을 해야 할지 알려주십니다.
성령께서는 저를 선한 길로 인도하십니다.

주님의 지혜를 경험하고 나면
저는 제 삶의 방향을 바로잡게 됩니다.
그래서 저는 주님과의 교제를 즐거워합니다.

주님의 지혜를 경험하고 나면 저는 나쁜 결정을 내리지 않게 됩니다.
그래서 저는 실수를 하지 않습니다.
그러면 악한 자들은 저를 유혹하지도 못하고
제게 잘못된 결정을 내리도록 부추기지도 못합니다.
그런 악한 자들은 주님의 방식을 거부합니다.

그리고 주님의 뜻대로 사는 것을 거절합니다.
게다가 악한 자들은 악한 것을 궁리하고 실행하기를 좋아합니다.
그리고 모든 사람들에게 그것을 떠벌립니다.

주님, 여인의 은밀한 유혹으로부터 저를 건져주십시오.
그런 여인은 듣기 좋은 말로 저를 추켜세우지만,
남녀 간의 바른 관계를 갖기는 거부합니다.
그녀는 정결을 말씀하는 주님의 법에서 등을 돌렸습니다.
남자가 그런 여인과 잠자리를 갖는 것은
비참한 죽음의 길로 접어드는 것입니다.
그녀와 함께 동침하는 그 누구도
스스로 결백하다고 할 수 없습니다.
그들은 지옥을 향해 가는 것입니다.

그러나 제가 주님의 지혜에 순종한다면
저는 영원한 생명을 향해 나아가게 됩니다.
올바른 길로 들어서는 것입니다.
왜냐하면 주님의 법을 따르는 자들은
주님과 사귐을 갖게 되고, 주께 순종하는 날만큼
그 아름다운 사귐이 계속되기 때문입니다.
그러나 주님을 배반하는 자는 주님과의 교제를 누려보지 못한 채
결국 죽음을 맞이하게 될 것입니다. 아멘

3

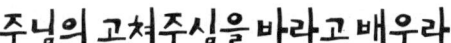

주님의 고쳐주심을 바라고 배우라

주님, 저는 주님의 법을 잊지 않겠습니다.

주님이 보여주시는 길대로 살아가겠습니다.

주님의 원리대로 사는 삶이 저를 만족케 하며

땅에서 장수하게 한다는 것을 저는 알고 있습니다.

주님의 자비하심과 신실하심으로 저를 기억하셔서

어떤 상황에서도 저를 버리지 말아주십시오.

저는 주님의 법을 항상 볼 수 있는 곳에 붙여놓고

끊임없이 묵상하고 되새길 것입니다.

주님의 법과 원리를 제 생각과 판단의 기준으로 삼는다면

주께서는 저를 높이시고 제 삶을 고결하게 하실 것이며,

사람들은 진리를 따르고자 헌신하는 저를 존경할 것입니다.

주여, 저는 제 온 맘을 다해 주님을 신뢰하겠습니다.

과거에 성공을 거두었던 방법을 고집하지 않고,

주님과 동떨어진 어떤 결정도 내리지 않겠습니다.

제 모든 판단과 행동에서 주님의 주권을 인정하겠습니다.

그러시면 주님은 제 길을 인도하실 것입니다.

저는 제 생각대로만 일하지 않겠습니다.

주님의 뜻보다 제 의견을 더 앞세우지 않겠습니다.

무슨 일을 하든지 주님의 뜻을 생각하고 주께 감사할 것입니다.

그리고 크든 작든, 모든 모양의 악을 멀리할 것입니다.

주님의 길과 방법은 저를 지혜롭고 건강하게 합니다.

주님을 따르는 삶은 저를 강하게 만듭니다.

주여, 주님께 제가 가진 전부를 드립니다.

그리고 그 모든 것의 십분의 일을 주님 앞에 놓겠습니다.

주님은 제 통장의 잔고를 넉넉하게 채우실 것이며,

필요한 모든 것을 언제나 공급해주실 것임을

제게 약속해주십니다.

주께서 저를 벌하실 때도 불평하지 않겠습니다.

주께서 저를 고치고 계심을 알기 때문입니다.

주님은 저의 하늘 아버지이시며,

저를 사랑하시고 저를 돌보시는 분이십니다.

그래서 제가 주님께 순종하지 않을 때에는

저를 방관하지 않으시고 바로잡아 주십니다.

육신의 아버지가 자녀를 훈계하듯이

사랑으로 저를 고치십니다.

그 때 저는 주님의 법을 깨닫고

제 삶의 방향을 바르게 고쳐 잡습니다.

주님, 이것은 저의 큰 기쁨입니다.

주님의 고쳐주심은 제게 참으로 귀한 선물입니다.

돈보다도, 값비싼 보석보다도 더욱 귀하디귀합니다.

저를 돌보시는 주님의 사랑은 그 어떤 것과도 비교할 수 없습니다.

주님이 제게 가르쳐주신 대로 순종하며 행한다면

저는 주님의 길에서 돌아선 자들보다 더욱 장수할 것이며,

부유한 자들보다 더욱 행복할 것이며,

유명한 자들보다 더욱 존경 받을 것입니다.

그리고 저는 즐겁고 평화로운 삶을 누릴 것입니다.

주님의 원리들은 누구에게나 복된 삶을 선사합니다.

주님의 원리를 따르는 누구든지

주님이 주시는 풍성한 행복을 누릴 수 있습니다.

주님은 지구를 다스리시려 자연의 법칙들을 세우셨습니다.

주님의 원리들은 우주를 지도하시고 인도하십니다.

주님은 바다를 만드시기 위해서 이치를 세우셨습니다.

주님은 땅 위에 비가 내리도록 계획하셨습니다.

주님께는 모든 만물을 창조한 능력과 지혜가 있습니다.

저는 저를 위한 주님의 법을 소홀히 하지 않겠습니다.

저는 주님의 원리대로 살아가겠습니다.

주님의 법은 제 삶을 풍성하게 합니다.

주님의 법은 제가 의무를 충실히 다하도록 도와줍니다.

주님의 법은 매일 매일 저의 삶을 지도해줍니다.

주님의 법은 제가 지독한 실수를 범하지 않도록 해줍니다.

저의 양심과 지각만으로는 제 자신을 지켜낼 수 없기에,

악한 자가 갑작스레 저를 공포에 몰아넣고 멸망시키려 할 때,

저는 주님을 굳게 붙들고 의지합니다.

저는 주님의 길을 따르기로 제 자신을 내려놓았습니다.

그래서 주님은 제게 아무 일이나 일어나도록 방관치 않으십니다.

그런 일들은 저를 향하신 주님의 계획 속에 들어있지 않습니다.

주님, 제가 선을 베풀어야 할 사람에게

기꺼이 주기를 망설이지 않겠습니다.

제게 그 즉시 도울 수 있는 능력이 있다면

도움이 필요하여 제게 찾아 온 사람에게

오늘은 그냥 가고 내일 다시 오라 하지 않겠습니다.

저는 저와 사이좋게 지내는 제 이웃들에게

해를 끼칠 만한 일을 계획하지 않겠습니다.

저는 쓸데없이 다른 사람들에게 불평하지 않겠습니다.

동의하지 않을 특별한 이유가 없는데도

괜스레 다른 사람들에게 불평하고 시비 걸지 않겠습니다.

저는 고압적이고 포악한 사람들을

우러러보지도, 따라하지도 않겠습니다.

저는 주께서 그런 자들을 몹시 싫어하시고

이미 그들을 저주하셨다는 사실을 알고 있습니다.

주님, 주님은 제가 어떻게 살아야 할지

제 영혼에게 이미 말씀해주셨습니다.

주님은 올바로 살아가는 자들을 축복하십니다.

그러나 남을 멸시하는 자들을 또한 멸시하십니다.

주님은 겸손한 자들에게 은혜를 주시고

주님을 존경하는 자들을 존중하십니다.

그러나 주님을 무시하는 사람들을 또한 무시하십니다.

아멘

4

...

부모의 충고를 새겨들으라

주님, 저는 분별력과 지혜를 얻기 위해

제 육신의 부모가 주는 충고를 귀담아 들으려 합니다.

그 충고대로 행하면 저는 건강한 삶을 누릴 것입니다.

제 아버지 역시 한 때 그 아버지의 어린 자식이었었고,

제 어머니는 제게 다정한 사랑을 베풀기 때문입니다.

제 아버지는 제가 자신의 충고를 마음에 새겨서

행복하고 풍요로운 삶을 누릴 수 있기를 바랍니다.

제 아버지는 제게 가능한 한 많은 교육을 받을 것을,

배운 바와 어긋나는 길로 가지 말 것을 당부했습니다.

제가 옳다고 믿는 길을 지키라고 했습니다.

그러면 그 길이 제 삶을 지켜줄 것이라 했습니다.

주님, 제가 가장 얻고 싶은 것은 바로 지혜입니다.

그 지혜대로 제 삶을 살아가길 간절히 소원합니다.

제가 삶에서 가장 우선할 것으로 분별력을 삼는다면

그 분별력이 저를 뭇 사람 중에서 으뜸으로 세울 것입니다.

제가 최선을 다해 지혜를 찾고 따른다면
그 지혜가 저를 사람들이 존경하는 인물로 만들 것입니다.

주님, 저는 제 아버지로부터 지혜를 배워
이 땅에서 장수하는 복을 누리겠습니다.
제 아버지가 제게 옳은 것을 가르치려 애를 썼기에
제가 지금껏 옳은 길대로 살아왔던 것입니다.
앞으로도 제 걸음은 비틀거리지 않을 것이며
제 달음박질은 고꾸라지지 않을 것입니다.

저는 제 아버지가 제게 했던 훈계들을 되새길 것입니다.
그가 저를 어떻게 지도했는지 잊지 않을 것입니다.
이것은 제가 사는 이유이요, 목적이기 때문입니다.

주님, 저는 악한 자들을 따라가지 않겠으며
그들이 하는 일도 따라하지 않겠습니다.
저는 그들이 도모하는 일을 피하겠고
그들과는 정반대의 길로 가겠습니다.
그들은 법과 도덕을 준수하는 것이 불편한 사람들입니다.
자기의 악한 일을 남들도 하도록 부추기거나 강요합니다.
안 그러면 마음 편히 쉬지를 못하는 자들이 그들입니다.
그들은 자기 자신만을 위해 모든 열정을 불태우면서

주님의 길을 대항하도록 다른 사람들을 유혹합니다.

주님, 저는 옳은 일을 하는 사람들의 삶이
매일 더욱 밝게 빛난다는 것을 깨달아 압니다.
그 삶은 그들을 찬란한 빛으로 나아가게 합니다.
반면 악을 행하는 자들의 길은 더욱 어두워질 것입니다.
결국 그들은 인생의 어두운 밤을 맞아 넘어지게 될 것입니다.

주님, 저는 제 아버지가 하는 말에 귀를 기울이고
그의 현명한 충고를 마음에 새기겠습니다.
그의 조언에 어긋나게 행치 않을 것이고
그의 지도를 듣지 않으려 등 돌리지 않겠습니다.
그의 교훈은 제가 처한 상황을 잘 대처하고
행하는 일이 열매를 맺도록 저를 인도하기 때문입니다.

주님, 제 마음을 주님께로 집중하겠습니다.
그리고 제 아버지의 말을 모두 행하겠습니다.
저는 그에게서 등 돌리지 않을 것이며
그를 순종하기를 거부하지 않겠습니다.
부모 말을 듣는 자들은 세상에서 성공할 것이며
내면의 행복과 만족 또한 얻을 것이기 때문입니다.

주님, 제가 행하는 모든 것들보다
먼저 제 마음을 지키겠습니다.

마음은 제 삶의 모든 일을 이끌기 때문입니다.
저는 제 마음에 옳다고 믿는 것에 따라서
언제나 진실과 진리를 말하겠습니다.
저는 제 마음이 제게 보여준 방향에 따라서
언제나 옳은 길들로 가겠습니다.
저는 좌로나 우로 치우지지 않겠으며
언제나 악에게서 돌아서겠습니다.
아멘

5

•••

창녀의 유혹을 분별하라

주님, 제가 현명한 충고를 귀담아 듣도록,
유용한 조언을 깨달아 알도록
저를 도우시고 인도해 주십시오.
그래서 제 삶을 아름답게 성장시키는
지혜와 원리들을 배우게 하시고
유익한 진리들을 잊지 않게 해주십시오.

주님, 유혹하는 여자들은 거짓을 말합니다.
그녀의 이기적인 욕망을 만족시키기 위해
자기를 따라오라며 달콤하고 부드럽게 속삭이지만
그 속삭임은 제 삶을 비참하게 파괴할 것입니다.
그녀의 매끄러운 입은 저를 난도질하여 쓰러뜨릴 것이며
그녀의 아름다운 발은 저를 죽음으로 이끌어 갑니다.
그러하여 그녀는 저를 지옥 문 앞으로 곧장 안내합니다.
그러나 저는 정반대편의 길로 가서 삶의 길을 찾을 것입니다.
그녀의 길은 종잡을 수 없고 믿을 수 없기 때문입니다.

그녀가 어디로 인도할 지는 그 누구도 알 수 없습니다.

주님은 주님의 말씀에 귀 기울이라고,
주님의 인도하심을 따르라고,
그 여인을 멀리하고 그녀의 집을 피하라고
제게 분명히 당부해 주셨습니다.
만일 제가 주님의 말씀을 지키지 못한다면
제가 그동안 가꾸었던 명예와 자존심,
제가 오랜 세월 신실하게 지켜왔던 신앙을
한꺼번에 와르르 무너뜨리게 될 것입니다.
그 뒤에 저에게는 비통에 잠긴 노년만이 남게 됩니다.
저의 헛된 욕정이 제 삶을 살라버린 대가로 말입니다.

주님, 여자들의 꽁무니만 따라다니는 남자들이 있습니다.
그런 사람은 주님의 충고를 싫어합니다.
자신의 범죄에 주님이 주시는 책망을 무시합니다.
자기의 어리석음을 지적하는 사람들의 말을 거부합니다.
그에게 경고해주는 사람들에게 등을 돌립니다.

주여, 악이 하마터면 저를 사로잡을 뻔했었습니다.
그러나 저는 그 위기를 잘 대처했고,
신실한 성도의 본분을 지켰습니다.

저는 제 우물에서만 마셔야 함을 압니다.

제 삶을 육체의 욕망에 내주지 않아야 함을 압니다.

저는 저의 자존감을 꼭 지켜내야만 합니다.

이처럼 올바르고 굳은 결단을 내릴 때

주님은 그러한 저의 심지를 축복해 주실 것입니다.

또한 저는 제 아내와 함께 기쁨을 누리게 될 것입니다.

제 아내는 제게 안식과 힘을 줄 것이며,

그녀와 함께 저는 행복할 것입니다.

우리 두 사람은 서로가 있어 행복할 것입니다.

저는 음란한 여인과 즐거움을 나누지 않겠고,

창녀에게서 제 사랑을 찾지 않겠습니다.

제 모든 행동들은 주님께서 지켜보고 계시며

주님은 제가 하는 모든 것을 알고 계시기 때문입니다.

주님을 거역하여 죄를 짓는 사람들은

자신의 죄악 속에 갇힌 죄수가 될 것입니다.

자신의 욕정이 빚어낸 결과들로 심판받을 것입니다.

그들은 인생의 더욱 좋은 것을 맛보지 못한 채 죽게 될 것입니다.

그러나 그들의 죄악이 가져오는 가장 비참한 결과는

그 죄악이 그들을 주님에게서 떼어놓고 멀리 몰아내는 것입니다.

아멘

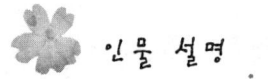

창녀(The Trollop)

「잠언」에 묘사된 품행이 흐트러진 여인은 창녀를 가리킨다. 웹스터 사전에서는 창녀(trollop)를 이렇게 정의한다. "게으르고 더러운 여인, 성적으로 난잡한 여인, 매춘부."[1] 옥스포드 영어 사전에서는 이렇게 덧붙인다. "단정치 못하거나 게으른 여인, 헤픈 여성."[2] Trollop이라는 단어는 troll에서 파생되었는데, troll의 본뜻은 엄청난 소리를 내면서 노래를 부른다는 것이다. 그러나 두 번째 의미는 "낚싯줄을 움직여가면서 낚시하다, 아래위로 다니면서 일하다, 작은 배로 느릿느릿 따라가다"이다. 즉, Troll이란 낚시를 할 때 쓰는 미끼이다. 이 말은 곧 창녀의 특징을 묘사하고 있는 것이 아닌가? 창녀는 낚싯줄을 계속 던져서 물고기를 꾀어내거나 잡으려고 하는 것처럼 남자들 주변에서 어슬렁거리는 사람이다. 그리고서 남자들을 낚는다. 창녀를 가리키는 비슷한 말로 매춘부(slut), 바람둥이 계집(hussy), 간부(adulteress), 간음자(fornicator)가 있다. 미국 여고생들은 창녀처럼 행동하는 여자아이를 두고 '호(ho)' 라고 부른다.

창녀는 자신의 영적인 상태에 대해서 절대 생각해보지 않고, 자신의 몸과 영혼에 무슨 일이 발생할지 그 결과와 운명을 생각하지 않는다(잠 5:6, 9:13). 그리고 그녀는 남자들에게 그들이 자신에게 유혹당하여 꼼

짝없이 멸망으로 인도되고 있다는 것을 말해주지 않는다(잠 2:18,19; 6:26; 7:22,23; 9:18).

창녀는 유혹적인 옷차림을 하고서(잠 7:10) 자신의 외적인 아름다움으로 남자들을 유혹한다(잠 2:16,17). 이런 창녀를 어떻게 봐야 할지 「잠언」은 이렇게 경고한다. "너는 그런 여자의 아름다움을 탐내지 말고, 그 눈길에 매혹당하지 마라"(잠 6:25). 왜냐하면 그것은 단지 겉만 번지르르한 화장과 선정적인 의상, 향수로 꾸며진 것이기 때문이다.

신약성경은 남자를 죄 짓도록 유혹하는 것으로 세 가지 것들을 제시한다. "이는 세상에 있는 모든 것들, 곧 육신의 탐욕과 안목의 정욕과 세상살이의 자랑은 아버지에게서 온 것이 아니라 세상으로부터 온 것이기 때문입니다"(요일 2:16, 우리말성경). 그래서 창녀는 남자를 유혹하기 위해 이 세 가지를 모두 사용한다. 첫째, 그녀는 남자가 그의 육체적인 성적 욕구를 충족해주기를 원한다는 것을 알고 있다. 그래서 그녀는 잠자리를 같이 하자고 제안한다. 간음하는 여인이 남자에게 왜 성을 미끼로 유혹하는지 다른 사람들은 이해가 안 되지만, 창녀는 성이 남자에게 먹힌다는 것을 잘 안다. 둘째, 창녀는 남자를 유혹하기 위해 안목의 쾌락을 사용한다. 그래서 그녀는 자신의 아름다움과 요염한 눈짓을 미끼로 던지면서 남자를 유혹하여 은밀한 곳으로 오게 한다. 셋째, 창녀는 인생의 자랑거리, 즉 남자의 자존심 강한 자아에 호소한다. 창녀는 남자에게 아첨하는 말로 그를 유혹한다. 창녀는 그 남자가 "일인자"로 불리기를 원한다는 것을 안다. 그래서 그 음란한 여인은 그 쾌감을 제공하는 것이다. 남자의 자아에는 통제를 벗어나고자 반항하는 독립적인 본성이 있다. 그래서 창녀는 남자를 하나님의 길에서 벗어나도록 유혹하고(잠 2:16,17), 그녀의 침대로 오도록 해서(잠 7:16), "금지된 꿈같은 쾌락"을 경험하고 즐기도록 한다(잠 7:18). 그러나 남자가 스스로 "일인자"라고 생각할 바로 그 때, 창녀가 이미 자신을 수중에 넣었고, 눌러 이겼고, 그녀의 노예로 삼았다는 사실을 그 남자는 모른다.

창녀는 그 남자가 정말로 원하는 모든 것들을 그에게 준다. 특히 남자의 자아는 아첨받기를 좋아하기 때문에, 창녀의 아첨에 자신을 내어 맡길 만큼 단순한 자는 결국 멸망하게 된다. 창녀는 어리석고 단순한 남자를 붙들고 입을 맞춘다(잠 7:13). 그리고 그에게 말하길, 둘이 은밀히 성을 즐길 안전한 장소가 있다고 말한다. "화목제 고기가 집에 있어요. 난 서약한 제사를 드렸거든요"(잠 7:14, 쉬운성경). 그녀는 또한 그들이 방해받지 않을 거라고 약속한다. "남편은 먼 여행을 떠나고 집에 없답니다"(잠 7:19, 쉬운성경).

저자는 「잠언」을 사용해서 창녀에게 경고를 한다. "불을 품었는데 그 옷이 타지 않겠느냐?"(잠 6:27, 우리말성경). 역으로, 창녀는 「잠언」을 이용해 남자를 유혹한다. "훔친 물이 더 달고, 몰래 먹는 음식이 더 맛있어요!"(잠 9:17, 쉬운성경). 혼외정사를 뜻하는 훔친 물이 "네 우물에서 흐르는 물"(잠 5:15, 우리말성경)보다 더 달다고 창녀는 제안한다. 그러나 창녀는 오래가지 못하는 순간적인 쾌락을 줄 뿐, 그녀와의 성행위는 오래도록 독을 뿜는 무서운 결과를 야기하고 만다.

신실한 여인은 창녀와 정반대이다. "고운 것도 거짓되고 아름다움도 잠깐이지만 여호와를 경외하는 여자는 칭찬을 받을 것이다"(잠 31:30).

창녀가 어떻게 유혹하는가.

1. 아첨(잠 2:16; 6:24; 7:5; 21:2).

2. 달콤한 속삭임(잠 5:3).

3. 외모의 아름다움(잠 6:25).

4. 유혹의 눈짓(잠 6:25).

5. 순진한 남자를 찾으러 어슬렁대기(잠 6:26; 7:13).

6. 관능적으로 보이는 옷차림(잠 7:10).

7. 부산스러움(잠 7:11,12).

8. 잠자리를 할 장소를 제공함(잠 7:12,13).

9. 은밀하게 잠자리를 하자고 대놓고 말하기(잠 7:16-18).

10. 동침하기까지 끈질기게 유혹하기(잠 6:32).

「잠언」은 젊은 남자에게 말하길, 창녀와 어울리는 것은 잘못된 인간 관계임을 말한다. 그녀는 그 남자에게 사랑도, 우정도 주지 않고, 그에게 좋은 아내가 되어주지 않는다. 그녀는 믿을 수 없는 사람이다. 왜냐하면 그녀는 현재의 남편도 속일 것이고, 다음 번 남편도 속일 것이기 때문이다. 「잠언」은 젊은 남자가 덕 있는 아내를 구해야 한다고 가르친다(잠 31:10-31). 그리고 창녀를 거절하고 신실한 여인을 선택해야 한다고 말한다. 왜 그런가? 배우자와의 관계가 생명과 멸망의 결과를 좌우지하기 때문이다.

창녀를 찾아간 결과

1. 배신을 당한 남편의 분노(잠 6:34,35)

2. 재산 손실(잠 6:31)

3. 유죄 판결(잠 6:29)

4. 육체적인 파멸(잠 7:22)

5. 영적인 파멸(잠 7:27)

「잠언」은 유혹에 넘어간 남자와 그를 유혹한 창녀 간의 권력 구도를 정확하게 묘사해주고 있다. 남자를 알고, 그가 무엇을 원하는지 알고, 그의 성적인 호감을 얻기 위해 자기 몸을 어떻게 사용해야 될지 아는 것은 그 여자다. 그 남자로부터 원하는 것을 얻어내는 것도 그 여자다. 언뜻 보면 그 여자가 유혹받는 것처럼 보일지라도, 기실 그 여자가 남자보다 상황을 유리하게 이끌고 통제하고 있다.

그럼 그 남자는 무엇이 되는가? 그는 자신의 성적 욕망에 이끌려서 그 여자가 어떤 힘을 갖게 되었는지 보지 못한다. 사실 그녀는 성행위가 꼭 필요한 게 아니다. 그녀는 남자를 조정할 힘을 얻기 위해 성을 이용할 뿐이다. 그는 그들이 밀회하는 장소가 어떤 곳인지 그 실상을 찬찬히 살펴보지 못한다. 제일 중요한 것은, 그는 창녀를 완전히 이해하지 못하지만, 그 여자는 그를 이해하고 있다는 점이다. 그 결과 남자는 창녀의 마수에 걸려들면 대부분 잘 속어 넘어가고 그녀의 인질로 잡힌다.

6

...

성실히 일하고 방탕한 여인을 조심하라

주님, 저는 친구의 보증을 서지 않겠습니다.

그리고 좋지 못한 거래에 손대지 않겠습니다.

그렇게 관여한 일은 결국 제게 덫이 되기 때문입니다.

계약에 동의한다는 제 말이 제게 다시 찾아와

저를 계속 따라다니며 괴롭힐 것이기 때문입니다.

저는 잘못된 약속과 계약이라면 뭐든지 피하겠습니다.

그래야만 제 친구들이 저를 이용하려 든다 해도

제가 그 친구들을 잃지 않을 수 있기 때문입니다.

주님, 저는 제 삶에 책임을 져야 합니다.

저는 할 일을 내버려두고 잠을 자지 않겠습니다.

사기꾼이 찾아와 저를 꾀어내려 할 때

그가 내미는 잘못된 거래에 빠져들지 않겠습니다.

저는 부지런한 개미들에게서 교훈을 배우겠습니다.

누가 시키지 않아도 개미들은

성실하게 일해야 하는 것을 잘 알고 있습니다.

개미들은 여름에 쉬지 않고 일을 합니다.

그래서 추수가 끝난 뒤에도 먹을 것이 남아 있습니다.

저는 나태한 게으름뱅이가 되지 않겠습니다.

제가 맡은 책임을 다하도록 깨어있을 것입니다.

게으름뱅이는 자신이 할 일에 눈을 감아버립니다.

그는 일해야 할 손을 접어버립니다.

그는 할 일을 질질 끌어서 결국 가난해질 것입니다.

마치 도둑이 전 재산을 훔쳐간 것처럼 말입니다.

주님, 저는 악한 자가 되지 않겠습니다.

지키지도 않을 약속을 스스럼없이 하고,

옳지 못한 일에 눈짓하며,

손발로 죄를 범하고 다니는 자가 되지 않겠습니다.

제가 앞서 나가보겠다고 악을 계획하지 않겠습니다.

죄악으로 제 자신을 기쁘게 하지 않겠습니다.

악한 자는 갑자기 심판을 받게 되어 있습니다.

그의 심판은 그를 둘로 쪼갤 것입니다.

주님, 저는 주님이 싫어하시는 여섯 가지와

가장 혐오하시는 한 가지를 알고 있습니다.

첫째, 교만한 마음과 태도

둘째, 거짓말 하는 혀

셋째, 무고한 피를 흘리는 손

넷째, 악을 도모하는 마음

다섯째, 문제를 일으키는 발

여섯째, 거짓으로 증언하는 증언자

그리고 제일 나쁜 마지막 일곱 번째는

형제들 사이를 끊임없이 이간질 시키는 수다쟁이.

주님, 저는 제 아버지의 훈계를 따를 것입니다.

그리고 제 어머니를 실망시키지 않을 것입니다.

저는 그 훈계와 규율들을 깊게 생각할 것이며

옳은 삶을 살기 위해 그것을 매일 되새길 것입니다.

제 아버지가 제게 주신 훈계와 규율은

제 삶을 성공으로 이끌어줄 것이며

제가 잘 때에도 저를 지켜줄 것이며

제가 깨어있을 때에도 저를 새롭게 할 것입니다.

주님, 주님의 법은 제 발의 등이고

제 길을 비추시는 빛이십니다.

제가 옆길로 빠질 때 바로잡아주시고

제 삶을 새롭게 고치실 것입니다.

주님, 주님의 법으로 말미암아

저를 음란한 여인에게서 지켜주십시오.

그들은 저를 유혹하려고 입에 발린 말을 합니다.

하지만 저는 그녀의 화려함에 혹하지 않을 것입니다.

그녀의 매혹적인 눈짓도 저를 요동하게 못할 것입니다.

음란한 여인의 유혹에 넘어지는 남자는

정말 보잘 것 없는 자입니다.

그 여인이 인생을 사로잡을 것이기 때문입니다.

제 옷에 불을 붙이지 않은 채로

제가 웃옷 안에 불을 담아둘 수 있겠습니까?

제 발을 데지 않으면서도

뜨거운 석탄길 위를 걸어갈 수 있겠습니까?

그처럼 제 양심과 명예를 더럽히지 않고서는

또 다른 여인과 잠자리를 같이 할 수는 없는 일입니다.

가난해서 도둑질 한 자는 그래도 관대하게 이해됩니다.

하지만 잡히면 훔친 것의 일곱 배를 물어야 합니다.

배우자 외의 사람과 잠자리를 한 자도

그 도둑과 같이 물어줘야만 합니다.

모아둔 모든 재산을 날리는 것입니다.

그렇기에 간음을 행하는 자는 바보입니다.

그는 자신을 파멸로 몰아갑니다.

그가 거둘 것은 징계와 혼란뿐입니다.

그가 잠시 했던 불장난을 영원히 잊을 수 없는 것은

질투로 끓어오르는 본 남편의 분노가

그에게 자비를 베풀지 않고 복수할 것이기 때문입니다.

본 남편은 어떤 사과도 받아들이지 않을 것이고,

무슨 수로 달래도 마음을 풀지 않을 것입니다.

아멘

7

...

지혜를 멸시하는 자를 보라

주님, 저는 제 아버지의 가르침에 순종하겠으며,
저에 대한 그의 기대를 잊지 않겠습니다.
제 삶의 모든 영역에서 계명을 지키겠으며,
어떤 계명이라도 눈을 감고 회피하지 않겠습니다.
제 손가락에 단단히 묶어놓은 끈처럼
제 마음에 계명을 매어놓고 잊지 않겠습니다.
그러면 마치 큰 누나가 다정히 말해주듯
지혜가 제게 말을 걸어오고 속삭일 것입니다.
저는 온 집안을 기쁘게 하는 사람이 될 것입니다.

주님, 주님의 지혜는 여인들에게서 저를 지켜줍니다.
달콤한 말로 저를 유혹하는 방탕한 여인들 말입니다.
저는 집에서 창문 밖을 내다보다가
세상 물정 모르는 한 젊은이를 보게 되었습니다.
그는 잘 차려입은 창녀 곁을 맴돌았고,
어리석게도 그녀와 계속 이야기를 나눕니다.

그는 위험에서 빠져나올 만큼 지혜롭지 못해서
그녀의 집으로 가자는 초대를 받아들입니다.
그 때는 날이 어두웠습니다.
그래서 그는 아무도 그를 보지 못한다고 생각했습니다.
저녁의 어스름은 어두움으로 바뀌었고
그의 눈은 죄의 어두움에 가리어 버렸습니다.

관능적이고 노출이 많은 옷을 입었지만
그녀는 아름답지 않았습니다.
그녀는 천한 창녀였습니다.
자신의 가정과 명예를 소중히 여기지 않고
그저 술집을 배회하다 남자들을 낚는 여인이었습니다.

그녀는 그 순진한 젊은이와 시시덕거리다가
입을 맞추고 유혹의 눈짓을 하며 속삭입니다.
"우리는 천생연분이에요.
그동안 어디에 있다가 이제야 나타났어요?
나는 지금껏 당신 같은 사람을 기다려왔어요.
이젠 정말이지 당신을 놓치지 않을 거예요.
내 아파트로 함께 가요.
당신이 무척 맘에 들어 할 거예요.
오늘 밤 나와 함께 있어요.

지금껏 누구하고도 나눠보지 못한 짜릿한 사랑을
오늘 나와 함께 해봐요."
이 순진한 이 청년에게 그녀는 계속 말했습니다.
"내 남자는 지금 가버리고 없어요.
다음 주에나 돌아올 거예요.
다른 도시에 볼 일이 많아서 떠났어요.
그러니 당신과 나의 일은 아무도 모를 거예요."

남자들의 약점을 잘 알고 있는 창녀의 제안을
그 젊은이는 도리 없이 수락하고 맙니다.
마치 도살장에 끌려가는 살찐 짐승처럼,
전기의자로 향하는 사형수처럼,
청년은 그 여인을 따라갑니다.
낚싯밥을 물은 물고기가 곧 죽을 것을 모르듯이
그녀가 자신을 죽음으로 인도하는 것을
청년은 깨닫지 못합니다.

주님, 저는 지혜로운 조언을 찾아서 듣겠으며
들은 그대로 행하겠습니다.
좋은 충고를 거절하지 않겠으며
경건한 자의 충고에 귀 기울이겠습니다.
그 방탕한 여인은 순진한 남자 여럿을 속여 왔습니다.

강한 남자들 역시도 그녀에게 당했습니다.

그녀의 잠자리는 천국이 아니라 지옥입니다.

그곳은 죽음을 향해 뻗은 지름길입니다.

아멘

8
···
옳은 믿음을 지켜라

주님, 주께서 이 땅을 창조하시기 오래 전부터

주님은 불멸의 지혜를 가지신 분이셨습니다.

바다의 깊고 깊음이 있기 오래 전에,

땅 속 깊숙이 샘이 있기 오래 전에,

주께서는 주님의 뜻과 원리대로 만물을 만드셨습니다.

산들이 자리를 잡기 오래 전에,

언덕이 생겨나기 오래 전에,

주께서는 주님의 지혜로운 법대로

모든 일을 행하셨습니다.

천국을 지으셔서 주님의 성소로 삼으실 때도,

우주 만물이 진행하는 영원한 궤도를 잡으실 때도,

주께서는 주님의 정도(正道)를 따라 행하셨습니다.

하늘에 구름을 만들어 띄우실 때도,

구름에서 비가 내려 땅을 적실 때도,

주께서는 주님의 영원한 법에 따라 행하셨습니다.

주님은 피조물이 거할 한계를 정해주셔서

바다가 마른 땅을 덮지 못하게 하시고,
땅의 만사가 주님의 법도를 따르게 하십니다.

주님의 지혜를 의지하는 사람들,
주님의 법을 따르는 사람들,
주님은 그런 사람들을 축복해주십니다.
주님은 모든 사람들이 주님의 원리를 찾고
주님의 지혜를 거절치 않기를 바라십니다.
주님의 법을 배우려는 사람들은
주님의 기준에 따라 살려는 사람들입니다.
주님의 은혜를 받게 되는 그들은
더 나은 내일의 삶을 살 것입니다.
그러나 주님의 말씀을 거부하는 자들은
주님의 뜻을 거역하는 죄를 범하게 되고
결국은 주님의 법을 어기는 대가를 치르게 됩니다.

저는 모든 일에 주님 주시는 지혜를 구하고 따르겠습니다.
주님의 지혜로운 충고는 언제나 제게 이롭습니다.
마치 상품을 팔려고 선전하는 외판원처럼
주님은 여러 방법으로 제게 지혜를 권하셨습니다.
제가 제 삶의 방향을 주님의 원리에 맞춘다면
저는 제 삶의 더 좋은 경영자가 될 것이며,

우리 가족의 더 좋은 일원이 될 것입니다.

또한 이렇게 행하는 어느 누구라도

더욱 지혜롭고 성공적인 삶을 살 것입니다.

지혜를 얻으면 미숙한 자라도 성공할 것이며,

실패자라도 자신의 실수에서 교훈을 배울 것입니다.

주님은 유익한 원리를 따르는 삶의 풍요로움과

옳은 결정을 내릴 수 있는 능력을 제게 주십니다.

주님은 제가 옳은 것을 말하도록 하시며

어리석은 행동과 말을 삼가도록 인도하십니다.

주님, 남에게 주는 저의 충고와 상담이

도덕적으로 올바르며 현실적으로 실효 있게 해주십시오.

그래서 제 말을 듣는 자들이 성공하고,

슬기로운 자들이 저의 지혜를 알아보고,

경건한 자들이 제 삶의 원리들을 귀히 여기게 해주십시오.

주님, 지혜의 가치는 은보다 더합니다.

쉬지 않고 옳은 것을 배우는 사람들은

금보다 더 좋은 것을 받게 될 것입니다.

지혜는 정련된 보석보다 더 귀합니다.

어떤 것도 지혜를 아는 것에 비할 수 없습니다.

지혜는 적절한 행동을 하도록 저를 인도할 것이며,

문제를 해결하도록 창의적인 영감을 제게 줄 것입니다.

주님, 저는 교만해지는 것을 경계하고
사람들을 밟고 올라서는 것을 거절하며
법을 어기는 것을 반대하겠습니다.
저는 제 삶의 가장 우선할 자리에 항상 주님을 모시겠으며,
제 삶을 계획할 때 올바른 원리들을 따르겠습니다.
그러면 선한 선택을 할 수 있는 기준이 제 안에 생길 것입니다.
저는 인생을 어떻게 경영해야 하는지 깨닫기 위해
예부터 전해오는 지혜로운 격언들을 따르겠습니다.
인생을 성공적으로 경영하려는 누구든지
선조들이 몸소 체득하여 전해준 진리들을 따라서
자기 삶을 훈련해야 하기 때문입니다.
지혜는 그것을 따르는 사람들을 아끼고 사랑합니다.
저 역시 저를 재치 있게 하는 지혜를 사랑합니다.
지혜로운 사람들은 더 부요케 되고 더 많은 존경을 받을 것입니다.
그들에게는 이 땅의 보물보다 더 대단한 것이 있기 때문입니다.
그들은 눈에 보이는 물질보다 더 좋은 것을 받게 됩니다.
월급보다, 상여금보다, 퇴직 연금보다 더 좋은 것입니다.
그들은 내면의 인격을 경건하고 아름답게 가꾸어갑니다.
그들이 가진 마음의 평안과 행복은 돈을 주고 살 수 없는 것입니다.
아멘

9

. . .

멍청한 믿음은 파멸로 이끈다

주님, 저는 깨닫고 있습니다,

사람이 성취하는 모든 훌륭한 것들은

모두 주님의 지혜로운 원리 위에서

세워지고 이룩된다는 사실 말입니다.

지혜롭게 사는 사람들은

먹을 것과 마실 것이 풍부하고,

맛 좋은 후식이 가득한 식탁을 얻을 것입니다.

현명하게 사는 사람들은

다른 사람들한테 좋은 충고를 해줍니다.

자신이 배우고 터득했던 교훈과 지혜를

다른 사람들에게 거저 나누어주는 것입니다.

세상 물정을 몰라 남에게 속기 쉬운 사람들은

그들의 지혜를 구하고 배워야만 합니다.

자신을 더욱 성장시키려는 사람들도

또한 그들로부터 배워야만 합니다.

배고파 먹을 것을 찾듯이,

목말라 마실 것을 찾듯이,

지혜 배우기를 간절하게 원해야 합니다.

지혜롭지 못한 자들은

자신의 무지한 고집과 행동을 회개해야 합니다.

그리고선 주님의 지혜를 두 팔로 반겨야만 합니다.

주님, 저는 알고 있습니다.

마음 문을 차갑게 닫아둔 자들에게는

제가 진실한 마음으로 꾸지람을 해도

제 충고가 받아들여지지 않을 것임을,

오히려 미움을 받을 것임을 말입니다.

그러나 현명한 자들에게 조언을 해준다면

그들은 제 말에 귀를 기울이며 들을 것입니다.

그들은 현명하기 때문에

다른 사람의 지혜를 배우려고 합니다.

그래서 자신을 더욱 발전시키고,

자기 가정과 사업을 더 성장시킵니다.

주님, 제 삶의 중심에 주님을 모시는 것이 바로 지혜입니다.

주님이 세우신 원리들을 따라 살아간다면

저는 경건하게 될 것이며,

주님의 지혜대로 살아간다면

저는 더욱 장수할 것입니다.

그것은 곧 주께서 제게 주신 생의 날들을

더욱 더 즐기면서 사는 비결이 될 것입니다.

주님의 지혜는 저를 더 좋은 사람이 되게 하지만

부정적인 사람은 자기 삶을 더 비참하게 만들 뿐입니다.

주님, 저는 알고 있습니다.

남의 일에 참견하기 좋아하는 여성은

지혜롭지 못하고 어리석다는 것을 말입니다.

그녀가 소문을 들어 알게 된 것을 궁리할수록

그녀는 더욱 더 바보 멍청이가 될 뿐입니다.

그녀는 언제나 더 많은 소문들을 들으려고 바삐 다닙니다.

하지만 그녀는 사실 어리석을 뿐만 아니라 무식합니다.

순진한 사람들만이 그녀의 말에 귀를 기울일 뿐입니다.

그녀는 바람피우는 얘기를 듣기 좋아합니다.

훔친 물이 입에 더 달고,

몰래 먹는 떡이 더 맛있다고 생각해서입니다.

그러나 그녀는 깨닫지 못하고 있습니다,

자기가 즐기고 있는 그 소문들이

바로 하나님께 대항하는 자들의 이야기이며,

지옥으로 가고 있는 사람들의 이야기란 것을.

아멘

10
...
옳은 믿음은 성공을 이끈다

주님, 현명한 아들은 그 아버지를 기쁘게 하지만
멍청한 아들은 그 어머니의 어깨를 무겁게 합니다.
악한 방법으로 모은 재산과 부는
사람의 내면에 진정한 행복을 줄 수 없지만
올바르게 사는 사람들은
이 세상이 줄 수 없는 평화를 누립니다.

주님, 올바로 사는 이들은 온전한 삶을 누리게 되지만
주님께 대항하는 자들은 결코 행복해질 수 없습니다.
게으른 자들은 결국 가난하게 되겠지만
부지런한 자들은 번영을 누릴 것입니다.
지혜로운 청년들은 성장기에 열심히 일하지만
어리석은 청년들은 추수기에도 놀기만 합니다.

주님, 주님은 옳은 원리에 따라 사는 자들을
귀하게 여기시고 그 가치를 높여주십니다.

그러나 주님의 법에 대항하는 자들은

법을 어긴 고통스러운 대가를 받아야 할 것입니다.

자신의 의무를 충실히 이행한 사람들은

그들을 생각만 해도 제 기분이 좋아집니다.

하지만 주님의 법에 대항하는 자들은

그들을 떠올리는 제 마음을 씁쓸하게 합니다.

현명한 자들은 주님의 계명을 지키려고 노력하지만,

허풍만 떠는 바보들은 옳은 것을 실천하지 못합니다.

곧고 정직하게 사는 사람들은 자신감을 갖게 되지만,

남의 길에 덫을 놓는 자들은 모든 일이 실패할 것입니다.

다른 사람들의 죄와 실패를 묵과하는 자들은

그들의 묵과한 것 때문에 결국 고통을 받을 것입니다.

옳은 것을 말하는 자들은 다른 사람들을 도울 것이지만,

주님 원리 어기기를 대수롭지 않게 여기는 자들은

결국 자신이 어긴 법 때문에 고통 받을 것입니다.

남을 사랑하는 자들은 남의 잘못과 단점을 눈감아주지만,

남을 미워하는 자들은 다툼을 일으킵니다.

주님, 저는 지혜로운 사람들에게서

지혜로운 생각과 방법을 발견하게 됩니다.

반면 좋은 충고를 거부하는 어리석은 자들은

징계를 받아야 마땅한 사람들입니다.

지혜로운 자들은 더한 지혜를 배우기 원하지만,
바보들은 뭔가 배우기를 신경 쓰지 않으면서
삶을 개선할 모든 기회를 망쳐놓습니다.
지혜로운 사람은 요긴한 것들을 종류대로 구비해놓아서
여러 가지 상황에서 자신을 보호하고 지킬 줄 압니다.
그러나 바보의 재산은 오직 가난뿐이라서
그의 가난함은 그를 파멸에서 보호해주지 못합니다.
옳게 행하는 자들은 자신이 일생 해온 일들 덕분에
자기가 원하는 삶을 누리며 살게 됩니다.
한편 바보의 죄는 아무것도 하지 않는 것에 있습니다.
바보의 게으름은 그에게 아무것도 안겨주지 못합니다.

주님, 주님의 변치 않는 원리들을 따르는 자들은
영생의 길을 걷고 있는 것입니다.
바보는 자신의 원한을 숨기기 위해 거짓말을 하고
자신의 삶의 방식에 반대하는 자들을 비방합니다.
그러나 현명한 자들은 자기의 언사를 단련할 줄 압니다.
누군가 자신의 실패를 변명하려고 하면 할수록
저는 그들이 거짓말을 하고 있음을 알아채게 됩니다.
바르게 행하는 자들의 일은 많은 돈을 받을 가치가 있지만
마음이 악한 자들은 그만한 자격이 안 됩니다.
옳게 행하는 자들의 말은 많은 사람들을 돕지만,

바보의 말을 듣는 자들은 목숨을 잃게 됩니다.

주님, 주님이 주시는 복은 저를 부유하게 하며
그 부에 근심이나 슬픔이 따라오지 않습니다.
바보는 주님의 법을 어기는 것에 즐거움을 느끼지만
자신을 지혜에 맡기는 자들은 더욱 더 현명해집니다.
악한 자들은 평소 그들이 두려워하는 것을 경험하지만,
올바로 살고 행하기를 염원하는 자들은
평소 그들이 인생에서 바라던 것을 얻게 됩니다.
악한 자들의 죽음은 부는 바람과 같아서
그들이 사라져 버린 뒤 아무것도 남지 않습니다.
물론 옳은 일을 하는 자들도 역시 죽습니다만
그들은 죽어서도 다른 사람들에게 계속 영향력을 미칩니다.
게으름뱅이들은 마치 혀를 버리는 지독한 맛과 같고
눈을 따끔거리게 하는 매연과도 같습니다.

주님, 주님은 옳게 행하는 자들의 수명은 늘리시지만
악한 자의 수명은 더욱 짧게 하십니다.
옳게 행하는 자들이 꾸는 꿈은 기쁨을 가져오지만
악한 자가 갖는 기대들은 허무하게 끝납니다.

주님, 주님의 뜻을 행하는 것은 저에게 힘을 줍니다.

그러나 주님을 대항하는 자들의 힘은 흩어져 없어질 것입니다.

바르게 행하는 자들은 바른 것을 말하지만

악한 자의 혀는 아무데도 쓸 데 없습니다.

옳게 행하는 자들은 무엇을 말해야 될지 인식하지만

악하게 행하는 자들은 옳은 말을 입에 담지도 못합니다.

옳게 행하는 자들은 영원히 살 것이지만

악을 행하는 자들은 이 땅에서 편히 살지 못할 것입니다.

아멘

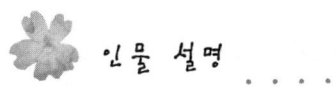

악인

"악인에게 돌아오는 삯은 헛것"이다(잠 11:18, 표준새번역).

"악인의 소득은 고통을 가져온다"(잠 15:6, 우리말성경).

"의인은 재난에서 구원받고, 오히려 그 재난은 악인에게 돌아간다"
(잠 11:8, 쉬운성경).

"악한 사람은 자신의 입술 때문에 죄의 덫에 걸려"든다(잠 12:13, 우
리말성경).

"악인은 피차 손을 잡을지라도 벌을 면하지 못할 것이"다(잠 11:21, 개
역개정).

"악인의 생각은 여호와께서 미워하"신다(잠 15:26, 쉬운성경).

「잠언」은 악인이 결국 실패하게 되는 것을 말해준다. 악인 중 몇몇이
일시적인 성공을 거두어서 기뻐할 수 있지만, 그들의 기쁨과 풍요는 영
원한 것이 아니다. 올바로 삶을 살아가는 사람은 악인들을 부러워해서
는 안 되며, 그들의 모양새를 따라해서도 안 된다. "악인 때문에 불평
하지 마라. 악인을 부러워하지 마라. 악인은 장래에 소망이 없다. 악인
의 등불은 곧 꺼질 것이다"(잠 24:19,20, 쉬운성경).

악인은 속임수로 돈을 번다. 이 말은 그들이 합당한 하루 보수를 벌

기 위해서 정직하게 하루 일을 하지 않는다는 뜻이다. 그들은 자신을 고용한 자를 속인다. 그들은 돈에 대해서 정직하지 않으며, 그들에게 맡겨진 돈을 정확하게 계수하지 않는다. 그들은 당신에게 무엇을 팔 때도, 그들의 말처럼 상품이 좋지 않다. 그들은 당신에게 무언가를 하겠다고 말해도, 자기가 한 약속을 지키지 않는다.

악인은 소득을 얻는 데 문제가 있다. 때때로 악인은 속임수로 많은 돈을 벌기도 한다. 그러나 한편 그들은 그 돈을 속임수로 유지하려고 애를 쓴다. "악인의 소득은 고통을 가져온다"(잠 15:6, 우리말성경). 이 말씀은 그들이 정당하지 못하게 번 돈을 즐기지 못하며, 대개는 그 돈 때문에 분란에 휘말리게 된다는 뜻이다.

어려움이 악인들을 따라다닌다. 악인이 좋은 삶을 사는 것처럼 보일지라도, 대개는 곤란한 문제들이 그에게 따라 미친다. 왜 그럴까? 그들이 규칙을 어기며 살아가기 때문이고, 까딱하다간 그 규칙들 때문에 발목이 잡히는 경계선에 더욱 가깝게 걸어가기 때문이다. 만일 발목이 잡히면 어떻게 될까? 당황하게 된 그들은 대개 스스로에게 해를 끼친다. 그런 와중에 그들은 다른 사람들까지도 종종 상하게 만드는데, 그러면 많은 사람들이 그들 때문에 삶의 터전과 길을 잃게 된다.

"재앙은 죄인을 찾아다"닌다(잠 13:21). 「잠언」은 우리에게 악한 재앙이 악인들을 따라다니는 모습을 보여주고 있다. 그러나 실제 상황에서는 악인이 악을 따라다닌다. 그 악 뒤에 붙어있는 재앙과 징계를 받을 때까지, 악인은 계속 악을 따라다닌다.

올바른 원리대로 살아가는 사람은 대개 곤란에서 건짐을 받는다.

"의인은 재난에서 구원받고, 오히려 그 재난은 악인에게 돌아간다"(잠 11:8, 쉬운성경). 이것은 곤경이 대개 의로운 사람을 붙들지 않고, 오히려 악한 자에게로 돌아선다는 뜻이다. "의인은 해를 당하지 않으나, 악인에게는 많은 재앙이 있다"(잠 12:21, 쉬운성경).

악인은 남들을 빠뜨리려고 놓은 덫에 자기가 걸린다. 믿음 없는 자가 자기 욕망에 사로잡히는 것처럼 말이다(잠 11:6). 예를 들면 거짓말쟁이가 사업장에서 누군가를 중상모략하면, 대개 그 거짓말이 그 거짓말쟁이에게 다시 돌아와 그에게 해를 입힌다. 도둑이 남의 것을 훔치면, 대개 다른 도둑이 그 훔친 것을 또 빼앗아 간다. "악한 사람은 자신의 입술 때문에 죄의 덫에 걸려"든다(잠 12:13, 우리말성경).

악인은 자신의 소망과 꿈들을 이루는 일이 거의 없다. 법대로 돌아가는 세상에서 법을 어기는 자는 자신이 이루고자 하는 인생의 꿈들을 거의 이루지 못한다. 악인은 돈을 따라 다니면서 부정직해진다. "여호와께서 … 악인의 탐욕은 물리치신다"(잠 10:28, 쉬운성경). 그는 그가 원하는 것을 손에 넣지 못한다. "악인의 희망은 끊어진다"(잠 10:28, 표준새번역). 악한 자는 그가 원하는 행복을 얻을 수 없다. 대부분 그 반대의 결과에 봉착할 뿐이다. "악인이 기대할 것은 진노뿐이다"(잠 11:23, 표준새번역).

하나님은 악인과 싸우신다. "악인의 길은 여호와께서 미워하"신다(잠 15:9). 하나님은 그가 반항해서 하나님에게서 도망치도록 놔두지 않으신다. 그의 행동의 결과가 즉시 그를 벌하지 않은 때라도, 하나님은 악인들을 심판하실 것을 벼르고 계신다. "악인은 피차 손을 잡을지라도 벌을 면하지 못할 것이"다(잠 11:21, 개역개정). 하나님은 악한 일들을 계획하는 자를 정죄하신다(잠 12:2). 하나님은 악인의 반역을 거부하실 뿐만 아니라 반역을 꾀하는 그들의 생각과, 죄를 계획하는 그들의 악한 계획을 혐오하신다. "악인의 생각은 여호와께서 미워하"신다(잠 15:26, 쉬운성경).

결론

「잠언」은 악한 자에게 임하는 징벌을 묘사하고 있다. 그들이 악한 행위로 부유해지는 것처럼 보여도, 그들은 그들이 수고한 대가로 행복을 얻지는 못하고 결국 재산을 잃고 만다. 모든 사람에게는 죄를 따라가는 본성이 있다. 그래서 악의 길을 따라가는 것은 매우 쉬운 일이다. 그러나 「잠언」은 악한 사람들에게 행복이 없다고 말한다. 결국 그들은 자신들이 행한 악의 대가로 벌을 받게 될 것이다.

11

잘못된 믿음은 실패를 부른다

주님은 거짓되게 선전하는 것을 몹시 싫어하시지만
제가 진실을 말하는 것은 무척 기뻐하십니다.
제가 주님의 원리를 따라 삶을 살아갈 때,
저는 제 자신을 진정으로 이해하게 됩니다.
한편 완고하게 자기 고집만 부리는 자들은
스스로를 곤경에 빠뜨리는 것으로 귀결됩니다.

주님, 저는 성실과 정직이 제 삶을 주관하길 원합니다.
반면 마음이 비뚤어진 자들은 거짓말을 내뱉어서
자신의 성실과 정직을 파괴해버립니다.

주님, 제가 올바르게 살아갈 때
저는 눈을 들어 주님의 건지심을 바라봅니다.
주님의 심판 날, 재물은 악한 자를 건져낼 수 없기 때문입니다.
주님은 제가 올바르게 살아갈 때 저를 건지십니다.
그러나 주께 거역하는 자들은 결코 꿈을 이룰 수 없습니다.

주님의 법을 어기는 자들의 계획은 그들과 함께 멸망합니다.

주님은 제가 진리를 인식할 때 저를 건지십니다.
그러나 위선자의 거짓말은 그 이웃까지 파멸시킵니다.
도시는 시민들이 올바로 살아갈 때 기쁨을 누리며,
반역자들이 심판을 받을 때 환호의 목소리를 높입니다.
도시는 주님의 법도를 지키며 순종할 때 복을 받지만
반역자의 악한 말에 좌우될 때는 전복되고 맙니다.

주님, 저는 제가 아는 것을 다 발설하지 않겠습니다.
반면 이웃을 미워하는 자들은 지혜롭지 못해서
이웃에 대한 좋지 못한 소문을 퍼뜨리고 다닙니다.
주님, 신실한 벗은 다른 이를 궁지에 몰아 넣지 않습니다.
지혜를 구하는 자들은 신뢰할 만한 조언을 얻지만
바보의 말을 듣는 자들은 발을 헛디뎌 넘어질 것입니다.
만일 제가 누군가를 위해 보증을 서게 된다면,
그런데 그 서류에 제가 미처 몰랐던 항목이 있었다면,
저는 결국 제가 진 빚을 다 갚아야 함을 잘 알고 있습니다.

주님, 친절하고 자비로운 여인은 사랑을 받습니다.
그러나 마음속에 미움으로 가득 찬 사람들은
다른 사람들에게서 미움을 받게 됩니다.

강한 남자는 존경을 받으며 자비로운 남자는 자비를 얻습니다.

좋은 씨앗을 심는 자들은 좋은 것을 거둘 것입니다.

그러나 악한 자는 속임수를 심습니다.

주님, 옳게 행하는 자들은 삶을 얻지만

악을 따르는 자들은 죽음으로 생을 마치게 됩니다.

주님, 옳은 일을 하는 자들은 주님의 기쁨입니다.

반면 거짓말하는 자들은 주님이 혐오하시는 대상입니다.

옳은 일을 하는 자들은 좋은 씨앗을 심습니다.

악한 자는 자기의 악한 동료가 징벌을 면하도록 막을 수 없습니다.

외모는 아름답지만 행동이 바보 같은 여인은

돼지 코에 꿰어있는 보석과 같습니다.

주님, 옳게 행하는 자들은 선한 사람 되기를 추구합니다.

반면 반역하는 자들에게는 분노의 심판이 기다릴 뿐입니다.

선을 베푸는 자들은 결국 자신이 베푼 선을 되받게 됩니다.

반면 선을 행하기 주저하는 자들은

결국 가난함 속에서 자기 생을 마치게 됩니다.

주님, 주님은 인자한 영혼들을 축복하십니다.

다른 사람들의 가치를 높여주는 사람들은

그 자신의 가치 역시 높아집니다.

사람들은 자신에게 양식을 제공하는 이들을 축복하지만

양식을 붙들고 놓지 않으려는 자들은 저주합니다.

성실하게 선을 따르는 자들은 선을 발견하게 되지만

악을 따라가는 자들은 악이 그들을 발견하여 찾아옵니다.

사람은 자기가 뿌린 대로 거두는 법이기 때문입니다.

자기 돈을 믿는 자들은 스스로를 교만히 앞세우지만

그 결말은 항상 뭇 사람 뒤에 넘어지는 것입니다.

언제나 올바르게 행하고 살아가는 자들은

열매로 가득한 과수원처럼 번성할 것입니다.

가정에서 문제를 일으키는 사람들은

회리바람과 같은 분쟁을 물려받게 될 것입니다.

바보들은 항상 남의 노예로만 머물러서

옳게 행하는 지혜로운 자들을 시중들어야 합니다.

옳은 일을 하는 자들이 맺는 열매는

지혜의 나무에서 무럭무럭 자라납니다.

옳게 행하는 자들은 좋은 상을 받을 것이지만

악한 자들은 자기가 행한 악을 되받을 것입니다.

아멘

해로운 자

"남을 해할 음모를 꾸미는 자는 음모자라 불린다"(잠 24:8, 쉬운성경).
"의인의 생각은 옳으나 악인의 계략은 속임수뿐이다" "악을 도모하
는 사람의 마음에는 속임수가 있지만 평화를 도모하는 사람에게는
기쁨이 있다"(잠 12:5, 20).
"그는 잘못된 일을 꾀하려고 눈짓을 하고, 입술을 오므리고 소곤거
리면서 악을 불러 온다"(잠 16:30).
"다른 사람과 어울리지 못하는 사람은 자기 욕심만 채우려 하고, 건
전한 판단력을 가진 사람을 적대시한다"(잠 18:1).

흠정역 성경에서는 남에게 해를 끼치는 사람을 속임수를 꾀하거나
사람들을 놀리려는 사람처럼 묘사하고 있다. 그러나 NASB 성경(New
American Standard Bible)에서는 이 사람을 "음모자"라고 번역했다. 히
브리어 원문의 뜻은 '음모를 꾸미는 자' 또는 '계획하는 자'이다. 따라
서 해로운 자란 악한 생각이나 행동을 계획하는 자임이 명백하다. 이런
사람은 "악을 꾀하는" 자로 묘사되는데(잠 12:20), 꾀하다(devise)로 번
역된 히브리어 단어의 뜻은 '부지런히 움직여서 일하다'이다.
　해로운 자는 그저 짓궂은 장난을 계획하는 정도로 그치지 않는다.

그는 '올바른 원리들을' 사용하려 들지 않는다. 그 결과 그는 종종 바보로까지 비유되기도 한다. 왜냐하면 그가 자기 고집대로만 행하려고 하고 자기 자신만을 위하는 목표들을 추구하기 때문이다. 그러므로 해로운 사람처럼 되지 않는 것이 현명하다. "악인을 부러워하지 말고 그들과 어울리려고 하지 마라. 그 마음은 나쁜 일 할 것만 계획하고 그 입술은 악한 말만 한다"(잠 24:1,2).

12

옳은 믿음과 잘못된 믿음의 차이

주님, 저는 삶에 유익한 교훈들 배우기를 참 좋아합니다.

저는 자기 개선을 거절하는 자들처럼 완고해지는 것이 싫습니다.

저는 주님의 은혜를 얻기 위해 옳은 일을 행할 것입니다.

저는 악한 것을 신뢰하지 않겠습니다. 악은 심판을 이끌 뿐입니다.

악을 행함으로써 제 인생을 잘못된 길로 세우지 않겠습니다.

대신 바른 삶의 기반 위에 제 인생의 터전을 잡겠습니다.

바르고 아름답게 행동하는 여인은

그녀의 남편에게 자랑스러운 왕관과도 같습니다.

반면 자기 남편을 곤란에 빠뜨리는 여인은

뼈 속에 깃든 암세포와 같습니다.

주님, 저는 옳은 행동의 가치를 믿습니다.

그래서 저는 옳은 행동을 선택하고 실천할 것입니다.

악한 자의 말을 듣는 것은 스스로를 속이는 일입니다.

주님, 저는 바르게 살면서 다른 사람들을 돕겠습니다.

저는 옳은 일을 행하면서 제 가정을 반석 위에 세우겠습니다.

악한 자들은 다른 사람들의 마음에 상처를 줍니다.

악한 자들은 항상 실패하고 그들의 이름은 잊혀지고 맙니다.

주님, 저는 주님의 원리대로 살아가는 사람으로서

이웃들에게 인정받고 알려지길 원합니다.

남을 미워하고 비판하는 자들은 멸시를 당할 뿐입니다.

그러나 비록 남에게 미움을 받더라도

자기 먹을 것을 위해 부지런히 일하는 자들은

스스로를 과대평가하고 게으르게 빈둥대서

먹을 것이 없는 자들보다는 낫습니다.

주님, 저는 제 애완동물들에게 친절히 대하지만

그들을 훈련하는 일이나 뒤처리는 제 때 제 때 합니다.

이것은 애완동물들에게 귀엽다고 말만 하고선

그것들을 방치하거나 잔인하게 학대하는 것보다 낫습니다.

제가 저의 땅을 경작하고 식물을 심는다면

추수할 때 저는 먹을 빵을 손에 쥐게 됩니다.

그러나 게으른 자들은 아무것도 하지 않아서

먹을 음식이 없게 될 것입니다.

주님, 저는 올바로 행동한 결실을 보기 원합니다.

저는 남을 속이는 자들의 계략을 따르지 않겠습니다.

저는 어려움을 보고도 못 본 체 회피하지 않겠습니다.

반면 악하게 말하는 자들은 자기 말에 걸려 넘어질 것입니다.

저는 제가 일하여 받기로 약속한 액수에 만족할 것입니다.

그리고 제가 일하여 받은 것으로 생활해갈 것입니다.

주님, 어리석은 자들은 자신이 항상 옳은 일을 한다고 믿습니다.

그러나 두각을 나타내는 것은 현명한 충고를 듣는 자들입니다.

어리석은 자는 자신의 분노를 다스리지 못해서

주변의 사람들이 모두 알아챌 수 있을 정도입니다.

그러나 현명한 사람은 그의 분노를 드러내지 않습니다.

그는 옳은 말을, 천천히 그리고 조용히 얘기합니다.

어리석은 자의 말은 칼로 찌르듯 상처만 줄 뿐입니다.

그러나 현명한 자의 충고는 사람을 건강하게 세워줍니다.

어리석은 자의 거짓말은 결국 탄로나지만

지혜로운 자의 말은 진리 위에 견고하게 세워져서

아무도 그 말을 바꾸거나 고칠 수 없습니다.

어리석은 자는 사람들을 속입니다.

왜냐하면 그가 끊임없이 악을 계획하기 때문입니다.

그러나 진리를 듣는 자들은 행복할 것입니다.

악한 자들은 항상 악한 것을 계획할 것입니다.

그러나 현명한 자들은 언제나 옳은 일을 계획할 것입니다.

주님, 주께서는 거짓을 말하는 입술을 싫어하십니다.

반면 진리를 말하는 자는 심히 사랑하십니다.

바보는 항상 바보스러운 것을 말합니다.

그러나 현명한 자는 옳은 것을 믿습니다.

주님, 저는 항상 성실하게 일하겠습니다.

그것은 저를 성공으로 이끌어줄 것입니다.

그러나 게으른 자들은 성공하지 못할 것입니다.

저는 항상 선한 말을 하겠습니다.

그것은 제 삶을 더 쉽고 행복하게 인도합니다.

그러나 낙심케 하는 말들은 저를 패기 없는 늙은이로 만듭니다.

주님, 제가 항상 옳은 원리대로 살아갈 때,

저는 제 이웃들에게 주님을 증언하는 자가 될 것입니다.

게으른 자는 자신의 무능력과 무위에 주저앉아

다른 사람에게 빌붙어 살려고 애씁니다.

그들은 자기에게 온 기회를 이용하려 들지 않습니다.

반면 성실한 자들은 찾아온 기회들을 돈으로 바꿉니다.

옳은 일을 행하는 자들은 영생의 길을 따라갑니다.

그러나 꾸물거리는 자들의 길은 죽음으로 향할 뿐입니다.

아멘

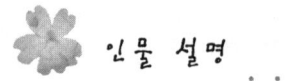

인물 설명 . . . . .

부지런한 자

"모든 부지런함으로 네 마음을 살피고 지키라. 네 마음에서 생명이 솟구쳐 나오기 때문이다"(잠 4:23).
"부지런한 사람의 영혼은 원하는 것을 넉넉하게 얻는다"(잠 13:4, 우리말성경).
"자기 일에 솜씨가 부지런한 사람을 보았느냐? 그런 사람은 왕들 앞에 설 것이며 낮고 천한 사람들 앞에 서지는 않을 것이다"(잠 22:29, 우리말성경).

웹스터 사전은 부지런함을 세 가지로 정의한다. 첫째, "보살핌, 인내하면서 꾸준히 열심을 냄."[3] 이 뜻은 부지런한 사람이 자기가 하려는 일을 중간에 포기하고 돌아서지 않고, 자신이 책임진 일에 집중한다는 말이다. 두 번째 정의는 "신속함, 서두름, 법적인 의무로서 행해야 될 관심과 돌봄"이다.[4] 세 번째 뜻은 "꾸준하고, 진지하고, 적극적으로 일에 몰두함"이다.[5]
이로 미루어 볼 때, 부지런한 사람은 첫째, 열심히 일하고 옳은 일을 옳은 방법대로 실천하는 자이다. "네 양 떼의 형편을 부지런히 살피며 네 소 떼에게 마음을 두라"(잠 27:23, 개역개정). 그렇다면 부지런한 사람에게 무슨 결과가 찾아오는가? "손을 게으르게 놀리는 자는 가난하게 되고 손이 부지런한 자는 부하게 되느니라"(잠 10:4, 개역개정). 「잠언」은 사람이 자신의 일에 부지런한 것이 곧 번영을 가져온다고 말한다. 또한 「잠언」은 "게으른 사람은 그 사냥해 온 것마저 굽지 않으나 부지런한 사람은 귀한 재물을 얻는다"(잠 12:27, 우리말성경)고 묘사한다. 이 말씀은 부지런한 사람이 물건을 절약하고 재산을 낭비하지 않음을 보여준다. 결론으로 부지런한 사람은 스스로를 절제하고 훈련할 뿐만 아니라 자신이 가지고 있는 모든 것을 다스릴 때도 자신의 절제와 훈련의 원리를 적용한다.

부지런함은 기술도 아니고 배워서 습득되는 지식도 아니다. 오히려 부지런함은 삶의 태도나 인생관이라고 할 수 있다. 또한 우리가 가지는 삶의 태도는 우리가 추구하는 가치들로 불리기도 한다. 이렇듯 부지런함이 태도, 마음가짐, 자세, 사고방식이라면, 젊은이가 어떻게 그 부지런한 자세를 갖출 수 있을까? 첫째, 젊은이는 좋은 모범이 되는 사람을 통해서 삶의 좋은 태도를 배우고 익힐 수 있다. 또는 쉼 없이 옳은 일을 행하고, 좋은 결과를 불러오는 일들을 행함으로써 좋은 삶의 자세를 얻을 수 있다. 또한 부지런한 고용인 밑에서 일하는 젊은이는 그 고용주가 그를 게으르거나 굼뜨게 내버려두지 않기 때문에 자기 일을 부지런히 하는 법을 배우게 된다. "자기 일에 솜씨가 부지런한 사람을 보았느냐? 그런 사람은 왕들 앞에 설 것이며 낮고 천한 사람들 앞에 서지는 않을 것이다"(잠 22:29, 우리말성경).

부지런한 사람이 종국에 가서 가장 높은 곳에 올라서게 된다. 예를 들면 그 분야의 책임자가 되거나 회사의 최고경영자가 되는 것이다. "부지런한 사람은 남을 다스리겠지만, 게으름뱅이는 남의 종노릇이나 할 것이다"(잠 12:24, 쉬운성경).

친절함이나 자비와 같은 다른 자세들이 그런 것처럼, 부지런한 사람은 자신이 열망하는 부지런한 삶에 전념함으로써 더욱 부지런해진다. "모든 부지런함으로 네 마음을 살피고 지키라. 네 마음에서 생명이 솟구쳐 나오기 때문이다"(잠 4:23).

결론

부지런함은 의로운 자와 지혜로운 자가 모두 갖고 있는 태도이다. 그 사람들은 옳은 것을 생각하므로 마침내 옳은 것을 행하게 된다. 부지런한 사람은 자신의 사업에 집중할 것이고, 자기 인생을 낭비하지 않는다. 그는 꾸준하고 신뢰할 수 있고, 자신이 하는 일에 열정을 다한다. 부지런함의 결과로 그는 더 높은 자리로 올라가고 더욱 잘 나가게 될 것이다.

13

어떻게 올바로 살 것인가

주님, 저는 제 아버지의 현명한 교훈에 귀 기울이겠습니다.
이와 달리 마음이 비뚤어진 아들은
그 아버지의 교훈을 듣지 않고 제 고집만 피웁니다.

주님, 저는 선하고 아름다운 말을 하겠습니다.
그래서 제 삶이 번성하도록 가꾸겠습니다.
이와 달리 비뚤어진 마음으로 거역하는 자들은
결국 자신의 거역과 폭력의 대가를 거두게 될 것입니다.

주님, 제 삶을 아름답게 가꾸기 위해
먼저 제가 하는 말에 주의하겠습니다.
이와 달리 자신이 하는 말에 개의치 않는 자들은
비참한 결말을 맞이하게 될 것입니다.

주님, 저는 성실히 일하여 인생에서 성공을 거두겠습니다.
이와 달리 게으른 자들은 세상 모든 것을 원하지만

그들이 얻을 것은 아무 것도 없습니다.

주님, 저는 바르게 살면서 진리를 말하겠습니다.
그러나 악한 자들은 결국 자신의 거짓말에 갇히게 됩니다.
저의 의로운 믿음은 제가 옳은 일을 하도록 지켜줍니다.
그러나 악한 자의 악한 소원들은 언제나 그를 넘어뜨립니다.

주님, 부자 되기를 꿈꾸지만 가진 게 없는 자들이 있습니다.
그러나 가난할지라도 열심히 일하는 사람들은
자기의 은행 잔고를 늘려 갈 수 있습니다.

주님, 바르게 살아가는 자들은 바른 생각하기를 좋아합니다.
그러나 악한 자들은 그들의 악한 생각 때문에 넘어지고 맙니다.

주님, 지혜로운 자들의 말을 경청하게 되면
올바로 살아가는 법을 배우게 됩니다.
그러나 교만한 사람들은
주변의 모든 사람들이 화나게 만듭니다.

저는 열심히 일해서 제 통장의 잔고를 늘리겠습니다.
그러나 교만한 자들은 남의 충고를 듣지 않아서
있던 자기 돈마저 잃게 됩니다.

주님, 저는 가끔 낙심할 때가 있습니다.
목표를 너무 높이 잡아서 달성하지 못할 때입니다.
그러나 제가 세운 계획을 이루어낼 때면
삶이 충만해지는 기쁨을 누리게 됩니다.

주님의 말씀을 멸시하는 자들은 파멸할 것입니다.
그러나 제가 주님의 원리대로 살아간다면
올바른 삶에 대한 보상을 받을 것입니다.
올바른 삶은 저를 풍성한 생명으로 이끌어주며
영원한 형벌로부터 건져냅니다.
또한 올바른 신념을 지켜내는 일은
저에게 남을 위한 진정한 관심을 갖게 합니다.
그러나 주님의 법을 어기는 자들은
고달프고 쓰라린 시절을 맞이하게 될 것입니다.

주님, 저는 제 친구들에게 믿을만한 벗이 되기를 원합니다.
제가 그들을 위해 신뢰할 만한 증언자가 되게 해주십시오.
그리고 남을 속이는 악한 자들과는 구별되게 해주십시오.
저는 현명한 자들의 충고와 훈계에서 교훈을 얻겠습니다.
이와 달리 남의 충고를 거절하고 자기를 개선하지 않는 자들은
결국 실패와 가난함으로 인해 곤경에 빠지게 될 것입니다.

주님, 저는 제 인생의 목표를 달성할 때 행복을 느낍니다.
이와 달리 어리석은 자들은 자기의 죄에 묻혀서
결코 행복을 맛보지 못합니다.

주님, 저는 옳은 믿음을 가진 자들을 친구로 삼겠습니다.
그들은 좋은 삶을 살도록 제게 건강한 자극을 줄 것입니다.
그러나 가까운 친구들이 어리석으면
바보가 받아야 할 괴로움에 처하게 될 것입니다.
올바로 살아가는 자들은 그 의로움에 대한 상을 받지만
주님께 거역하는 자들은 악이 그들을 따라다닐 것이며,
악은 기어이 그들을 때려 눕혀 죽음에 이르게 할 것입니다.
선한 자가 받을 좋은 유산은
그의 손자까지 전해지겠지만
악한 자가 받을 악한 유산은 바
르게 사는 자에게까지 해를 끼칩니다.
가난하지만 올바로 사는 자들은 먹을 것이 충분히 있지만
잘못된 믿음을 가진 사람들은 결국 모든 것을 잃게 됩니다.

주님, 저는 제 자녀들을 훈련하고 고칠 것입니다.
그래서 그들의 판단이 흐려지거나 타락하지 않게 하겠습니다.
저는 그들이 옳은 삶을 살도록 지도하고 훈계해서
그들을 사랑하는 부모의 마음을 보여주겠습니다.

바르게 사는 사람들은 만족스러운 삶을 살아갑니다.

그러나 악한 자의 소원은 결코 이뤄지지 못할 것입니다.

아멘

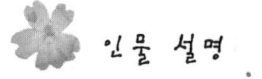

신중한 자

"무릇 슬기로운 사람은 정황을 잘 이해하고 분별하여 행동한다"(잠
13:16).
"생각이 깊은 사람은 슬기롭게 행동할 줄" 안다(잠 14:8, 공동번역).

「잠언」은 '신중함(prudence)' 이라는 단어를 오늘날 우리가 사용하고
있는 의미와 다르게 사용한다. 오늘날 미국에서는 이 단어(prude)를
"예절에 대해 지나치게 신경을 쓰거나 융통성이 없음"이라는 뜻으로
쓰고 있다.[6] 웹스터 사전에서도 역시 신중한 여인(a woman as a prude)
을 극도로 얌전한 여인으로 정의하고 있다.[7] 그러나 옥스포드 사전에
서는 신중함을 "어떤 행동이 가장 시기적절하고, 현명하고, 이로운지
분별할 수 있는 능력"이라고 정의하고 있는데,[8] 이 정의가 바로 「잠언」
에서 묘사한 신중한 사람을 가장 잘 표현해내는 뜻이다.
　「잠언」은 지혜를 올바른 삶으로 인도하는 올바른 생각으로 정의한
다. 그런데 지혜로운 사람은 또한 신중하기도 하다. "나 지혜는 신중함
과 함께 살며"(잠 8:12, 우리말성경). 이 뜻은 신중한 사람이 올바로 생각
하는 지혜를 갖추었을 뿐만 아니라 실제로 올바르게 살기 위해 자신을
절제하고 단련할 줄 안다는 것을 뜻한다. 이것은 「잠언」에서도 밝히 나

온 말이기도 하다. "무릇 슬기로운 사람은 정황을 잘 이해하고 분별하여 행동한다"(잠 13:16).

지혜로운 자에게는 자신이 어떻게 살아야 할지를 깨닫기 위해 자신을 잘 살피는 것이 매우 중요한 일이다. 그 뿐만 아니라 그에게는 배움을 통해 자신을 향상시키고 개선시키는 일이 정말 중요하다. "생각이 깊은 사람은 슬기롭게 행동할 줄" 안다(잠 14:8, 공동번역).

이 책 뒷부분에서 소개되는 어수룩한 자는 남에게 잘 속아 넘어가고 순진하여 세상 물정을 모르는 자이다. 이와 반대로 지혜로운 자 또는 신중한 자는 삶을 어떻게 살아야 할지를 이해하는 사람들이다. "어리석은 사람은 온갖 말을 믿으나 현명한 사람은 생각하고 그 길을 살핀다"(잠 14:15, 우리말성경).

「잠언」은 인생을 어떻게 살아가느냐에 따라 달라지는 결과들을 많이 이야기해주고, 그것들로부터 교훈을 배울 것을 여러 차례 권면하고 있다. 왜 그럴까? 당신이 어리석은 실수를 반복해서 저지르지 않도록 하기 위해서이다. "어리석은 사람은 아버지의 훈계를 무시하지만 현명한 사람은 꾸지람을 받아들인다"(잠 15:5, 우리말성경).

신중한 사람은 자기 자신을 잘 알며 스스로를 단련하고 절제할 뿐만 아니라, 이 세상의 악에 대해서도 잘 알아서 악으로부터 스스로를 삼가야만 한다(잠 22:3). "신중한 자는 악을 미리 보고서 피한다. 그러나 바보는 악을 다 겪으면서 징계를 받는다(잠 27:12, 흠정역 번역).

결론

신중한 사람은 현명해서 어떻게 바르게 살아야 하는지 뿐만 아니라 그가 아는 바대로 자신을 단련할 줄도 알고 있다. 그래서 자신의 삶을 그가 배운 바 옳은 삶의 원리대로 살아가고 가꾸어 간다.

14

...

주님을 경외하는 것은 올바른 삶을 이끈다

주님, 현명한 여인들은 가정을 견고하게 세우지만
미련한 여인들은 미련한 행동으로 가정을 쪼개버립니다.

주님, 저는 주님을 경외함으로 바른 삶을 살겠습니다.
반면 사악하고 완고한 자들은 주님을 무시하며 살아갑니다.

주님, 저의 현명한 말은 제 자신을 곤란에서 지켜주지만
미련한 자의 말은 그에게 형벌을 가져다줍니다.

주님, 제가 아무 일도 벌이지 않는다면
골치 아픈 어떤 문제도 발생하지 않을 것입니다.
그러나 인생에서 그 무엇도 성취하지 못할 것입니다.

주님, 저는 거짓말을 하지 않겠습니다.
그러나 거짓말쟁이는 숨 쉬는 순간마다 거짓을 내뱉습니다.

주님, 제가 주님의 지혜를 구하기만 한다면
저는 쉽게 주님의 지혜를 발견할 것입니다.
반면 주님의 지혜를 비웃는 자들은
어디에서도 지혜를 발견하지 못할 것입니다.

주님, 저는 미련한 자들을 멀리하고
그들의 영향력에서 떠나 있겠습니다.
그들에게서 주님의 지혜를 들을 수 없기 때문입니다.

주님, 저는 제가 어디를 향해 가고 있는지
그 결말을 미리 생각하고 멀리 내다보겠습니다.
반면 어리석은 자는 교만할 뿐이라서
자기가 제대로 가고 있다고 스스로를 속입니다.

주님, 저는 저의 죄를 인정하기 위해 주님 앞에 나아가겠습니다.
반면 미련한 자는 죄를 가볍게 여기고 오히려 죄를 즐깁니다.

주님, 저는 제 마음에 있는 외로움을 알고 있습니다.
그 누구도 제 마음을 공감할 수 없습니다.

주님, 주님은 의로운 자들의 집안을 세우시지만
악한 자들의 가정은 망하게 하십니다.

주님, 모든 사람들은 자신이 옳은 길을 택했다고 생각합니다.
그러나 주님 없는 길은 결국 죽음으로 인도할 뿐입니다.
사람들은 무거운 마음을 감추려고 겉으로 웃음 짓습니다.
그러나 웃음이 사라진 뒤에 슬픔이 여운으로 남습니다.

주님, 주님은 올바른 인생에게 상을 주시는 분이십니다.
그러나 타락한 자들은 타락의 대가를 받게 됩니다.

주님, 저는 인생의 모든 걸음을 신중히 내딛겠습니다.
그러나 단순하여 어리석은 자들은
남이 그에게 하는 모든 말을 믿어버립니다.

주님, 저는 위험을 피해가겠습니다.
그래서 지혜로운 자가 되겠습니다.
그러나 미련한 자는 무모하게도
위험의 경계선에 너무 가까이 다닙니다.
그리고 성급하게 화를 내어 옳지 못한 결정을 내리고,
자신의 죄와 멍청함 때문에 사람들로부터 미움을 받습니다.

주님은 좋은 생각을 하는 신중한 사람들에게 상을 주십니다.
그러나 바보들은 오직 슬픔과 실패만을 거둘 뿐입니다.

주님, 악한 자들 역시 결국에는
저의 생각이 선하다는 것을 깨닫게 될 것입니다.
그러나 그 때가 되면 저는 천국에 있을 것이고
그들은 지옥에 들어가 있을 것입니다.

주님, 부유한 자들 주변에는 많은 친구들이 모입니다.
그러나 가난한 자들은 이웃들로부터 미움을 받습니다.
다른 사람을 멸시하는 자들은 곧 주님께 죄를 짓는 것입니다.
주님은 남을 불쌍히 여기는 자들을 축복하십니다.

주님은 제가 선을 행하려 계획할 때 제게 은혜를 주십니다.
그러나 악을 꾸미는 자들은 미궁에 빠질 것입니다.
열심히 일하는 자는 앞서 나가게 될 것이나
말만 하는 자들은 아무것도 얻지 못할 것입니다.
저는 제가 열심히 행한 일의 대가를 받을 것입니다.
그러나 미련한 자들은 그 미련함의 대가를 받을 것입니다.

주님, 저는 사람들 앞에서 진실을 말할 것입니다.
그래서 참된 증인이 필요한 사람을 도울 것입니다.
반면 거짓말은 그것을 듣는 모든 이들을 배반하는 것입니다.

저는 주님을 두려워합니다. 그래서 저는 안전할 수 있습니다.

그리고 제 자녀들은 주님의 피난처에서 기쁨을 누립니다.

저는 주님의 샘물에서 인생의 선한 것들을 길어 마십니다.

그리고 죽음으로 인도하는 유혹들을 피해갑니다.

주님, 현명한 지도자는 많은 추종자들을 끌어 모읍니다.

추종자가 적은 것은 지도자의 영향력이 쇠하고 있음을 반증합니다.

주님, 제가 화를 다스리며 인내하게 될 때

제 지혜는 부쩍 자라나고 제 판단력도 명확해집니다.

성미가 급한 자들은 바보 같은 실수를 하게 마련입니다.

그러나 저는 침착하게 마음의 평정을 유지합니다.

그것은 제가 건강을 지키는 비결이기도 합니다.

시기와 미움에 사로잡힌 자들은 시들어 사라질 것입니다.

주님, 저는 곤경에 처한 자에게 자비롭게 대하겠습니다.

그로써 주님께 영광을 돌리겠습니다.

그러나 가난한 사람들이 압제당할 때

주님도 같이 치욕을 당하십니다.

저는 죽음을 맞이하게 될 때 두려움이 없을 것입니다.

반면 악한 자들은 그들의 잘못된 행위 때문에 심판 받을 것입니다.

주님, 저는 올바로 생각하고 판단하겠습니다.

이것은 제 성공을 보장하는 비결입니다.

그러나 어리석은 자들은 실패하게 됩니다.

그들이 올바로 생각하지 않기 때문입니다.

정의는 그것을 성취하는 민족을 위대하게 만듭니다.

반면 죄와 악은 언제나, 어느 민족에게나 치명적인 덫이 됩니다.

지도자는 옳은 생각과 옳은 일을 하는 자를 좋아하지만

나쁜 결정을 내리는 자들 때문에 골치를 썩습니다.

아멘

15

즐거운 마음은 의로운 믿음을 이끈다

부드러운 대답은 분노를 누그러뜨리지만
성난 답변은 상대방의 분노를 돋울 뿐입니다.
주님, 제가 이 사실을 항상 기억하게 도와주십시오.
제가 배운 모든 것을 현명하게 사용할 수 있도록,
미련함을 뿜어내는 바보처럼 되지 않도록
항상 저를 인도해주십시오.

주님의 눈이 살피시지 않는 곳은
이 세상 아무 데도 없습니다.
악한 행동이든 선한 행동이든
주님은 사람의 모든 행위를 지켜보고 계십니다.
저의 말이 다른 사람에게 생명과 힘을 주게 하시고,
혹여 사람들의 영혼을 거짓되게 짓밟지 않게 해주십시오.
제가 고침을 받을 때에는 지혜를 배우도록 인도해주시고
부모의 훈계를 멸시하는 바보처럼 되지 않게 해주십시오.
저의 집을 축복하셔서 지혜의 보물들로 가득 차게 해주시고 재물로 인하여 근심하는 반역자와 같지 않게 해주십시오.

주님, 제가 이웃들에게 좋은 조언을 할 수 있게 해주십시오.
어리석은 자들에게는 남에게 나누어 줄 지혜가 없습니다.
주님은 의로운 자들의 기도를 즐거워하시지만
사악한 자들의 겉으로만 포장된 선행은 거절하십니다.
주님은 의로운 삶을 추구하는 자들을 사랑하시지만
악한 자의 사악함은 멸시하십니다.

주님은 주님의 곧고 정직한 길을 저버린 자들을 연단하십니다.
그러나 그들은 주님이 그들을 고치시는 손길을 거절합니다.
그래서 그들은 결국 죽음을 맞이합니다.
주님은 사망의 지옥에 무엇이 있는지 잘 알고 있으십니다.
그러나 그보다 더욱 꿰뚫고 계시는 것이 있으니
바로 인간의 마음 깊숙이 자리하는 것들입니다.

주님, 마음을 굳게 닫아놓고
다른 지식과 교훈을 멸시하는 자들은
이웃의 어떤 훈계도 들으려하지 않고
조언을 구하러 지혜로운 자에게 물으려하지 않습니다.

주님, 제 얼굴에는 행복이 묻어납니다.

바로 제 마음이 기쁘고 즐겁기 때문입니다.

반면 마음이 차가운 자들은 사람의 영혼을 낙심하게 합니다.

제게 탐구하는 마음을 주셔서 제가 지혜롭게 되게 해주십시오.

저는 미련함을 먹고 사는 바보처럼 되기 싫습니다.

주님은 매일 매일 제 앞에 새로운 상을 차리십니다.

그러나 마음 문이 닫힌 자들은 매일 고통에 쫓깁니다.

먹을 것이 풍부하지만 근심으로 가득 찬 생을 보내기보다,

먹을 것이 없을지언정 주님을 경외하기를 저는 택하겠습니다.

주께서 싫어하시는 사람과 진수성찬을 함께 하기보다

주님이 사랑하시는 사람과 한 그릇 야채 죽을 먹겠습니다.

주님, 저는 평화를 만드는 자가 되겠습니다.

성미가 급한 자들은 상황을 망쳐놓을 뿐입니다.

저는 성실하겠습니다. 그러면 제 길이 편하고 쉬울 것입니다.

나태한 자들은 모든 일에 가시가 돋아나도록 내버려둡니다.

주님, 저는 제 부모가 저를 자랑스러워하도록 노력하겠습니다.

반항하는 아들은 부모를 미워한다는 것을 반증할 뿐입니다.

비록 어리석은 자가 어리석음에서 행복을 찾을지라도

저는 분별 있게 살아갈 것이며 정도로만 걸어가겠습니다.

저는 좋은 계획을 세우기 위해 좋은 상담자의 도움이 필요합니다.
현명한 조언이 없이는 어떤 계획도 중심을 잡을 수 없기 때문입니다.

주님, 제가 항상 적절한 때에 적절한 말을 하도록 도와주십시오.
사람들은 적절하고 꼭 맞는 대답에 귀를 기울이기 때문입니다.
저는 제 삶을 발전시키고 향상시키는 길을 따라가겠습니다.
그러나 지옥의 지름길인 자기 고집의 길은 피하겠습니다.

주님, 주님은 교만한 자들의 일들을 멸하십니다.
그들은 자기 힘으로 일을 이루었다고 착각하는 자들입니다.
그러나 주님은 과부의 재산을 보호하십니다.
저는 뇌물을 주거나 받으려는 생각을 싫어합니다.
악한 행위로 생긴 돈은 결국 문제가 생기기 때문입니다.

주님은 제가 옳은 말을 적절한 방법으로 하는 것을 기뻐하십니다.
그러나 주님은 악한 자의 악한 생각들을 멸시하십니다.
저는 입을 열어 말을 하기 전에 저의 대답을 숙고하겠습니다.
왜냐하면 악한 자들은 오직 악한 말만을 토해내기 때문입니다.

주님은 의로운 일을 행하는 자들의 기도를 들으십니다.
반면 악한 자의 기도에는 귀를 막으십니다.
이웃의 눈에서 희망의 빛을 보게 될 때 저는 행복을 느낍니다.

좋은 소식은 제 영혼의 기운을 돋우기 때문입니다.

지혜로운 사람들과 함께 어울릴 때 저는 안정감을 느낍니다.
제가 그들의 조언을 좋아하고 교훈을 얻으려 하기 때문입니다.
현명한 말을 경청할 때 저의 지혜와 이해력은 성장할 것입니다.
반면 남의 조언을 듣지 않는 것은 자신에게 해를 입히는 것입니다.

주님을 존경하는 것은 성공적인 믿음으로 향하는 첫걸음입니다.
그리고 저는 사람들의 찬사를 받을 때 반드시 겸손해야 합니다.
아멘

16

...

주님의 섭리에 따른 돌보심

주님, 저는 제가 하는 말을 신중하게 다스리겠습니다.

그래서 주님이 제게 바른 할 말을 주심을 신뢰하겠습니다.

모든 사람은 자신의 행동을 마음속으로 정당화합니다.

그러나 주님은 제 마음속 진정한 동기가 무엇인지 잘 아십니다.

주님, 제가 바르게 생각하기를 굳게 다짐하고 실천한다면

저는 하는 일마다 성공을 거둘 것입니다.

주님은 주께서 창조하신 모든 피조물과 섭리들 속에서

저를 위한 특별한 목적을 두고 행하십니다.

심지어 악한 자들을 벌하실 때도 목적이 있으십니다.

제가 주님보다 스스로를 낫다고 여긴다면

그것은 지극히 혐오스러운 일입니다.

그런 마음가짐과 태도는 징벌을 면할 수 없습니다.

주께서 싫어하시는 사람들끼리 단합과 반역을 꾀한다 해도

주님은 영원한 진리와 동일하심의 잣대로 그들을 징벌하십니다.

저는 주님을 공경할 것입니다.

그러면 저는 주님의 심판을 면하게 될 것입니다.

주님, 저의 행동이 주님을 기쁘시게 할 때
제 원수들은 어떠한 것으로도 저를 책잡지 못할 것입니다.
죄악으로 가득한 일로 엄청난 부를 이룰 수 있을지라도
차라리 저는 소득이 없는 올바른 삶을 택하여 살겠습니다.

주님, 저는 일을 계획할 때 정직과 성실함으로 합니다.
그러나 주님은 제가 걷는 모든 발걸음을 지도하십니다.
주님은 국가 권력들을 통해서도 제 삶을 지도하십니다.
그들의 결정을 어기는 것은 매우 어려운 일입니다.
주님은 제가 모든 생각과 셈에서 정직하기를 바라십니다.
주님은 모든 일에 올바르고 정확한 방법을 아시기 때문입니다.
주님, 나라의 권력기관이 불의한 것은 끔찍한 일입니다.
주님은 사람들이 법에 따라 살 수 있게 하려고
그들을 세우시고 그들에게 권위를 주셨기 때문입니다.
공권력을 가진 자들은 국민들이 평화를 지키기를 기대합니다.
국민들이 법을 지키며 살아갈 때 그들의 일은 훨씬 쉬워집니다.
반면 국민들이 제 정신이 아닐 때 그들은 사람들을 징벌합니다.
그래서 저는 국가의 권력에 불만을 품고 화내지 않습니다.
국가 권력자들이 제게 미소 짓는 것은 좋은 일입니다.
그들은 가을날 비처럼 제게 유익한 자들이 될 수 있습니다.

주님, 저는 엄청난 재산보다 선한 지혜를 택하겠습니다.
저는 부를 얻기보다 성공적인 사고방식을 택하겠습니다.
저는 정도를 걸을 것이며 악에게서 등을 돌리겠습니다.
이는 제 영혼을 보전하기 위해서입니다.

주님, 교만은 여러 방법으로 저를 넘어뜨릴 것이며
반역하는 마음과 영은 저를 파괴해버릴 것입니다.
교만하고 반역적인 사람들과 어울려 부유해지기보다는
저는 차라리 겸손한 자들과 제 생을 함께 보내겠습니다.

주님, 저는 문제가 생겼을 때
현명하게 처리하여 좋은 결과를 내기 원합니다.
주님의 길대로 일을 행하면서 행복을 느끼기 때문입니다.
저는 지혜롭길 바라며, 인격이 성숙한 자로 알려지기 원합니다.
그래서 제 긍정적인 사고를 다른 사람들이 배우기 원합니다.
저는 올바른 생각을 하기 원합니다.
그래서 저는 성공적으로 삶을 살기 원합니다.
그러나 미련한 자에게는 현명한 사고가
그저 미련한 것으로 여겨질 뿐입니다.

주님, 옳은 생각은 지혜롭기를 선택하는 것에서 시작됩니다.
그것은 제가 말할 때에 바로 드러납니다.

좋은 말은 행복한 삶의 원천이 됩니다.

또한 좋은 말은 제 육체에도 생명력을 부여합니다.

주님, 사람들은 모두 자기가 옳은 길을 택한다고 생각합니다.

그러나 주님이 없는 길은 사망으로 인도할 뿐입니다.

주님, 저는 일을 합니다.

제가 하는 그 일이 제가 누군지 보여주기 때문입니다.

그러나 또한 제 생활을 공급하는 도구가 되기도 합니다.

주님, 죄인들은 항상 또 다른 죄에 목말라 합니다.

그러나 그들이 죄악을 들이킬 때 그들의 입술은 불탑니다.

속이기 잘하는 자들은 모든 사람을 미치게 만듭니다.

헛된 소문은 절친한 친구 사이에 쐐기를 박아 골을 냅니다.

폭력적인 남자는 친구들에게 싸우자고 덤비며

원치 않는 일을 결국 저지르도록 친구를 자극합니다.

그는 진실에 자기 눈을 닫아버린 채

악한 입술로 매사를 단정하고 비판합니다.

주님, 저는 제 노년에 주님을 영화롭게 하길 원합니다.

저는 성공적으로 살기 위해 항상 옳은 생각을 해왔습니다.

제가 제 성미를 조절하고 발끈하지 않을 때

저는 그 누구보다도 더 강한 자가 될 수 있습니다.
제가 제 내면의 영혼을 정복할 때
저는 성을 정복하는 자와 같을 것입니다.

주님, 인생은 주사위를 굴리는 것과 같습니다만
주님은 인생에서 일어나는 모든 일을 주관하시고 결정하십니다.
아멘

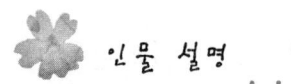

냉소하는 자

"교만하고 건방진 사람, 냉소하는 자라 불리는 자들이다. 그런 사람은 우쭐대며 무례하게 행동한다"(잠 21:24, 표준새번역 참조).

"미련한 자는 범죄할 생각만 하고, 남을 비웃는 자들은 사람들에게 혐오의 대상이 된다"(잠 24:9, 쉬운성경 참조).

"냉소적인 자는 지혜를 찾아도 발견하지 못하나, 명철한 사람은 쉽게 지식을 얻는다"(잠 14:6, 쉬운성경 참조).

"냉소적인 사람은 책망을 싫어하여, 지혜로운 사람에게 가지 않는다"(잠 15:12, 쉬운성경 참조).

"남을 비웃는 자를 매질하여라. 그러면 미련한 자가 깨닫게 될 것이다. 명철한 자를 책망하여라. 그러면 그가 지식을 얻을 것이다" "징계는 냉소하는 자를 위한 것이요, 매는 어리석은 자들에게 필요한 것이다"(잠 19:25,29, 쉬운성경 참조).

"냉소하는 자가 처벌을 당하면 미련한 자가 지혜를 얻고, 지혜자가 교훈을 받으면 지식을 얻는다"(잠 21:11, 쉬운성경 참조).

"거만한 냉소주의자는 도시에 폭동을 일으키나, 지혜로운 자는 화를 가라앉힌다"(잠 29:8, 쉬운성경 참조).

냉소하는 자는 실제적으로 바보의 범주에 드는 자들이다. 그러나 특히 남을 비판하고, 남에게 부정적으로 반응하고, 남을 조롱하고, 남에 대한 경멸을 보임으로써 자신의 교만함을 드러내는 바보이다. 냉소하는 자는 교만해서 자신이 항상 옳다고 생각한다. 웹스터 사전은 냉소하는 자를 "비웃음으로 남을 대하거나 말을 거는 자"라고 정의한다.[9]

냉소하는 자의 문제점은 그의 자존심, 교만, 자기중심주의에 있다. 「잠언」은 이렇게 말한다. "교만하고 건방진 사람, 냉소하는 자라 불리는 자들이다. 그런 사람은 우쭐대며 무례하게 행동한다"(잠 21:24, 표준 새번역 참조). 그는 교만하고 건방진 사람으로 불린다. "교만하면 다툼만 일으킬 뿐이지만 충고를 받아들이는 사람들에게는 지혜가 있다"(잠 13:10, 우리말 성경).

냉소하는 자는 자신의 행동이나 비웃음이 다른 사람들이 하는 것보다 낫다고 생각해서 남을 비판한다. 그는 자신이 옳고 남들이 틀렸다고 생각하기 때문에 부정적이다. 냉소하는 자의 문제점은 다른 사람들의 선한 영향력과 공로를 보지 못한다는 데 있다. 그것은 냉소하는 자의 완벽주의 기질 때문이다. 냉소하는 자는 자신의 교만함으로 눈이 가려져 있고, 다른 누구보다 자신이 더 낫다고 느끼기 때문에 남을 비판한다.

냉소하는 자는 뭔가를 배우는 데 어려움이 있다. 그는 불평꾼이거나 비평가이기 때문에 무언가의 좋은 면을 보지도 못하고, 자신의 삶을 인도하는 올바른 원리들을 배우지도 못한다. 그는 다른 사람들의 말을 들으려 하지 않고 자신과 다른 견해를 참지 못한다. "냉소적인 사람은 책망을 싫어하여, 지혜로운 사람에게 가지 않는다"(잠 15:12, 쉬운성경 참조).

냉소하는 자는 자신이 무언가 배우고 싶다고 고백할 때조차도, 그가 배운 바를 자기 삶에 적용하는 일이 또한 어렵다. 왜냐하면 그는 자신이 행하는 방식이 최고로 좋다고 느끼기 때문이다. "냉소적인 자는 지혜를 찾아도 발견하지 못하나, 명철한 사람은 쉽게 지식을 얻는다"(잠 14:6, 쉬운성경 참조).

냉소하는 자는 자신이 지혜롭다고 생각한다. 냉소하는 자는 자신의 능력에 대해서 잘못된 착각을 하고 있기 때문에, 그는 무언가를 배울 수가 없다. "스스로 지혜로운 체하는 사람을 보았는가? 차라리 그보다는 미련한 자에게 희망이 있다"(잠 26:12, 쉬운성경). 자신이 모든 것을 알고 있다고, 스스로에게 무엇이든지 가르칠 수 있다고 우쭐대는 사람이 있는가?

냉소하는 자는 스스로 화를 자초한다. 냉소하는 자는 자신이 항상 옳다고 생각하기 때문에, 올바른 원리들을 이해하지도, 그대로 살지도 못한다. 그는 항상 삶에 대한 자신의 생각과 다른 것이 있으면 그것을 상하게 만들고 잡아 찢는다. 그래서 그는 무언가를 이루고 세우는 사람이 되지 못한다. 그는 자신을 세울 수가 없고, 자기 가정을 세울 수 없고, 자기 친구를 세워줄 수 없다. 자기가 모든 것을 알고 있다고 생각하는 냉소주의자는 그를 도와주려는 사람들의 말을 귀담아 들을 수 없고, 그를 고쳐주려고 하거나 그에게 마땅히 따라야 할 하나님의 원리들을 가르쳐주려는 그리스도인 지도자들의 말을 듣지 않는다. "거만한 냉소주의자는 도시에 폭동을 일으키나, 지혜로운 자는 화를 가라앉힌다"(잠 29:8, 쉬운성경 참조).

냉소주의자가 당신의 삶을 파괴하게 두지 마라. 냉소하는 자가 당신의 삶에 조금이라도 관여하지 못하게 하라. "거만한 자를 좇아 내어라. 그러면 분쟁과 다툼과 모욕이 그칠 것이다"(잠 22:10, 쉬운성경).

남을 경멸하는 자가 어떻게 지혜로워질 수 있을까? 그는 자신의 불평과 남을 훼방하는 것을 반드시 그만두어야 한다. 지혜로운 자들이 행하는 일을 보라. "지혜로운 자는 화를 가라앉힌다"(잠 29:8, 쉬운성경). 이 뜻은 옳은 원리들을 따르며 사는 사람들은 평화를 만드는 사람들이 된다는 것이다. 그래서 냉소하는 자가 평화를 만드는 자의 역할을 실천하기 시작하면, 그 또한 지혜롭게 되는 과정을 밟게 되는 것이다.

냉소하는 자는 징계와 멸망을 향해 전진한다. "교만은 파멸의 선봉장이고, 거만한 마음은 넘어짐의 앞잡이다"(잠 16:18, 쉬운성경). 교만이 갖고 있는 문제 중 하나는 교만 때문에 냉소하는 자가 잘못된 안정감을 느끼게 된다는 것이다. 사실은 그들이 자신의 무지 때문에 생긴 결과들로 고통 받아야만 하는데도 말이다. 반항하는 자란 어떤 사람인가? 바로 자신의 능력을 과신하는 나머지 자기 인생은 다른 누군가의 도움을 받지 않아도 스스로 잘 운영할 수 있다고 자부하는 자이다. 옳은 원리들도, 그를 인도하시는 하나님의 능력도 신뢰하지 않는 자다. 이렇듯 죄 된 자아의 의지와 반항은 함께 손을 잡고 다닌다. "눈이 높은 것과 마음이 교만한 것과 악인이 형통한 것은 다 죄니라"(잠 21:4, 개역개정).

결론

    냉소하는 자는 모든 사람과 삶의 모든 것에 대해서 부정적인 태도를 갖고 있다. 그렇지만 그렇게 잘난 그에게 진리를 깨닫고 자신의 삶에 적용할 능력은 정작 없다. 냉소하는 자는 지혜(옳은 믿음)를 기꺼이 받아들이지 않기 때문에, 그는 자신이 성공할 것조차 믿는 믿음이 없다.

17

...

바보는 의로움을 믿지 않는다

주님, 저는 미움이 가득한 곳에서 최고의 정찬을 먹기보다는
차라리 편안한 마음으로 샌드위치를 먹겠습니다.

상사의 고집 센 아들을 통제할 수 있는 현명한 부하는
신실한 자들이 받는 상을 받을 것입니다.

우리에게는 금과 은의 순도를 잴 수 있는 기준이 있습니다만
오직 주님만이 사람들의 심중을 정직하게 평가하실 수 있습니다.

반역하는 자들은 악한 수군거림을 통해서 영향을 받게 되며
거짓말쟁이들은 과장된 것을 더 부풀리는 데 신경을 씁니다.

주님, 가난한 자들을 모욕하는 것은
모든 사람을 만드신 주님을 희롱하는 것과 같습니다.
다른 사람의 불행을 기뻐하는 자들은
그들 역시 사고를 당해 고통을 받을 것입니다.

주님, 손자와 손녀들은 우리 같은 노인들에게 기쁨의 상이요,
부모와 조부모는 그 아이들에게 자랑거리입니다.

바보들은 적절하게 말을 하지 못하며,
거짓말까지 하는 지도자들은 더욱 바보들입니다.

주님, 제가 선한 마음과 믿음으로 선물을 건넨다면
저는 선물을 받은 이의 따뜻한 호의를 얻게 됩니다.

다른 누군가를 위한 저의 사랑과 애정은
제가 그의 잘못을 너그럽게 봐줄 때 더욱 단단해집니다.
잘못을 지적하는 것은 절친한 친구 사이를 갈라놓습니다.

저는 반역하는 자들에게서도 교훈을 찾아 배우겠습니다.
왜냐하면 저는 성공하기를 원하기 때문입니다.
그러나 어리석은 자는 자기 고집을 끝까지 굽히지 않아서
주께서 그에게 백 번을 말씀하시더라도 들으려하지 않습니다.
규율을 깨버리는 자들은 그 마음에 반항하는 마음이 있습니다.
그들은 잘못의 잔인한 대가를 치르고서야 교훈을 얻을 것입니다.
새끼를 빼앗긴 성난 어미 곰을 만나는 것이
미련함에 잠긴 바보를 상대하는 것보다 안전합니다.

주님, 은혜를 악으로 갚는 사람들이 있습니다.

그들이 결국 감당할 수 없는 악으로 고통당할 것입니다.

그들은 그 악한 불행을 이겨낼 힘이 없을 것입니다.

싸움을 시작하는 사람들은 홍수의 문을 여는 자와 같습니다.

홍수가 한 번 시작되면 그것을 막기가 어렵습니다.

다툼도 한 번 시작되면 그것을 막기가 어렵습니다.

반역자를 두둔하고 의로운 자를 비난하는 자들은

주님께서 매우 역겨워하시는 사람들입니다.

바보는 고등교육에 돈을 쓰려 하지 않습니다.

그는 더 이상 아무것도 배우려 하지 않기 때문입니다.

주님, 저는 언제나 친구들을 곁에 두겠습니다.

친구들과 함께 하는 것은 제 삶의 중요한 이유이기도 합니다.

주님, 만일 제가 누군가를 위해서 보증을 서게 된다면

저 또한 그가 빌린 채무에 대해서 책임이 있습니다.

다투기를 즐기는 사람은 또한 죄짓기를 즐기는 사람입니다.

자기가 힘이 있다고 떠벌리는 사람은

다른 사람의 공격을 불러들이는 것입니다.

마음이 뒤틀린 사람은 올바른 삶을 살려고 하지 않습니다.

비꼬는 혀를 가진 사람들은 곤경 속에서 삶을 마치게 됩니다.

자녀가 바보가 되는 것은 그 부모에게는 고통스러운 일입니다.

자녀가 옳은 생각을 하지 않을 때 그 부모도 인정을 못 받습니다.

주님, 즐거운 마음은 제게 좋은 약이 됩니다.

반면 상한 마음은 저를 비참하게 합니다.

반역하는 자는 불법한 뇌물을 받아서

거짓을 덮어주거나 정의를 무너뜨립니다.

주님, 올바른 생각을 하도록 저를 도우셔서

제가 성공적인 삶을 살도록 해주십시오.

저는 세상의 함정에 빠져 잘못된 길을 가기 원치 않습니다.

올바른 생각을 듣지 않으려는 어리석은 어린아이는

좋은 부모의 화를 돋우고 그 어머니를 실망시킵니다.

그러나 죄 없는 자를 벌하는 것과

옳은 일을 행한 지도자를 징계하는 것은 잘못된 일입니다.

주님, 저의 학식과 이해력을 적절히 사용해서

제가 하는 말을 조절할 수 있도록 저를 도와주십시오.

왜냐하면 현명한 사람들이 자기 성미를 조절할 줄 알며,

비록 바보일지라도 말을 삼가면 현명하게 보이기 때문입니다.

그래서 자기 입을 굳게 닫고 열지 않는 사람은

모든 사람들에게 현명하게 보입니다. 아멘

18
...
재난과 복의 차이

주님, 저는 세상을 등진 은둔자가 되고 싶지 않습니다.
그런 사람들은 이기적으로 자기만 생각하는 사람들입니다.
그들은 사람들과 어울리고 조화하는 것을 소용없다 합니다.
어리석은 자는 남에게서 교훈을 배우려 하지 않습니다.
그들은 교만하게도 자기가 남에게 충고하기만을 원합니다.
그 결과 성냄과 분함, 다툼이 따라오게 됩니다.

주님, 저는 제가 하는 말이 생명수와 같아서
제 말을 듣는 사람마다 기운이 나기를 바랍니다.

주님, 악한 자에게 상을 주는 것은 잘못된 일입니다.
옳은 일을 행하는 자를 비난하는 것도 잘못된 일입니다.
바보는 자기가 한 말 때문에 다툼에 휘말립니다.
그러나 싸움에 휘말린 바보가 두들겨 맞는 까닭은
말이 아니라 바로 사악한 그의 마음 때문입니다.
바보의 입은 그를 끊임없는 곤경에 빠뜨립니다.

바보는 자기 말 때문에 계속 걸려 넘어집니다.

그래서 바보는 옳은 일을 행할 수 없습니다.

남에 대한 험담은 입에 꿀과 같이 달아서

목으로 부드럽게 미끄러지지만 뱃속에 들어가 그를 병들게 합니다.

주님, 아무것도 행치 않는 게으른 자는

남들이 이룩한 것을 파괴하는 자와 똑같이 나쁩니다.

부자들은 그들의 부가 자기를 지켜 주리라,

그들의 재물이 자기의 요새라 굳게 믿습니다.

그러나 주님의 이름만이 강한 성루가 되기에

저는 안전을 위해서 주님께 달려갈 것입니다.

주님, 교만한 사람들은 언젠가는 망하게 되어 있습니다.

그러므로 주님, 저를 겸손하게 해주십시오.

그리하여 저는 인생에서 성공하길 원합니다.

제가 어떤 문제에 답을 내놓기 전에

먼저 문제를 신중하게 들을 수 있도록 도와주십시오.

잘못된 대답을 하는 것은 어리석은 일이기 때문입니다.

주님, 제가 바르게 생각하고 판단할 때면

저는 제 병도 이겨낼 수 있습니다.

그러나 제 영이 낙심하게 되면

저는 의욕이 떨어져 손을 놓게 됩니다.

저는 배우는 것을 좋아하기 때문에 지혜로워질 것입니다.

저는 바른 생각을 추구하기 때문에 계속 배워갈 것입니다.

선물은 남들에게 영향력을 미치는 한 방법입니다.

또한 권력자들에게 다가갈 수 있는 방법이기도 합니다.

어떤 이야기를 처음 듣게 되면 대개 사실처럼 들립니다.

그러나 진실한 증거가 나오기 전까지일 뿐입니다.

제비를 뽑는 것은 분쟁을 잠재울 수 있습니다.

누구도 양보할 필요가 없기 때문입니다.

그러나 한 사람만이 승자가 됩니다.

서로 감정이 상한 형제의 마음을 돌이키는 것은

큰 싸움에서 이기는 것보다도 어렵습니다.

서로에 대한 반감이 가슴 깊이 있기 때문입니다.

좋은 말이 영혼을 기쁘게 하는 것처럼

입에 좋은 음식은 내장을 만족시킵니다.

주님, 제 말을 어떻게 단련할지 가르쳐주십시오.

혀는 생명을 죽이기도, 살리기도 하기 때문입니다.

주님, 좋은 아내를 만난 남자는

가장 값진 보물을 발견한 것과 같습니다.

그는 그의 인생에서 주께 복을 얻습니다.

가난한 자들은 항상 남의 도움을 부탁하고 필요로 하지만

부유한 자들은 대개 가혹할 정도로 솔직하게 말해줍니다.

사람은 친구를 얻기 위해서 친절해야 합니다.

그러나 주님은 형제보다 더 가까운 친구이십니다.

아멘

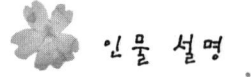 인물 설명 · · · · ·

의로운 자

"정직한 사람의 의로운 행실은 그를 구원"한다(잠 11:6, 쉬운성경).
"의인은 그 바라는 것을 얻게 된다"(잠 10:24, 쉬운성경).
"의인의 수고는 생명에 이르"게 된다(잠 10:16, 우리말성경).
"정의를 굳게 지키면 생명에 이르"게 된다(잠 11:19, 표준새번역).

「잠언」에 등장하는 인물들 중에서 하나님을 위해 사는 자들을 묘사하는 대목이 특히 많이 나온다. 「잠언」은 그들을 '의로운 자'라고 부른다. 신약성경에서 의로운 자들은 예수 그리스도를 믿음으로 의롭다고 선포된 자들을 가리킨다(롬 3:24,25). 그러나 「잠언」에서 의로운 자는 옳은 원리들을 준수하며 사는 사람들을 뜻한다. 그런데 이 옳은 원리들이 무엇인지 「잠언」은 성경의 다른 책들을 인용해서 직접 지적해주지는 않는다. 다만 의로운 자들이 지키는 옳은 원리들이란 인생을 주의 깊게 고찰해봄으로써 배우게 되는 것들인데, 간단히 말하자면 상식을 뜻한다.

「잠언」은 의로운 자는 번영하고 악한 자는 끝내 스스로를 멸망시키는 결말을 맞게 된다고 묘사한다. 그러나 옳은 원리대로 사는 사람들이 모두 환경을 잘 대처해서 부도 쌓고 그들이 원하는 것을 얻게 되는 것은 아니다. 이것은 자동적으로 보장되는 일이 아니다. 옳은 원리대로 사는 사람들 중에도 몇몇은 재정적으로 곤란을 겪고, 인생의 물질적인 혜택을 전혀 누리지 못하는 것처럼 보인다. 욥을 보라. 그는 의로운 사람이었지만 많은 고통 속에서 괴로워했다.

「잠언」은 제일 악한 사람들이 자신의 반역의 결과로 고통 받는 것을 주의 깊게 살펴서 기록해놓았다. 그러나 악한 자들 중에도 몇몇은 돈 걱정 없이 편하게 사는 것처럼 보인다. 그들에게는 눈에 보이는 실패나 패배들이 없다. 그러나 「잠언」은 시간이라는 요인을 더 첨가해서 고려해보았다. 그래서 악한 자들의 사악함은 결국 심판을 받게 되고, 의로운 자의 의로운 삶은 그들을 번영으로 이끈다고 결론짓는다.

몇몇 의로운 자들이 고통을 당하고 몇몇 악한 자들이 번영을 누린다 해도, 일반적으로 올바른 원리들대로 살아가는 사람들은 더 성공하며 더 행복하게 되고, 부모에게 반항하며 나중에는 하나님도 거역하는 자들보다 더 좋은 삶을 살게 된다. 왜 그럴까? 작은 것일지라도 법을 어기고 거역하기 시작하면 결국 모든 법을 어기고 반역하게 되기 때문이다. 그런 자들은 후에 정부의 규칙을 어기면서 대항할 것이고, 돈과 건강과 가정과 관련된 상식적인 원리들을 거부할 것이다. 그 결과 반역하는 자들은 대개 자기 노력의 결실을 맺지 못하고 실패하며, 자신의 목표를 결코 달성하지 못한다. 그리고 그들은 의로운 자들보다 비참한 환경에 처하게 되어 더욱 불행해진다.

의로운 자는 더 많은 확신과 평안을 갖는다. "정직하게 사는 사람은 미래가 보장"된다(잠 10:9, 우리말성경). 그러므로 옳은 원리들을 따르는 사람들은 두려움에 괴로워하거나 스스로 의심하면서 완고해지지 않는다. 의로운 자는 자신의 정직함을 누린다. "정직한 사람의 성실함은 그들을 인도"한다(잠 11:3, 우리말성경). 다시 말하면, 그들은 지은 죄가 없어서 죄를 해결하기 위해 고생해야 될 필요가 없고, 사람들이 그들에 대해서 무어라 생각할지 걱정할 필요가 없다.

옳은 원리들을 따르며 사는 것은 성공과 발전을 이끈다. "정직한 사람의 의로운 행실은 그를 구원"한다(잠 11:20, 쉬운성경). 이 뜻은 그들이 따라가는 원리들이 그들을 성공으로 이끌어준다는 말이다.

옳은 원리들을 따르며 사는 자들은 하나님을 기쁘시게 한다. "흠 없는 길을 가는 사람은 (여호와께서) 기뻐하신다"(잠 11:20, 우리말성경). 옳은 일을 행함이 「잠언」의 초점이지만, 신약성경에서는 하나님을 기쁘시게 하는 것은 당신의 전적인 신뢰와 믿음이라고 말한다. "믿음이 없이는 어느 누구도 하나님을 기쁘시게 할 수 없습니다. 하나님께 나아오는 자는 그가 계시다는 것과 그를 찾는 자들에게 상 주시는 분이라는 것을 진정으로 믿어야 합니다"(히 11:6, 쉬운성경).

옳은 원리들을 따르며 사는 자들은 대개 자신의 마음의 소원들을 이룬다. "의인은 그 바라는 것을 얻게 된다"(잠 10:24, 쉬운성경). 이것은 그리스도인들이 원하는 것들을 모두 얻게 된다는 뜻은 아니다. 그렇지 않다. 우리가 그 소망을 갖게 된 경위를 보자. 옳게 행하는 자들은 아마도 하나님 보시기에 옳은 것을 소원할 것이다. 그래서 그들은 이기적인 일이나 죄 된 일을 행하지 않을 것이다. 그러므로 그들은 하나님이 그들에게 바라시는 것을 그들도 하길 바라기 때문에 그들은 하나님의 원리들에 따라 살아간다. 그 결과 그들은 인생에서 그들이 소원하는 것들을 성취한다. 이것을 성경에서 다른 말로 표현하자면 이렇다. "여호와를 생각하면서 즐거워하십시오. 그러면 주님께서 여러분의 소원을 들어 주실 것입니다"(시 37:4).

옳은 원리대로 살아가는 사람들은 인생의 충만함을 누리게 된다. 의로운 자가 옳은 원리대로 일을 할 때 "의인의 수고는 생명에 이르"게 된다(잠 10:16, 우리말성경). 그저 옳은 원리들대로 살아가는 것 자체가, 그들이 행한 일의 결과를 뛰어 넘어서, 그들에게 충만한 삶을 준다. "정의를 굳게 지키면 생명에 이르"게 된다(잠 11:19, 표준새번역). 그리고 그들은 약속을 누리게 된다. "의인에게는 어떤 재앙도 임하지 아니하려니와"(잠 12:21, 개역개정). 왜냐하면 그들의 양심이 깨끗하기 때문이다. 그들은 자신이 원하는 것을 하기 때문에 그들에게는 하나님을 찬양하고 노래할 것들이 많이 있다. 사람들이 그들에게 어떻게 지내냐고 안부를 물을 때, 그들은 언제나 기쁘게 지낸다고 대답해줄 수 있다.

옳은 원리들을 따르는 자들은 비록 상황이 악하게 돌아가고 문제들이 생길지라도 결국에 가서는 그 모든 문제들을 극복하게 된다. 「잠언」은 "의인은 일곱 번 넘어져도 다시 일어"난다(잠 24:16, 쉬운성경)고 가르친다. 의로운 자는 자신의 상황이 의롭다는 것을 알기 때문에 계속 의로운 일을 해나갈 수 있는 끈기를 갖고 있다. 그는 옳은 원리들대로 삶을 살고 일하기 때문에 난관에 부딪힐 때도 극복할 수 있는 능력이 있다. 그의 원리들이 결국에 승리하기 때문에 의로운 자는 옳은 일을 계속 해나간다.

결론

「잠언」은 모든 사람이 지혜롭게 되기를 바란다. 이 말은 사람들이 올바로 믿고, 옳은 원리대로 살아가고 옳은 일을 행하기를 바란다는 뜻이다. 옳은 원리대로 살아가는 삶이 부족한 자들은 '바보들', '게으른 자들' 등으로 불린다. 그러나 「잠언」에서 가르치고 있는 원리들에 따라 살아가는 사람들은 많은 근심에서 자신을 건져내고서 풍성하고 행복한 삶을 살게 된다.

19

...

현명한 믿음으로 인격을 세워라

주님, 저는 바보가 되어 바르게 살지 못하는 것보다

차라리 가난뱅이가 되어 도덕적으로 정직하게 살겠습니다.

자신이 무엇을 하는지도 모르는 채,

충동적으로 행동하는 것은 어리석은 짓입니다.

그것은 마치 방향도 모르고서 돌진하는 것과 같습니다.

바보는 자신의 어리석음 때문에 타락하고 실패합니다.

그러고선 자기의 실패를 두고 하나님께 마구 비난합니다.

부유한 자들에게는 많은 '친구' 가 있는 것처럼 보입니다.

하지만 가난한 자들에게는 친구가 몇 명뿐입니다.

거짓말은 거짓말쟁이에게 언제나 슬픔을 안겨줍니다.

그는 자기가 말한 거짓의 대가를 피할 수 없습니다.

많은 사람들이 통치자로부터 무언가를 바랍니다.

그들은 바로 뭔가를 얻어내려는 그의 친구들입니다.

그러나 가난한 사람은 친척들이 무시합니다.

또한 친구들도 그를 우습게 여깁니다.

그들의 도움이 필요해서 불러보아도

가난한 자의 요청에 대답해주지 않습니다.

주님, 저는 저 자신을 소중히 여기고 존중합니다.
그래서 저는 지혜를 구하고 찾을 수 있습니다.
저는 저의 바른 믿음 덕분에 성공하고 번영할 것입니다.
그러나 잘못된 것을 우선하는 자들은 곤경에 처할 것이며
거짓말을 하는 자들은 징벌을 받게 될 것입니다.

바보가 온갖 사치를 누리며 사는 것,
감옥의 죄수들이 통치자에게 이래라 저래라 하는 것,
이런 것들은 잘못된 일입니다.

주님, 저는 현명해지고 싶습니다.
그래서 저는 제 분노를 다스리고 조절하겠습니다.
그리고 저는 다른 사람들의 잘못을 눈 감아 주겠습니다.
왕의 분노는 사자의 포효처럼 무섭습니다만,
그의 은혜는 풀 위에 내리는 이슬 같습니다.
바보 아들은 그 아버지에게 환멸을 느끼게 하고
잔소리가 심한 아내는 물이 새는 수도꼭지처럼
남편을 짜증나게 합니다,

주님은 가문을 통해서 거할 곳과 재물을 제게 주셨습니다.

그러나 현명한 아내는 주께서 제게 직접 선물하셨습니다.
게으른 사람은 일하는 대신 잠을 자버립니다.
그 결과 남는 것은 배고픔뿐입니다.

주님의 계명들을 순종할 때 저는 올바로 살 수 있습니다.
그러나 주님의 생명의 길을 멸시하는 자들은 죽을 것입니다.

가난한 자를 돕는 것은 주께 손 내미는 것과 같습니다.
주님이 제게 여러 가지로 갚아 주시기 때문입니다.
제 자녀들이 배울 수 있는 시기에
저는 그들을 가르치고 단련시킬 것입니다.
그러면 그들의 삶이 망가지지 않을 것입니다.
폭력적인 사람은 자기 분노의 대가를 치를 것입니다.
주께서 그가 이성을 잃지 않도록 조치하시더라도
그런 일은 다음에 또 일어날 것입니다.

주님, 저는 좋은 충고를 따르고 훈계를 통해 배우겠습니다.
그래서 저는 여생을 행복하게 살 것입니다.

주님, 제 마음으로는 무슨 계획이라도 세울 수 있지만
제 삶에 두신 주님의 목적이 저의 생각과 계획을 앞섭니다.

주님, 저는 성실하게 신의를 지킬 것입니다.

그러면 저는 사람들에게 영향력을 미칠 수 있습니다.

저는 거짓말로 돈을 벌기보다는 차라리 가난해지겠습니다.

주님, 저는 영생을 위해서 주님을 경외하며 신뢰하겠습니다.

그러면 악은 저를 만지지도 못할 것입니다.

게으른 사람 중에 어떤 자들은 너무 게을러서

손을 놀려 음식을 떠먹기조차도 귀찮아합니다.

반항하고 거역하는 자들이 처벌될 때

바보조차도 그것에서 교훈을 찾고 배울 수 있습니다.

지혜로운 사람이 자신을 개선하고 향상시키면

뭇 사람들은 그를 통해 값진 교훈을 얻게 됩니다.

부모를 잘못 대하고 어머니를 거역하는 자녀들은

부모에게 치욕이요 골칫거리입니다.

주님, 제가 자신을 개선하기를 그만한다면

저는 상식에게서 제 등을 돌리는 것입니다.

거짓을 말하는 증언자는 정의를 웃음거리로 만들고

악한 자들은 죄악을 벌컥벌컥 들이킵니다.

냉소적인 자들은 자기의 냉소에 따라서,

어리석은 자들은 그 어리석음에 따라서

반드시 심판을 받을 것입니다. 아멘

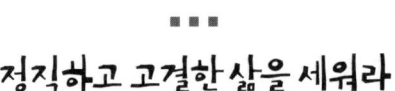

20

...

정직하고 고결한 삶을 세워라

주님, 포도주는 지혜자들마저 우스운 꼴로 만듭니다.

그리고 독한 술은 싸움을 불러옵니다.

저는 술로 인해 방탕의 길로 들어서지 않겠습니다.

주님, 통치자의 분노는 사자의 포효와 같습니다.

그가 이성을 잃도록 자극하는 것은

자기 목숨을 내놓은 것과 다름없습니다.

주님, 저는 다툼을 피하겠습니다.

그것이 바로 현명한 행동입니다.

그러나 바보들은 격한 분노에 사로잡혀 펄펄 뜁니다.

주님, 밭을 경작할 봄철에 게을렀던 자들은

추수하는 가을에 먹을 것이 없을 것입니다.

주님, 제 행동의 진정한 동기와 의도는

제 심중 깊숙한 곳에 깔려 있습니다.
그러나 저의 마음속 생각마저도
알아채는 지혜로운 자도 있습니다.

주님, 많은 사람이 저의 좋은 친구를 자처합니다만
진정 제게 충실한 친구는 신실한 사람 몇몇뿐입니다.

주님, 저는 바르게 생각하기를 원합니다.
또한 성실과 정직으로 제 삶의 결을 내기 원합니다.
그래서 제 자녀들이 기꺼이 저를 모범으로 따르길 원합니다.

주님, 제가 무엇이 좋고 나쁜지 결정하기 전에
관련된 모든 자료와 증거들을 잘 살펴보기 원합니다.

주님, 저는 스스로 모든 죄에서 깨끗하다고 말할 수 없습니다.
또한 누구든지 죄악에서 스스로를 깨끗하게 할 수 없습니다.

주님은 잘못된 저울로 가격을 속이는 것을 싫어하십니다.
그래서 비용을 부풀려 세금을 거짓 신고하는 것은 잘못입니다.

주님, 저는 어린아이와 같이 투명하고 순수하기 원합니다.
그러면 모든 사람이 제 마음의 순결함을 알 것입니다.

주님, 주께서 제 귀에 들려주시는 말씀을 듣고 싶습니다.
또한 주께서 제 눈에 보여주시는 것을 보고 싶습니다.

주님, 저는 제 인생을 잠으로 소비하지 않겠습니다.
제 앞에 놓인 할 일에 눈을 크게 뜰 것입니다.
그러면 제가 필요한 것들이 채워질 것입니다.

주님, 저는 물건을 헐값에 사려고 괜한 트집을 잡고서
밖에 나가서는 싼 값에 샀다고 자랑하지 않겠습니다.

주님, 저는 금과 보석을 원하지 않습니다.
저는 올바른 분별력과 결단력을 갖춘 지혜를 원합니다.

주님, 저는 빌려주기 전에 담보물을 잡아두겠습니다.
낯선 자에게 빌려줄 때는 담보물이 꼭 필요합니다.

주님, 제가 무언가를 부정하게 취득하려고
횡령을 하거나 거짓을 말한다면
그 행위가 돌이켜 제 속을 쓰라리게 할 것입니다.

주님, 저는 인생의 성공을 위해 좋은 계획들을 세우겠습니다.
또한 큰일을 시도할 때에는 관련된 조언을 구하겠습니다.

주님, 수다쟁이는 사방에다가 비밀을 말하고 다닙니다.
그래서 저는 그녀에게 제 비밀을 말해주지 않습니다.

주님, 자기 부모를 저주하는 자들은
그들이 가는 길에 등불이 꺼져서 어둠 속에 갇힐 것입니다.

주님, 제가 너무 일찍, 너무 쉽게 재물을 얻을 때면
대개 그것이 얼마나 귀한지 그 가치를 잘 모릅니다.

주님, 저는 악에 대해 악한 행동으로 갚지 않겠습니다.
차라리 주께서 직접 악한 자를 벌하시길 기다리겠습니다.

주님, 남모르게 이익을 챙기려는 자들이
이중으로 잣대를 만들고 이중으로 장부를 씁니다.
주님은 이런 것들을 미워하시고 경멸하십니다.

주님, 주님은 선한 사람의 걸음을 지도하십니다.
그래서 제가 어떻게 걸어가야 할지 알게 하십니다.

주님, 주님께 물질을 드리겠노라 서약을 한 뒤에
마음이 바뀌어서 헌물을 드리지 않는 것은 죄입니다.

주님, 제가 현명한 지도자가 되어서
어느 누가 규칙과 규율을 어기는지 잘 분별하고
더한 손해가 발생하기 전에 그들을 해고할 수 있도록
저를 인도하시고 제게 지혜를 주십시오.

주님, 주께서 친히 살피시는 불빛은
제 마음 깊숙한 곳을 꿰뚫으십니다.
그래서 제 행동의 모든 이유와 동기들을 밝히십니다.

주님, 주님은 은혜와 진리로 왕을 보좌에 앉히셨습니다.
주님의 자비는 그의 왕권을 견고하게 합니다.

주님, 청년의 영광은 그의 힘에 있습니다.
반면 노인의 영광은 그들의 경험과 지혜에 있습니다.

주님, 물리적인 체벌로 불순종을 다스릴 수 있습니다.
그 매는 단지 몸을 때리는 것이 아니라
마음속을 벌하여 고치는 것입니다.
아멘

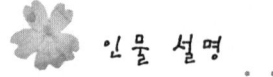

악처

"옥상 한 구석에 사는 것이, 다투는 여인과 함께 집에 사는 것보다
　낫다(잠 21:9, 쉬운성경).
"다투기 좋아하는 아내는 비 오는 날 끊임없이 새는 물과 같고"(잠
　27:15, 우리말성경).

　악처(shew)는 잔소리하고, 호들갑을 떨고, 지독하고, 불평하는 아내
를 묘사하는 전통적인 단어이다. 고대 영어에서 이 단어는 성질이 나쁘
고 상스러운 여인을 뜻했다. 만일 그녀의 남편이 공처가(恐妻家)라면 그
녀는 남편을 쥐 잡듯 잡았을 것이다. 유사한 뜻을 가진 또 다른 단어로
'바가지 긁는 여인' 이란 뜻의 vixen이 있다. 그러나 악처(shew)의 경우
가 최고로 나쁜 뜻을 갖고 있는데, 이 단어가 '악' 이나 '저주' 를 뜻하는
shrewe에서 파생되었기 때문이다. 성질이 고약한 아내와 사는 남편은
불행한 일생을 살도록 저주를 받은 것이다. 솔로몬은 여러 아내를 두었
는데, 그 중 몇이 악처였던 듯하다. 그래서 솔로몬이 그녀들을 두고 악
처로 묘사한 것으로 보인다. 그는 분별력 없이 그저 외모만 예쁜 여인
을 돼지 코에 달린 금 장신구로 비유했었다(잠 11:22). 그것은 아름답지
만 성질이 악한 여인이 마치 돼지 귀에 달려있는 다이아몬드 귀걸이가

어울리지 않는 것과 같다.

또한 솔로몬은 자신의 경험을 비추어 이렇게 말하고 있는 듯하다. "옥상 한 구석에 사는 것이, 다투는 여인과 함께 집에 사는 것보다 낫다"(잠 21:9, 쉬운성경). 솔로몬의 궁전은 아마도 엄청난 대저택이었을 것이다. 그런데 그는 자신의 궁궐을 포기하려고 든다. "다투기 좋아하고 쉽게 화내는 아내와 사느니 광야에서 혼자 사는 것이 낫다"(잠 21:19, 우리말성경). 그는 성질이 고약하고, 빈정대고, 속이 비비 꼬여있고, 심지어는 하나님까지 모독하는 아내를 몇몇 둔 것이 틀림없다.

다투기를 좋아하는 여인의 문제는 성급하게 분을 내거나 때때로 불같이 화를 내는 것에 있지 않다. 다투기 좋아하는 여인은 모든 기회를 이용해서 자기 남편을 비판하고, 비난하고, 괴롭히는 데에 있다. 그녀의 내면이 지독하고 앙심이 깊기 때문에, 외면적으로 화를 내는 것이다. "다투기 좋아하는 아내는 비 오는 날 끊임없이 새는 물과 같고"(잠 27:15, 우리말성경).

솔로몬은 이렇게 말한다. "땅을 흔드는 것이 세 가지 있으며 도저히 참을 수 없는 것이 네 가지 있구나"(잠 30:21, 우리말성경). 그 중에서 세 번째가 "밉살스런 여자"인데(잠 30:23), NLT 성경(New Living Translation)에서는 "지독한 여자(a bitter woman)"라고 번역했다. 이로써 솔로몬은 성질이 고약하고 불평하는 여인과 결혼하지 말라고 에둘러 충고를 하고 있다. 아무리 사랑을 한다 해도 사람의 성품이 기본이 되는 인간관계가 근본적으로 개선될 수 없기 때문이다. 입은 언제나 마음에 있는 것을 말하게 되어 있기 때문에 그녀가 화가 날 때면 계속해서 남편을 성가시게 하고 볶아댈 것이다.

결론

그러나 다투기 좋아하는 악처가 창녀라고 불리는 악하고 음란한 여인과 동일한 유형의 여인은 아니다. 오히려 창녀는 아름다운 말과 유혹적인 분위기를 가지고서 남자를 덫에 걸리도록 만든다. 그래서 자신과 동침하도록 남자를 유혹한다. 창녀에 비교하자면 악처는 남자에게 정반대의 방법으로 접근을 한다. 그녀는 남편이 다른 여자를 쳐다보거나 말이라도 건넸다면 끊임없이 남편에게 호들갑을 떨며 괴롭히는 여인이다. 악처는 그녀의 남편이 자신에게 충실하지 못하다고 의심을 해서 자기 가족과 친구들에게 남편 흉을 본다. 악처는 비단 그녀의 남편뿐 아니라 그녀가 만나는 모든 사람들에게 비참한 기분을 들게 한다.

21

■ ■ ■

인생의 계획을 세워라

주님, 통치자의 마음은 주님의 손 안에 있습니다.
그래서 마치 강의 물줄기를 바꿔놓듯이
주님은 원하시는 대로 왕의 마음을 돌리십니다.

많은 사람들이 자기가 옳게 행한다고 스스로 여기지만
주님은 각 사람 마음에 숨겨진 진실을 잘 아십니다.

주님은 제가 희생 제물을 드릴 때보다
옳은 일을 행할 때 더욱 기뻐하십니다.

주님, 거만하게 치켜뜬 눈과 오만한 행동거지는
주님의 법을 어기는 모든 행위와 똑같은 중죄입니다.

주님, 저는 좋은 계획을 세우겠습니다.
또한 그 계획대로 열심히 일하겠습니다.
그렇게 해서 저는 성공을 거둘 것입니다.

제가 빈둥거리며 최선을 다하지 않을 때
저는 계획을 이루지 못하고 결국 실패합니다.
거짓으로 얻은 재물은 아침 안개와 같이 사라지며,
영혼을 속이는 덫이 되어 우리를 죽음으로 인도합니다.
악한 자들이 휘두르는 폭력은 그들 자신을 파괴합니다.
왜냐하면 그들은 옳은 일 하기를 거부하기 때문입니다.

주님, 믿음이 없는 자들은 불순종의 굽이친 길을 걸어가고
바르게 믿는 자들은 곧게 뻗은 길을 걸어갑니다.

주님, 저는 대저택에서 바가지 긁는 아내와 살기보다
허름한 집 귀퉁이에서 혼자 사는 편이 낫겠습니다.

주님, 악한 사람들은 악한 일 하기를 좋아합니다.
그들은 자기 이웃의 사정을 배려하는 법이 없습니다.

주님, 주님을 우습게 여기던 자가 벌을 받게 될 때면
미련한 자들이라도 교훈을 얻고 바르게 생각하는 법을 배웁니다.
현명한 자가 지도를 받으면 그는 바르게 사는 법을 터득합니다.

주님은 악한 자의 집에서 무슨 일이 벌어지는지 잘 아십니다.
그래서 결국에는 그들의 사악함을 심판하십니다.

가난한 자가 구하는 목소리에 귀를 닫아버린 자들은
남의 도움이 절실한 날에 오히려 무시를 당할 것입니다.
개인적인 선물은 선물을 준 사람에게 득이 되지만
뒤로 몰래 주는 뇌물은 오히려 징계를 불러옵니다.

주님, 저는 올바른 생각을 실천으로 옮깁니다.
그래서 저는 올바른 삶을 즐기며 살 수 있습니다.
또한 제 삶의 의로움이 악을 행하는 자들을 두렵게 합니다.

주님, 상식을 벗어나서 행하는 사람은
주님의 법을 어긴 자들과 똑같은 최후를 맞이합니다.
쾌락에 자신을 내맡긴 자들은 가난함으로 생을 마치고
술에 자신을 내맡긴 자들은 실패로 생을 마감합니다.

주님은 때로 정직한 자를 구하시려고 악한 자를 징벌하시며
경건한 자들을 억압하는 불신앙의 사람들을 심판하십니다.
불평 많고 매사에 부정적인 아내와 함께 사는 것보다
사막에서 혼자 사는 것이 차라리 낫습니다.

주님, 지혜로운 사람은 좋은 집과 가구를 갖추어 놓습니다.
그러나 바보들은 수중에 돈이 들어오는 대로 써버립니다.

주님, 제가 올바른 신앙과 삶을 추구할 때
주님은 제게 생명과 지혜와 영광을 약속해주셨습니다.
지혜로운 자들은 강한 전사라도 쓰러뜨릴 수 있습니다.
용맹한 전사가 세운 요새를 지혜로 무너뜨리기 때문입니다.

주님, 제가 생각과 언행을 잘 단련하고 가다듬을 때
저는 골치 아픈 문제에서 멀리 떨어지게 됩니다.
끊임없이 솟구치는 속임수를 계속하여 쓰는 자들은
주님의 기대를 저버리는 교만한 반역자들입니다.
게으른 자의 갈망은 오히려 그를 먹어치울 것입니다.
원하는 바를 위해 일을 하기엔 그는 너무 게으릅니다.
그는 욕심이 많지만 대가를 지불하려 들지 않습니다.
반면 의로운 자들은 값을 치를 것을 준비해둡니다.

제 아무리 멋지고 훌륭한 업적일지라도
불순종하는 자들이 이뤄놓은 것은 주님이 싫어하십니다.
특히 나쁜 꿍꿍이로 해낸 일은 더욱 혐오하십니다.
거짓을 말하는 증언자는 결국 징벌을 받게 됩니다.
그러나 진실을 아는 자는 발언할 기회를 얻게 됩니다.
악한 자는 자기의 진실한 감정을 숨기지만
정직한 자는 올바른 삶을 계획합니다.

주님을 거역해서 세워진 어떤 인간의 계획도
최후에까지 성공할 수는 없습니다.
전쟁 장비가 전쟁을 위해 준비되지만
승리를 주시는 분은 바로 주님이십니다.
아멘

22

...

인생에서 피해야 할 것들

주님, 저는 재물이 많은 것보다 이웃의 신망을 얻겠습니다.

저는 금이나 은보다 존경받는 것을 더 원합니다.

부자와 가난한 자, 이 둘의 공통점이 있는데

그것은 주님이 이들 모두를 만드셨다는 사실입니다.

주님, 현명한 사람은 문제가 발생하는 것을 인식해냅니다.

그러나 경험이 없는 자들은 문제가 있는지도 모른 채

문제에 파묻혀서 결국에는 고통을 받습니다.

주님, 제가 주님을 두려워하고 저를 낮출 때

저는 제 자신을 제대로 알게 됩니다.

그러면 저는 돈 벌 준비가 된 것입니다.

주님, 완고한 자들은 많은 어려움을 겪게 되어 있습니다.

반면 바른 믿음의 사람들은 고통을 피해갈 수 있습니다.

주님, 만일 제가 어린아이 하나를 제대로 가르친다면,
그래서 어린 시절 바른 믿음과 행동이 몸에 익게 한다면
그는 어른이 되어서도 바른 삶을 살아갈 것입니다.

주님의 법을 어기는 자들은 환란 속에서 생을 마칩니다.
화를 표출하는 것은 아무런 유익이 없습니다.

주님, 인자한 자들은 자신의 가치를 높이는 자들입니다.
그들은 도움이 필요한 자들과 함께 나누며 살기 때문입니다.

주님, 빈정대며 불평하는 자들을 쫓아내주십시오.
그러면 사람들이 다툼을 그칠 것이며
서로를 모욕하고 무례히 행하기를 그칠 것입니다.

주님, 깨끗한 양심으로 칭찬을 하는 자들은
그 상사의 관심과 신뢰를 얻을 것입니다.

주님은 믿음이 바르고 지혜로운 자들을 보호해주십니다.
그러나 악한 자들의 계략은 뒤엎으십니다.

게으른 자는 문제를 미리 만들어 걱정합니다.
거리에 사자가 있어서 나가지 못한다는 것입니다.
다 그들이 너무 게으른 탓입니다.

주님, 간음하는 자의 입은 깊은 구덩이입니다.
주님을 싫어하는 자들은 그 구덩이에 떨어집니다.

주님, 멍청한 아이가 멍청한 짓을 하는 것은 당연합니다.
그 어리석음을 바로 잡아야 지혜롭게 살 수 있습니다.
가난한 사람한테서 돈을 갈취하는 것은 멍청한 짓입니다.
또한 부자에게 준 돈은 다시 찾아올 수 없습니다.

저는 지혜자가 가르침을 줄 때 집중해서 듣겠습니다.
그러면 그에게서 지식과 지혜를 얻을 수 있습니다.
지혜들이 지키는 삶의 원리들을 마음속에 묵상해보면
왜 하나님의 규율대로 살아야 하는지를 깨달을 수 있습니다.
저는 오직 주님께만 제 마음과 신뢰를 드리겠습니다.
그러면 저는 주님을 위해 어떻게 살아야 할지 깨달아서
다른 사람들에게도 조언을 해줄 수 있습니다.

솔로몬은 저희에게 이 귀한 원리들을 주어서
우리에게 어떻게 삶을 살아야 할지,

문제에서 어떻게 벗어나야 할지 가르쳐주었습니다.

그래서 저는 주님이 보장하시는 삶을 살 수 있게 되었습니다.

또한 남에게도 그를 향하신 주님의 기대를 말해줄 수 있습니다.

주님, 저는 의지가 없는 자들을 이용하지 않겠습니다.

그들은 자신을 스스로 세울 수 없는 자들입니다.

저는 제 돈을 얻으려고 가난한 자에게 소송 걸지 않겠습니다.

왜냐하면 주님은 가난한 자들을 살펴보시기 때문이며

그들을 압제하는 자들은 복을 유보하시기 때문입니다.

주님, 저는 성내는 자들과 교제하지 않겠습니다.

그리고 성미가 급한 자를 가까운 친구로 두지 않겠습니다.

왜냐하면 그들과 어울리다가는 그들을 닮아가기 때문입니다.

그러면 저속한 그들의 영혼이 받는 고통을 함께 받을 것입니다.

주님, 저는 빚보증을 해달라는 서류에 서명하지 않겠습니다.

왜냐하면 결국 그 빚을 제가 갚아야 하기 때문입니다.

만약 제가 그 돈을 갚을 능력이 없다면

제 집과 가구를 팔아야만 합니다.

주님, 저는 예부터 내려오는 경계를 지키겠습니다.

그것은 선조 때에 정해놓은 것입니다.

윗세대가 이룩한 과거의 안정은
저의 미래를 보장해줍니다.
주님, 저는 제 일에서 가장 숙련된 자가 되고 싶습니다.
그래서 명성을 높이고 더 나은 자리로 올라갈 것입니다.
아멘

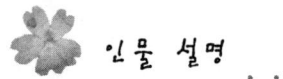

인물 설명

술고래

"술을 많이 마시는 사람……어울리지 마라"(잠 23:20, 우리말성경).
"술잔에 따라진 포도주가 붉고, 번쩍이며, 목으로 술술 넘어가도 너
는 거들떠 보지 마라"(잠 23:31, 쉬운성경).

「잠언」에 나오는 술고래(The drunkard)들은 어떤 사람을 말하는가?
친구들과 어울리는 정도로 술을 마시는 자인가? 아니면 술을 너무 마
셔서 고주망태가 된 사람인가? 아니면 아예 술에 중독된 자를 말하는
가?

웹스터 사전은 술 취한 것을 세 가지 측면에서 정의한다. 첫째, "음
주로 인해 신체가 제 기능을 하지 못하는 상태"를 뜻한다.[10] 둘째, "습
관적으로 술을 과도하게 많이 마시는 자"라고 정의한다.[11] 셋째, "술고
래는 과도히 술을 마시거나 혹은 만성적으로 술 취하는 것에 노예가 된
사람, 또는 그런 음주 습관 때문에 고통 받는 자를 뜻한다."[12] 즉, 술에
중독된 자다.

「잠언」은 술을 마시는 자에게서 떨어져 있어서 술 취하는 것을 멀리
하라고 분명하게 명령하고 있다. "술을 많이 마시는 사람 … 어울리
지 마라"(잠 23:20, 우리말성경). 이 뜻은 친교를 위해 술을 마시는 사람

들하고도 어울리지 말라는 뜻이다.

술고래에 대해서 「잠언」에서 길게 설명해놓은 부분을 보자.

"재앙이 누구에게 있는가? 슬픔이 누구에게 있는가? 분쟁이 누구에게 있는가? 불평이 누구에게 있는가? 누가 불필요한 상처와 충혈된 눈을 가지고 있는가? 술독에 빠진 자에게 있고, 독한 술을 들이키는 자에게 있다. 술잔에 따라진 포도주가 붉고, 번쩍이며, 목으로 술술 넘어가도 너는 거들떠 보지 마라. 마침내 그것이 뱀같이 물 것이요, 독사같이 쏠 것이다. 너의 눈은 이상한 것들을 보고, 입은 허튼 소리를 지껄이게 될 것이다. 너는 망망대해 가운데서, 돛대 꼭대기에 누워 잠자는 자 같을 것이다. '아무리 때려 봐라. 하나도 아프지 않다. 아무리 때려 봐라. 아무 느낌도 없다. 술이 언제 깰 것인가? 깨면 또 마셔야지!' 라고 말할 것이다"(잠 23:29-35, 쉬운성경).

부지런한 사람은 자신을 절제할 줄 알기 때문에 술고래가 부지런한 자로 묘사되는 법은 결코 없다. 술고래들은 자신을 스스로 통제하지 못하고, 그 대신 술병의 영에 의해 지배를 받는다. 또한 술고래는 옳게 생각할 줄 아는 지혜로운 자가 되지 못한다. 결국 술고래는 의롭지도 못한데, 의로운 자는 좋은 원리들대로 살지만, 술고래들은 그렇지 않기 때문이다. 차라리 술고래는 바보가 그러하듯 자신의 육신을 만족시키기 위해 살아간다. 술고래는 게으른 자가 그러하듯 자기만족을 위해 살아간다. 술고래에게 바람직한 점은 하나도 없다.

「잠언」에서 "누가 불필요한 상처(를)…가지고 있는가?"(잠 23:29, 우리말성경)라고 묻는 것은 술고래가 입은 상처와 부상은 충분히 피할 수 있었다는 것을 암시한다. 특히 그가 입은 상처는 스스로 낸 것이다. 또한 자신을 술에 맡겨버리는 자들은 독사에게 물린 것과 같이 자기 몸에 독을 주입한 것이어서 죽음에 이르게 된다. 술은 여기에서 독으로 묘사된다.

술고래는 자신의 의식을 조절하는 능력을 잃어버리게 된다. 그러나 더 중요한 것은 그가 자신의 도덕성마저도 통제할 능력을 잃는다는 것이다. 그가 하는 말은 꼬여버렸고, 걸음걸이도 휘청거린다. 「잠언」은 술고래의 걸음걸이를 폭풍 속에서 요동치는 배 위에서 걷는 것과 같다고 말한다(잠 23:34). 술고래의 감각은 무뎌져서 얻어맞고도 고통을 느끼지 못한다. "아무리 때려 봐라. 하나도 아프지 않다. 아무리 때려 봐라. 아무 느낌도 없다"(잠 23:29-35, 쉬운성경). 술고래에게 어떤 미래가 있을까? 그는 술병을 얻으려 살아가고, 술이 주는 순간의 쾌락을 위해서 연명할 것이다. 아니면 인생의 문제들을 도피하기 위해서 술고래가 되었을 수도 있다. "술이 언제 깰 것인가? 깨면 또 마셔야지!"(잠 23:29-35, 쉬운성경). 술고래는 술에 중독되었고, 그 중독이 결국 그 인생을 파멸시키고 말 것이다.

결론

「잠언」은 친교를 위한 음주를 불문하고 모든 음주를 금하고 있다. 어리석은 자는 술에 취한 결과를 받아 마땅하다. 「잠언」에서 술을 독사나 살모사의 독으로 비유한 까닭은 한 방울로도 사람을 죽이는 독과 같이 술이 해롭기 때문에 아예 술을 철저히 멀리하라고 경고하기 위해서이다.

23

악한 자가 악한 행위로 얻은 것을 부러워마라

주님, 제가 지도자들과 함께 식사를 할 때

제가 겸상하는 자들이 누군지 잊지 않게 도와주십시오.

게걸스레 먹으면서 뱃속을 채우다가

어느 순간 스스로 당황하지 않도록,

진미를 너무 탐하지 않도록 저를 도와주십시오.

왜냐하면 먹는 음식에 너무 욕심을 내는 것은

제 인격의 부족함을 드러낼 뿐만 아니라

건강과 영양 면에서도 좋지 않기 때문입니다.

주님, 돈을 따르다가 제 힘을 소진하지 않게 해주십시오.

제 자신을 통제할 수 있게끔 지혜롭게 해주십시오.

제 눈을 재물의 부요함에만 고정하지 않게 해주십시오.

그러면 제가 삶의 다른 가치들을 보는 능력을 잃기 때문입니다.

재물의 부요함은 새의 날개를 달고 있어서 잘 도망갑니다.

이제 움켜쥐었다고 생각할 그 때 훌쩍 날아가 버립니다.

주님, 저는 인색한 사람의 음식을 먹지 않겠고

그의 상에 있는 진미를 욕심내지 않겠습니다.

그는 제가 먹는 것들을 일일이 세고 있기 때문입니다.

그는 제게 "먹고 마시라" 말하지만 진심이 아닙니다.

저는 제가 먹은 것을 다시 돌려줘야만 합니다.

그의 음식을 칭찬했던 제 말들은 모두 소용없어집니다.

주님, 저는 어리석은 자를 속히 고쳐주지 않겠습니다.

그런 자들은 제가 일러준 지혜를 우습게 보기 때문입니다.

주님, 저는 다른 사람의 재산을 빼앗으려고

예부터 전해오는 경계석을 옮겨 놓지 않겠습니다.

주님은 우리가 잃은 것을 다시 찾아주시는 분이십니다.

우리가 경계석을 옮겨서 남의 것을 빼앗는다면

신원하시는 하나님이 우리와 직접 싸우실 수도 있습니다.

주님, 저는 학식을 쌓기 위해 제 이성을 훈련하겠습니다.

그리고 지혜의 말을 귀 기울여 듣겠습니다.

저는 어린 아이 훈련하기를 미루지 않겠습니다.

그를 바로잡아주면 그는 죽음을 면하기 때문입니다.

징계를 통해서 그는 지혜를 배우고 삶을 얻을 것입니다.

주님, 저는 제 자녀들이 지혜를 배우기 원합니다.
그들이 지혜롭게 말을 한다면 저는 참 기쁠 것입니다.

주님, 제가 존경하고 본받으려는 사람들이 있습니다.
그 중에서 주님의 법을 멸시하는 자는 하나도 없을 것입니다.
오직 저는 주님을 따르는 자들의 모범을 따르겠습니다.
왜냐하면 보장된 앞날은 주를 두려워하는 자가 차지하기 때문입니다.
그렇게 한다면 저는 제 인생의 전성기를 계속해서 누릴 것입니다.

저는 현명한 자의 말을 들어서 저 또한 현명해질 것입니다.
저는 제 뜻을 온전하고 바른 삶에 둘 것입니다.

저는 독주를 많이 마시는 중독에 빠지지 않겠고
돼지처럼 많이 먹지도 않겠습니다.
주정뱅이나 먹보들은 결국 가난해질 것이며
게으른 자들은 헤어진 누더기 옷이나 걸칠 것입니다.

저는 제게 생명을 선사한 아버지의 말을 들을 것이고
제 어머니의 생전에 그녀를 존경할 것입니다.

주님, 저는 가능한 많은 진리를 얻는 데 투자하겠습니다.
제게 있는 돈으로 지성과 지혜를 얻겠고

적극적으로 훈련을 받겠습니다.

주님, 올바로 사는 아들을 둔 아버지의 마음은 참 기쁩니다.
또한 지혜로운 아들이 그 아버지를 기쁘게 합니다.
그래서 바르고 지혜롭게 살아가는 저를 두고
제 아버지와 어머니는 기뻐하실 것이며 자랑스러워할 것입니다.

주님, 저는 주님께 제 마음을 드리겠습니다.
그럼으로써 제 삶을 통제해 나가겠습니다.
주께서 제게 원하시는 삶에 제 눈을 고정하게 해주십시오.

저는 깊은 시궁창과 같은 창녀를 거절하겠습니다.
저는 옹색한 우물과 같은 매춘부를 거절하겠습니다.
그들은 방황하는 남성들을 잡아채려고 누워 기다립니다.
약탈하는 들짐승처럼 남자들의 살을 뜯어 먹습니다.

주님, 불행에 빠져 슬퍼하는 바보가 누구입니까?
다툼과 싸움에 말려드는 바보가 누구입니까?
흠씬 두들겨 맞고 피투성이가 되는 바보가 누구입니까?
눈이 벌겋게 충혈되고 머리가 어지러운 바보가 누구입니까?
바로 소주와 맥주에 "안 돼!"라고 말하지 못하는 자들입니다.
새롭게 섞어 만든 폭탄주를 찾아다니며 마시는 자들입니다.

술잔에 담긴 술은 부드러운 색깔과 향기로운 냄새로 유혹합니다.

그러나 주님은 욕망의 눈으로 술잔을 바라보지 말라 하셨습니다.

술은 우리의 목을 타고 부드럽게 넘어가며

그 입에 천상의 맛과 같은 향취를 선사하지만

일단 들어가면 숨어있는 뱀과 같이 사람을 뭅니다.

그래서 한 모금의 술은 마치 독사의 독과 같습니다.

그리하여 저는 평생에 술에 입을 대지 않기로 작정했습니다.

주님, 술 취한 자의 눈은 헛것을 보게 되고,

그의 정신은 절망스러울 정도로 엉망이 됩니다.

그는 마치 흔들리는 배 위에서 걸음을 걷듯이 온 몸을 비틀거리고

돛대 꼭대기에 올라간 것처럼 머리를 치켜들고 한숨을 쉽니다.

술에 취한 사람은 종종 사람들로부터 맞기도 하지만

너무 취한 나머지 아픔을 느끼지도 못합니다.

술에서 깬 뒤에야 자기가 실컷 맞았다는 것을 느끼게 됩니다.

주님, 술에 형편없이 취하는 자들은 술에 중독된 것입니다.

그들은 술을 깬 뒤에도 "마실 술이 또 없나?" 하며 찾기 때문입니다.

아멘

24

...

삶의 올바른 가치들을 배우라

저는 악한 사람들을 제가 본받을 자로 삼지 않겠습니다.

저는 그런 자들과 어울리지도 않겠습니다.

왜냐하면 그들은 주님의 법을 어길 방법을 궁리하고서

남에게도 자기가 법을 어긴 것을 말해주려 하기 때문입니다.

저는 올바른 삶과 지혜의 반석 위에 가정을 세우겠습니다.

그래서 가정을 바른 생각과 분별력으로 지키겠습니다.

모든 방들마다 지식으로 가득 채울 것이며

최고의 지혜들을 갖춰놓을 것입니다.

저는 지혜롭게 되기를 원합니다.

그래서 강해지기를 원합니다.

그래서 저는 지식으로 제 힘을 늘려나갈 것입니다.

현명한 충고를 받음으로써 저는 제 꿈을 이룰 수 있습니다.

많은 지혜로운 지도자들처럼 제 인생의 목표를 이룰 것입니다.

주님, 지혜는 훌륭한 자산입니다만
바보가 찾기에는 너무 높은 곳에 있습니다.
현명한 사람은 남에게 자신이 지혜롭다고 자랑하지 않습니다.
그렇지만 그 도시의 중요한 인사들은 그가 현자임을 알아봅니다.

주님의 법을 어기려고 계획하는 자들을 음모자라고 부릅니다.
모든 사람들이 음모자들을 싫어합니다.
그들은 죄에 자신을 내줘버린 바보들이기 때문입니다.

주님, 저는 갈등과 어려움이 생겼을 때
정신을 놓지 않고 문제를 직면할 것을 약속드립니다.
제게 인내할 수 있는 힘과 강건함을 주십시오.

네, 주님, 저는 죽음의 위기에 처한 자들을 구할 것이며
죽음으로 끌려가는 자들을 건져낼 것입니다.

어떤 자들은 "우린 아무 것도 모릅니다!"라고 발뺌합니다.
그러나 그들의 속내를 샅샅이 살피시는 주께서
그 마음의 진실을 모르시겠습니까?

주님, 모든 사람이 진실하기를 바라시는 주님은
싸움을 그만두는 자에게 좋은 것으로 갚아주실 것입니다.

주님, 솔로몬은 제게 꿀을 먹으라고 권면했습니다.
왜냐하면 꿀이 제게 좋기 때문입니다.
꿀은 제 입에 답니다.
이것을 미루어 저는 한 가지를 깨닫습니다.
제게 유익한 지혜를 제가 취해야 한다는 것입니다.
지혜의 맛은 제 영혼의 소원에 달고도 답니다.
지혜는 저에게 제가 소망하는 것들을 선물할 것입니다.

주님은 도둑에게 경고하시길
의로운 자의 집 근처에 잠복했다가
그의 재산 훔치기를 그만두라고 하셨습니다.
의로운 자들이 일곱 번을 넘어질지라도
주님께서는 그들을 다시 세우시며
그 도둑을 주님의 심판대로 소환하십니다.
결국에 넘어져서 끝내 다시 일어날 수 없는 것은
바로 악을 행한 사악한 자들입니다.
그러나 주님, 저는 제 원수가 넘어질 때 기뻐하지 않겠고
그가 비틀거릴 때 행복해하지 않겠습니다.
제가 그것을 기뻐하는 것은 악한 것이며,

저의 악함이 주님의 심기를 불편케 하기 때문입니다.

주님은 저를 두르신 보호막을 거두시고

오히려 제 원수를 보호하기 시작하실지 모릅니다.

주님, 저는 악한 자의 일에 휘둘리지 않겠고

악한 자의 행동을 부러워하지 않겠습니다.

악을 행하는 자는 그가 이룬 일을 누리지 못할 것이고

그의 생명의 촛불마저 꺼져버릴 것이기 때문입니다.

저는 국가를 대항해서 싸우는 자들과 동조하지 않겠습니다.

또한 주님을 두려워함 같이 통치자들을 두려워하겠습니다.

왜냐하면 반역하는 자에게 징벌이 속히 찾아오기 때문입니다.

얼마나 처절하게 그들의 삶이 파괴될지 아무도 예측할 수 없습니다.

이 말씀들은 주님께서 지혜로운 자들을 위해

친히 준비하신 원리임을 저는 압니다.

제가 결정을 내리거나 판단을 해야 할 때

저는 누구에게나 공정하게 대하겠습니다.

죄가 있는 자에게 무죄라고 말해주지 않겠습니다.

이것 때문에 뭇 사람들이 저를 저주할 것이고

이방인들 또한 저를 미워할 것이기 때문입니다.

그러나 죄 있는 자에게 죄를 묻는다면

저는 옳은 일을 행한 상을 받게 될 것입니다.

정직한 답을 기다리는 자에게 정직하게 대답하는 것은
제가 존경하는 자들에게 입맞춤 하는 것과 같은 것입니다.

저는 먼저 정직한 일을 할 수 있는 직업을 찾고
그 일에 맞도록 제 자신을 준비하겠습니다.
그래서 제게 일자리가 생긴다면
저를 고용한 자를 위해 정직하게 하루 일을 하겠습니다.
그러고 나서 저는 제 집을 짓거나 사겠습니다.
저는 사실과 다른 증언을 하지 않겠습니다.
그래서 누군가를 억울하게 하거나
청중들을 속이는 말을 하지 않겠습니다.
저는 "누가 나한테 행한 대로 되돌려주겠다"라거나
"누가 내게 잘못한 이상으로 갚아주겠다"고 하지 않겠습니다.

주님, 저는 게으른 자의 밭을 따라 걸어갔습니다.
바로 어리석은 자가 소유한 땅이었습니다.
그 밭은 가시와 덤불이 너무 무성하였고
그 땅은 잡초들로 가득했습니다.
울타리들은 부러져 있어서
아무든지 넘나들 수 있었습니다.
게으른 자의 밭을 들여다볼수록
성실히 일하겠다는 제 결심이 더욱 확고해졌습니다.

게으른 자들은 게으름과 쉬는 것을 즐기고
손을 놓고서 늦게까지 자는 것을 좋아합니다.
그러나 낮이 지나고 밤이 오는 것이 분명하듯
가난이 게으른 자들을 반드시 따라올 것입니다.
게으른 자는 여생을 음식과 의복, 쉼터를 구하며 살아갈 것입니다.
아멘

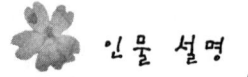

게으름뱅이

"게으름뱅이는 '길에 사자가 있다. 사자가 거리에 어슬렁거리고 있다!' 라고 한다"(잠 26:13, 우리말성경).

"게으른 사람은 손을 밥그릇에 얹고도, 자기 입에 집어 넣기를 귀찮아한다"(잠 19:24, 쉬운성경).

"게으른 종은 그 주인에게 고통이 된다. 그들은 눈에 매운 연기 같고, 상한 이빨에 신 포도주 같다"(잠 10:26, 쉬운성경).

"게으른 사람은 아무리 바라는 것이 있어도 얻지 못"한다(잠 13:4, 표준새번역).

"사람은 배가 고파야 일을 하고, 허기져야 일거리를 찾는다"(잠 16:26, 쉬운성경).

"게으른 사람의 밭과 지각이 없는 사람의 포도원을 내가 지나가면서 보았더니, 거기에는 가시덤불이 널려 있고, 엉겅퀴가 지면을 덮었으며, 돌담이 무너져 있었다. 나는 이것을 보고 마음 깊이 생각하고, 교훈을 얻었다. '조금만 더 자야지, 조금만 더 눈을 붙여야지, 조금만 더 팔을 베고 누워 있어야지' 하면, 너에게 가난이 강도처럼 들이닥치고, 빈곤이 방패로 무장한 용사처럼 달려들 것이다"(잠 24:30-34, 표준새번역).

「잠언」의 게으름뱅이라는 단어는 히브리어 asel을 번역, 파생시킨 것이다. 그 뜻은 '느린' 또는 '기능이 둔한, 활발하지 못한' 이다. 많은 현대어 번역본에서는 '게으른(lazy)' 또는 '동기가 부족한(lacks motivation)' 이라고 옮겼다. 웹스터 사전은 '게으른' 을 "일하거나 노력하려는 의지나 열심이 없는, 빈둥대는, 느리고 굼뜬"으로 정의한다.[13]

대부분의 사람들이 하루를 잠자리에서 일어나는 것으로 시작한다. 그러나 게으름뱅이들은 그렇지 않다. "문짝이 경첩에 붙어 돌아가듯이 게으름뱅이도 자기 침대에서 뒹군다"(잠 26:14, 우리말성경). 문이 경첩에 붙어 있는 것처럼 침대에 딱 붙어서 뒹굴기만 하는 게으름뱅이들은 절대로 잠자리에서 일어나지를 않는다. 이건 피곤해서도 아니고, 신체 기능에 이상이 있어서도 아니다. 그들에게 목표와 의욕이 없어서 그런 것이다. 그들은 자기 인생을 두고 진지하게 생각하지 않고, 살면서 부딪히게 될 새로운 난관들을 대처하기 위해 자신을 훈련하지 않는다.

게으름뱅이는 이렇게 말하며 핑계를 댄다. "길에 사자가 있다. 사자가 거리에 어슬렁거리고 있다!"(잠 26:13, 우리말성경). 「잠언」 저자가 이렇듯 놀리는 이유는 게으름뱅이가 집 밖으로 나가서 하루 일과를 시작할 생각을 않고서 그저 집안에 머물러 있으려고만 하기 때문이다. 그래서 집 밖으로 나가면 사자를 만나는 심각한 위험에 처하게 될 것이라고 혼자 상상을 하거나 소설을 쓴다. 하지만 사자의 위협은 그가 상상해낸 것에 불과하다.

「잠언」은 또 게으른 자를 너무 게을러서 밥도 먹기 싫어하는 사람으로 묘사한다. "게으름뱅이는 손을 그릇에 넣고도 입에 떠 넣는 것조차

귀찮아 한다"(잠 26:15, 우리말성경). 여기에서도 게으름뱅이를 웃음거리로 만든다. 아무리 배가 고파도 밥그릇에서 밥을 떠서 입에 올리기도 귀찮아하는 자로 그리고 있는 것이다. 게으름뱅이는 그가 필요로 하거나 원하는 바를 이루지 못한다. 뭘 하기에는 너무 게으른 까닭이다.

그러나 게으름뱅이에게는 몸을 놀려 하지 못하는 것보다 더 큰 문제가 있다. 그는 교만해서 스스로를 속이는 죄를 짓고 있는 것이다. 「잠언」은 "게으름뱅이는 신중하게 대답하는 일곱 사람보다 자기가 더 지혜롭다고 생각한다"(잠 26:16, 우리말성경)고 말한다. 일곱은 완벽함을 상징하는 수로서, 일곱 사람의 지혜를 모두 합친 것보다 자신이 더 지혜롭다고 게으름뱅이는 생각하는 것이다. 그러나 게으름은 배고픔과 타락을 이끄는 앞잡이일 뿐이다(잠 19:15).

「잠언」 전체에서, 지혜로운 자의 길은 쉬운 것으로 나온다. 왜냐하면 그는 자신의 문제들을 처리해나가고, 세운 목표를 달성하려고 일하기 때문이다. 그러나 게으름뱅이의 길에는 장애물이 있다. "게으른 사람의 길은 가시밭이나, 정직한 사람의 길은 넓고 평탄한 길이다"(잠 15:19, 쉬운성경).

왜 게으름뱅이가 배척을 받는 걸까? 그것은 그들이 남에게 얹혀 살기 때문만이 아니고, 그들이 주변의 모든 사람들에게 해를 입히기 때문이다. 그것은 게으름이 이웃을 사랑하기를 거절하는 한 방법이기 때문이다(마 19:19). 그래서 우리는 우리 자신에게 그런 것처럼 다른 사람들에게 친절해야 한다. 그러나 게으름뱅이는 자기 자신에게도, 그 누구에게도 친절하지 않다.

이 밖에도 게으름뱅이에게 또 다른 문제가 있다. 하나님은 모든 사람들에게 일하라고 명령하셨기 때문이다. 하나님은 우리에게 자기 가족들을 부양하고 다른 사람들을 도우라고 말씀하셨다.

「잠언」 저자는 게으름에 대해 좀 더 폭넓은 묘사를 하고 있다(잠 24:30-32). "게으른 사람의 밭과 지각이 없는 사람의 포도원을 내가 지나가면서 보았더니, 거기에는 가시덤불이 널려 있고, 엉겅퀴가 지면을 덮었으며, 돌담이 무너져 있었다." 그러고선 저자는 게으름뱅이가 처한 곤혹스러운 상태를 또 묘사한다. "조금만 더 자야지, 조금만 더 눈을 붙여야지, 조금만 더 팔을 베고 누워 있어야지 하면, 너에게 가난이 강도처럼 들이닥치고, 빈곤이 방패로 무장한 용사처럼 달려들 것이다" (잠 24:33-34, 표준새번역).

저자는 "게으른 사람의 밭"을 묘사하고 있다(잠 24:30). '게으른' 이라는 단어의 히브리어 원 뜻은 "마음이 부족한"이다. 그러므로 게으름은 일할 힘이나 능력이 부족한 것이 아니라, "부족함" 그 자체다. 마음이 없다면 사람의 영혼이라도 비천해지듯이, 게으른 자는 성품이나 결단력, 포부가 텅 비어있다.

1. 게으름뱅이가 하는 것이라곤 생각 하나뿐이라는 말이 있다. 그는 마땅히 할 일이 무엇인가 판단해서 나서려하지 않고 그저 끊임없이 일하지 않고 요령 피울 생각만 한다(잠 22:13; 26:13; 28:15; 24:33).

2. 게으름뱅이는 결국에 바보가 된다. 바보가 스스로를 속이고 하나님의 길을 걷기를 거부하는 것처럼, 게으름뱅이는 끊임없이 자기의 방법이 하나님의 방법보다 낫다고 합리화하고 미룬다. 지혜로운 자의 부

지런함은 게으름뱅이의 게으름과 현격한 대조를 이룬다(잠 10:26). 모든 바보들이 그러는 것처럼, 게으름뱅이는 멸망을 향해서 가고 있다(잠 6:11; 20:34).

게으름뱅이는 일을 미루고서 자기 책임을 수행하지 않기 때문에, 그를 지켜 볼 감독이 꼭 필요하다. 누군가는 그를 지켜보면서 그가 일하도록 만들어야만 하는 것이다. 그는 아무리 배고파도, 아무리 가난해도 일하려 들지 않는다(잠 13:25; 16:26). 그는 엄격한 감독의 채찍을 맞아야만 한다(잠 12:24). 「잠언」 저자는 게으름뱅이들이 개미들을 보고 배워야 한다고 제안한다. 개미들은 감독하는 자가 없이도 부지런히 일하는 존재들이기 때문이다(잠 6:6-8).

게으름뱅이가 바꿔야 할 것은 직장이나 업무 습관이 아니라 바로 삶에 대한 자신의 태도이다. 게으른 자의 문제는 그의 업무 습관이나 기술, 또는 업무와 관련된 지식을 습득하는 데에 국한되지 않는다. 게으른 자의 보다 근본적인 문제는 그의 사고방식에 있다. 게으른 자는 자기 자신만을 추구하고(잠 21:25,26), 쾌락을 추구하고(잠 13:4; 21:17), 시야가 좁고, 자기 훈련이 부족하다. "여름에 일하는 사람은 지혜롭지만, 추수 때에 잠자는 사람은 부끄러움을 당한다"(잠 10:5).

그러므로 게으른 자를 바꾸기 위해서 당신은 그의 사고방식을 바꿔야 한다. 그리고 게으른 자는 자신의 사고방식을 바꾸고 나서 이렇게 고백해야 된다. "나는 나의 게으름을 회개합니다. 이제 열심히 일하는 데에 전념하겠습니다." 그리고 나서야 비로소 게으름뱅이는 겉으로 드러나는 문제들을 해결해나갈 수 있다. "나는 어떻게 열심히 일해야 할지 배우겠습니다. 나는 능률을 높일 수 있는 기술과 방법들을 배우겠습니다. 나는 업무에 필요한 모든 지식을 배우겠습니다."

게으름뱅이는 하나님을 사랑하거나 두려워하지 않는다. 「잠언」 전체를 통해서 게으른 자는 의로운 자와 대조를 이루고 있으며(잠 15:19; 21:25-26), 악한 자로 여김을 받는다(잠 13:25). 이렇듯 하나님의 뜻이나 자신의 삶에 대하여 아무 관심이 없는 자들은 자신을 따르는 자들에 대해서도 아무런 관심이 없다.

다음으로 게으름뱅이는 자신의 모든 가치관을 다 바꿔야 한다. 그가 이전에 세웠던 인생 목표는 그저 행복해지는 것이었다면, 이제는 하나님의 원리들에 따라서 사는 삶으로 바뀌어야 한다. 성공하는 것에 인생의 목표를 둔 것을(잠 30:7), 하나님을 기쁘시게 하고 하나님의 원리대로 자기 인생을 바치는 것이 되어야 한다.

마지막으로 게으름뱅이는 일에 대해서 말만 하고 궁리하고 그 주변에서 맴돌기만 하는 것을 그만두어야 한다. 그는 반드시 일터로 가야 한다. "밭 가는 사람은 배불리 먹지만 지각없는 사람은 헛된 꿈만 좇는다"(잠 12:11, 공동번역). 충고하는 것은 게으름뱅이에게 별 도움이 안 된다. 그와 대화를 나누는 것도 소용이 없다. "애써 수고하면 이득이 생기고 입만 놀리면 가난을 불러들인다"(잠 14:23, 공동번역). 게으름뱅이가 일터로 나갈 때 무슨 일이 생기게 될까? "밭을 가는 사람은 먹을 것이 넉넉하지만, 헛된 것을 꿈꾸는 사람은 찌들게 가난하다"(잠 28:19, 표준새번역).

25

...

바른 신앙에 비할 바가 없다

주님, 이 잠언은 솔로몬 왕이 지은 것입니다.

그것을 히스기야 왕 치하의 서기관들이 필사해두었습니다.

주님은 감추어두심으로 영광을 받으시고

왕들은 그것을 발견해냄으로 영광을 얻습니다.

하늘이 높고 땅이 깊은 것과 같이

통치자의 마음은 헤아릴 수 없습니다.

주님, 불순물이 제거된 은은

아름다운 그릇으로 만들 수 있습니다.

공직 사회에서 악한 자들이 제거된다면

나라의 정의가 바로 설 수 있습니다.

저는 다른 사람들보다 저를 높이지 않겠습니다.

저는 상석을 찾아 앉으려 애쓰지 않겠습니다.

말석에 앉았다가 높은 자리로 가라 요청받는 편이

상석에서 내려가야 하는 수치를 당하는 것보다 낫습니다.

저는 이웃의 다툼을 중재하는 데 끼어들지 않겠습니다.

특히 모든 정황을 잘 모르는 경우에 더욱 그러하겠습니다.

제가 엉뚱하게 참견하여 당사자 중 하나가 저를 책망한다면

저는 부끄럽고 당혹스러울 것이기 때문입니다.

저는 이웃들과 어떤 문제에 대해 대화를 나누더라도

한 편이 제게 말해준 것을 다른 편에게 전하지 않겠습니다.

사적으로 해준 말을 제가 떠들고 다녔음을 그가 알게 되면

저에게 곤란한 일이 생길 것이고

저의 명성 또한 흠이 갈 것입니다.

적절한 때에 적절한 말을 하는 것은

마치 은 쟁반에 금 사과를 얹은 것과 같습니다.

슬기로운 자가 조언자의 말을 경청하는 것은

금 귀걸이와 금 목걸이로 멋지게 장식한 것과 같습니다.

언제나 진실만을 말하는 자는

추수하는 날 불볕더위에 불어오는 시원한 바람과 같아서

그를 고용한 자의 마음을 흡족하게 합니다.

주겠노라 하고선 약속한 선물을 주지 않는 자들은

비를 내리지 않는 구름과 바람처럼 실망을 줍니다.

끈질긴 인내는 지도자의 고집을 꺾을 수 있고,

부드러운 대답은 굳은 마음을 녹일 수 있습니다.

꿀이 있더라도 저에게 필요한 만큼만 먹어야 합니다.
너무 많이 먹으면 토해내야 하기 때문입니다.
저는 이웃의 집에 너무 자주 찾아가지 말아야 합니다.
그가 저를 지겨워하고 제가 오는 것을 싫어하게 되기 때문입니다.

이웃을 거슬러 잘못된 증언을 하는 자들이 있습니다.
주님, 그들을 곤봉으로 치시든지 칼로 베시든지 활로 뚫으십시오.
어려움에 처했을 때 신뢰할 수 없는 사람을 신뢰하는 것은
앓는 이로 고통을 받거나 다리를 절뚝거리는 것과 같습니다.

주님, 곤경에 처한 자에게 슬픈 노래를 불러주는 것은
추운 날씨에 그의 겉옷을 벗기는 것과 같습니다.

저를 미워하는 자가 배고플 때 저는 그에게 먹을 것을 주겠습니다.
그러면 저는 그의 머리 위에 불붙은 숯을 올림과 같이
그를 부끄럽게 할 것이고, 주님은 제게 상을 주실 것입니다.

주님, 차가운 북풍이 비를 몰고 오듯이
뒤에서 험담하는 혀는 분노에 찬 눈초리를 받습니다.
대저택에서 잔소리하는 아내와 사느니
작은 집 한 구석에서 홀로 사는 것이 낫습니다.
제 마른 목을 적시는 시원한 물처럼

멀리서 전해 온 좋은 소식은 행복을 가져옵니다.

흙이 섞여 나오는 샘이 마실 물을 더럽히듯이
악한 자와 타협하는 선한 자가 그런 격입니다.

주님, 꿀을 너무 많이 먹는 것은 좋지 못합니다.
또한 자기 영광을 구하는 것도 현명하지 않습니다.
두 가지 모두 과하게 되면 그 자신이 병들게 됩니다.

주님, 자기 단련이 되지 않은 자는 웅장하지만
금이 간 요새와 같습니다.
아멘

26

바보와 불량배를 조심하라

주님, 바보에게 영광을 돌리는 것은

한 여름에 내리는 눈과 추수기에 내리는 비처럼

얼토당토않은 허튼 짓입니다.

애쓰며 날개짓 하던 새가 결국 둥지로 돌아오듯이

괜한 사람에게 했던 저주는 우리에게 다시 돌아옵니다.

주님, 채찍은 고집 센 나귀를 고분고분하게 만듭니다.

그렇듯 징계는 바보를 도와주는 유일한 방법입니다.

저는 바보에게 그 미련한 대로 대답해주지 않겠습니다.

제 자신을 그 바보와 같은 수준으로 낮추게 되기 때문입니다.

그러나 저는 바보에게 사실대로 대답해줄 것입니다.

그러면 그는 자신이 현명하지 않음을 알게 될 것입니다.

바보에게 말을 전해달라고 부탁하는 것은

문제와 고통을 불러오는 것과 똑같습니다.

바보의 입에서 나오는 현명한 말은

절룩거리는 다리와 축 처진 팔과 같고

손에 가시덤불을 쥔 것과 같이 해롭습니다.

바보에게 영광을 돌리는 것은

총알 없이 총을 쏘는 것과 같습니다.

숙련된 기술자는 예술작품을 만들 수 있지만

바보를 고용하는 것은 세상 이치를 따르지 않는 것입니다.

마치 개가 자기가 토한 것을 다시 찾아오듯이

바보는 항상 시간을 허비하면서 빈둥거리기 때문입니다.

그러나 바보에게 차라리 희망이 남아 있는데,

스스로 모든 것을 알고 있다고 자만하는 자보다는 낫습니다.

주님, 게으른 자는 변명만 하고 일하지 않습니다.

그는 길거리에 사자가 있다고 핑계를 댑니다.

경첩을 따라서 문이 돌아가듯이

잠자리에 머물러 이리 저리 몸을 뒤집기만 합니다.

그는 자리에서 일어나 일하러 가기를 거부하고,

음식을 집고도 입으로 올리지 않을 정도로 게으릅니다.

게으른 자는 현명한 자 일곱이 댈 수 있는 이유보다

더 많은 변명거리로 자기 할 일을 회피합니다.

주님, 제가 제 일도 아닌 다툼에 관여하는 것은

사나운 개의 귀를 잡아 자극하는 것과 같습니다.

그 개가 덤벼들어 저를 물고 말 것입니다.

주님, 이웃들을 속여 놓고서 농담이었다고 발뺌하는 것은
활을 쏘거나 횃불을 던져 이웃의 목숨을 위협하는 것과 같습니다.

주님, 장작이 떨어지면 불이 꺼지는 것처럼
소문이 그치면 다툼도 없어집니다.
석탄이 불을 내고 불타는 장작이 열을 내듯
불평하는 자는 분쟁을 일으킵니다.

주님, 비방하는 자들의 거짓말은 귀에 쉽게 들리지만
그 거짓말을 들은 모든 자들의 뱃속을 아프게 합니다.
토기 위에 얇게 입힌 은과 같이
애정 어린 입술의 말로 미움을 감추려 하고
유쾌하게 떠들며 마음의 증오를 숨기려 하지만
사람들을 속이는 위선적인 마음은 결국에 들키게 됩니다.
그래서 저는 즐겁게 말하는 사람들을 모두 신뢰하지 않습니다.
그들이 마음 깊이 미움을 숨기고 있을지 모르기 때문입니다.
그러나 마음에 증오를 숨겨보려 애쓸지라도
우물에 있는 것은 바가지에 길어져 나오는 법입니다.
결국 그들의 증오는 겉으로 분출될 것입니다.

주님, 사람을 함정에 빠뜨리려고 구덩이를 파는 자들은
결국 자기가 파놓은 구덩이에 스스로 떨어질 것입니다.

굴려 보낸 것은 자신에게 다시 굴러옵니다.

남을 해하려 세웠던 악한 계획은

자신에게 돌아와 고통을 줄 뿐입니다.

주님, 거짓말쟁이들은 자신이 속인 자들을 결국 미워하고 내칩니다.

아첨하는 혀는 사탕발림한 거짓입니다.

그래서 저는 진실을 말하겠습니다.

저는 주님과 제 이웃을 사랑하기 때문입니다.

아멘

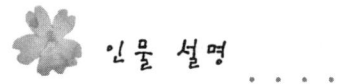 인물 설명 · · · · ·

어수룩한 자

"슬기로운 사람은 재앙을 보면 숨고 피하지만, 어수룩한 사람은 고집을 부리고 나아가다가 화를 입는다"(잠 22:3, 표준새번역).
"어수룩한 사람은 어수룩함을 유산으로 삼지만, 슬기로운 사람은 지식을 면류관으로 삼는다"(잠 14:18, 표준새번역).

어수룩한 자와 바보 사이에는 차이점이 있다. 어수룩한 자는 세상 물정을 잘 모르거나 순진한 자를 뜻한다. 그는 순진해서 무엇이든지 잘 믿어버린다. 성경은 어수룩한 자를 모든 사람의 조언을 다 신뢰하는 자로 묘사하고 있다. 한편 바보는 잘못된 길을 따라간다는 점에서는 어수룩한 자와 유사하지만, 가르침을 받아들이는 태도에 있어서 차이점을 보인다. 바보는 진리를 우습게 알고, 지혜로운 교훈을 거절하며, 상식을 따르려하지 않는다.

인생을 사는 올바른 법이라는 주제는 정확한 지식이나 올바른 철학을 말하는 것이 아니라, 인생을 사는 가장 좋은 길, 즉 하나님이 당신에게 원하시는 삶의 길을 뜻한다. "현명한 사람은 생각하고 그 길을 살핀다"(잠 14:15, 우리말성경). 어수룩한 자는 자신을 위하는 길이 무엇인지 생각할 수 있으나, 그렇게 행동하지 못하는 위험성이 있는 반면, 바보는 자신을 위하는 길을 생각해내도 그대로 살기를 거절한다. 다시 말하면, 바보는 어느 길이 더 좋은지 알지만, 어수룩한 자는 더 좋은 길이 어디인지 모른다. 그러나 제 아무리 바보가 더 좋은 길을 알고 있다 해도, 그는 그 길을 따라가지 않는다.

현명한 사람은 악한 일이나 실수가 어디에서 일어날지 예측하고 피한다. "슬기로운 사람은 재앙을 보면 숨고 피하지만, 어수룩한 사람은 고집을 부리고 나아가다가 화를 입는다"(잠 22:3, 표준새번역). 잠언 27장 12절은 바보가 악한 일과 재난을 선택하는 반면, 어수룩한 자는 급하게 서두르다가 일을 그르쳐서 안 좋은 결과로 끝맺음을 한다.

순진한 사람은 자신이 저지른 실수가 어떤 결과를 초래할지, 자기 죄를 하나님이 어떻게 심판하실지 생각하지 않는다. 그래서 이렇게 어수룩한 자를 예방하고 보호해주기 위해 「잠언」이 기록되었다. 하지만 교훈을 들으려 하지 않는 바보는 도무지 보호해줄 수 없다는 것 또한 「잠언」은 알고 있다.

그러나 어수룩한 자가 바보로 굳어질 가능성도 있다. 아무리 순진한 자라도 세월 앞에선 변하게 되어 있다. 살면서 겪게 되는 일들이 그를 바꿔나가기 때문이다. 어수룩한 자는 믿었던 사람의 실수를 지켜보면서 상처를 받게 된다. 그리고 그 경험을 통해서 하나님의 원리들과 반대되는 방향으로 자라나게 된다. 그 결과 그에게 있었던 순진한 어리석음이 씁쓸한 반항심으로 변하게 된다.

현명한 자들은 지혜를 배우는 일에 열심을 다한다. "한 마디 말로 총명한 자에게 충고하는 것이 매 백 대로 미련한 자를 때리는 것보다 더욱 깊이 박히느니라"(잠 17:10, 개역개정). "미련한 사람을 절구에 넣고, 공이로 곡식 찧듯 찧어도, 그의 미련은 벗겨지지 않는다"(잠 27:22, 쉬운성경). 이 잠언들은 바보가 경험을 통해서 접하게 되는 교훈을 끝까지 거부하는 반면, 지혜로운 자는 경험을 통해서 배운다는 것을 말해주고 있다.

인생의 큰 시련들을 피하려는 열망보다 하나님의 뜻과 원리에 반항하는 욕구가 더 클 경우, 어수룩한 자는 바보로 변하여서 미련함 가운데 계속 살아가게 된다. 그렇다면 바보를 무엇에 비유할 수 있을까? "개가 그 토한 것을 다시 먹듯이 어리석은 사람도 자기 어리석음을 되풀이한다"(잠 26:11, 우리말성경).

1. 어수룩한 자는 도덕적으로 잘못된 것이 아니라, 단지 미숙할 뿐이다. 누구든지 젊은 한 때가 있는 법이고, 이 시기에 인생의 교훈들을 배워야만 하는 것이다. 그래서 우리는 모두 같은 출발선에서 시작한다. 모든 것을 다 알고서 태어난 자는 없다.

2. 어수룩한 사람은 그 상태로 계속 머물 수는 없다. 이것은 갓난아기가 계속 교육을 받게 되는 것과 같다. 어른의 말을 따를 것인지 따르지 않을 것인지, 자신을 스스로 돌볼 것인지 아니면 다른 사람을 의지할 것인지 계속 교육 받는다. 이와 같이 어수룩한 자는 하나님을 따를 것인지 아니면 그분을 대항해서 제 고집대로 반항할 것인지를 선택해야만 할 것이다.

3. 어수룩한 사람이 그 어수룩함을 자연적으로 벗어나서 성장하는 것은 아니다. 자연적인 성장을 통해서 현명한 사람이 만들어지지 않는다. 오히려 배우기를 의도적으로 선택해야만 지혜로운 사람이 될 수 있다. 또한 그 부모도 자식들에게 인생에서 올바른 선택을 하도록 가르쳐야만 한다(잠 1:10,15,22-23).

4. 어수룩한 사람은 지혜가 부족하기 때문에 위험에 빠지기가 쉽다. 그러므로 그는 반드시 지식과 지혜로운 삶(잠 1:4), 분별력(잠 9:4,16), 상식(7:7)을 배워야만 한다. 그렇지 않으면 잘못된 선택을 하거나 아무것도 결정을 못해서 곤란과 위험에 처하게 될 것이다.

어수룩한 자는 하나님의 원리들을 순종하기보다는 그것들을 거역하는 방향으로 치우치기가 쉽다. 어수룩한 자가 자신의 단순 무식함을 좋아하는 편이 더 자연스럽기 때문이다. "이 어수룩한 자들아, 언제까지 너희의 단순 무식함을 좋아하려느냐?"(잠 1:22). 그러나 그들이 만일 그 상태로 머물게 되면, 결국에 파멸하게 된다. "어수룩한 자들이 뒷걸음질 하다가 죽임을 당하고, 바보들이 제멋대로 하다가 멸망을 당한다"(잠 1:32). 반역자들은 자기와 함께 반역을 행하도록 종종 어수룩한 자를 끌어들인다. 특히나 어린 청년들이 어수룩하고 단순한 경우가 많기 때문에 「잠언」은 이 어린 청년들에게 어떻게 지혜로워야 되는지 지도해준다. "내 아들아, 내 말을 따르고, 내 명령들을 네 마음속에 깊이 간직하여라. 내 명령을 지키면 너는 살 것이다. 내 가르침을 네 눈동자같이 지켜라"(잠 7:1,2, 쉬운성경).

하나님을 거역해서 반역하는 바보는 자신과 함께 반역을 하도록 어수룩한 자를 꼬드길 것이다. 왜 그럴까? 불평이 많은 자들은 끼리끼리 짝을 짓는 터라, 잘못된 일을 하는 것을 좋아하는 자는 주변의 모든 사람들 역시 자기처럼 불의를 좋아하길 바라기 때문이다. 게다가 창녀도 어수룩한 자를 따라다닌다. 그녀는 자기 침대로 끌어들이려고 어수룩한 자를 불러낸다(잠 7:6-26; 9:13-18).

어수룩한 자는 반드시 창녀와 바보들에게서 등을 돌리는 선택을 해야 한다. 그들의 악한 길을 거부하고서 대신 지혜를 따라가야 한다(잠 1:23; 2:1-11; 3:1-26; 4:1-27).

5. 어수룩한 자는 그가 정력이 넘치기 때문에 창녀의 손으로 떨어지는 것이 아니다. 거리에 있는 어수룩한 자를 창문에서 내려다 본 관찰자는 무언가를 발견하게 되었다. 즉, 창녀가 있는 잘못된 곳에 어수룩한 자가 있었기 때문에 그가 그녀의 유혹에 넘어가게 된 것이다(잠 7:7,8). 창녀는 먼저 "먹잇감에 접근하지" 않는다. 그 대신 그녀는 어수룩한 자가 자기에게 다가오기를 기다리고 있다(잠 7:7-10). 그 때 어수룩한 자는 밤중에 거리를 돌아다니고 있었다. 집에서 잠을 자거나 해야될 일을 하지 않고서 나온 것이다(잠 7:8). 그 어수룩한 자는 창녀의 겉모습에 유혹을 받아서 그녀에 대해 좀 더 알기를 원했고, 그녀 역시 자신에 대해서 그에게 기꺼이 얘기를 들려주려고 했다(7:13-29). 그가 의도적으로 그녀와 죄를 범하기를 계획한 것은 아니다. 다만 그는 잘못된 방식으로 자신의 호기심을 만족시키려 했다. 다른 많은 젊은이들처럼,

그는 넘어지는 일 없이 죄를 범하는 경계선에 얼마나 가까이서 걸어갈 수 있나 스스로를 시험해보고 싶었다.

6. 어수룩한 자는 속아 넘어간 것이 아니다. 그는 유혹에 넘어갔다. 창녀가 그 어수룩한 자에게 접근할 때를 보면, 그녀는 그에게 입맞춤을 하고(잠 7:13), 둘이 함께 즐길 수 있을 것이라 그에게 말을 해준다. 이 젊은이가 아무리 어수룩하다고 해도, 그녀가 하는 말이 무엇을 뜻하는지 그도 알고 있다. 그리고 제 아무리 타당한 이유를 댈지라도 그가 그녀의 곁에 있게 되면 무슨 일이 벌어질지 그도 이미 알고 있었다. 그러니까 그는 자신의 영혼을 생각해서 그 자리를 박차고 나왔어야 했다. 그녀에게 남아서 불장난을 계속하는 대신에 말이다.

27

...

옳은 신앙은 좋은 관계를 만든다

주님, 저는 내일 일을 자랑하지 않겠습니다.
내일 무슨 일이 일어날지 모르기 때문입니다.
제가 성취해낸 훌륭한 성과와 업적을
제가 아닌 다른 사람이 칭찬하도록 하겠습니다.
제가 제 자랑을 하는 것은 아무도 곧이듣지 않으니까요.
그래서 객관적인 입장에 선 사람이 판단하도록 맡기겠습니다.
돌무더기와 모래더미는 너무 무거워서 치우기 어렵습니다만
미련한 자가 분을 내는 것은 이보다 더합니다.

주님, 분노는 잔인하고 성냄은 난폭합니다.
그러나 질투하는 자의 복수는 이 둘을 능가합니다.
저는 다른 이의 꾸지람을 달게 들을 것입니다.
그래서 제 자신을 고치고 성장시키겠습니다.
누군가 저에게 애정을 갖고 충고하려는데
제가 그에게 귀를 기울이지 못해 그를 잃기보다는
그의 책망을 받아들이고 그와 함께 우정을 나누겠습니다.

저는 아첨하는 원수로부터 나중에 뒤통수를 얻어맞느니
차라리 가까운 친구로부터 상처를 받겠습니다.

저는 배가 부르면 달콤한 꿀조차 내키지 않습니다.
그러나 배가 고프면 아무리 쓰더라도 달게 느껴집니다.

주님, 어리석게도 자기 가정을 뛰쳐나온 자는
자기를 보호해주는 둥지를 버린 새와 같습니다.

주님, 친구의 진심어린 좋은 충고는
좋은 향내 나는 향수와 같이 우리를 행복하게 합니다.

주님, 저는 제게 오래도록 충실했던 벗을 저버리지 않겠습니다.
제 아버지와 인생을 나눴던 친구들 또한 멀리하지 않겠습니다.
저는 멀리 있는 친척에게 도움을 구하기보다는
차라리 가까이 있는 친구를 찾아가겠습니다.
저는 지혜로워지기를 원합니다.
그래서 제 아버지를 기쁘게 하고 싶습니다.
그러면 제 실수 때문에 제 아버지가 나서야 할 일은 없을 겁니다.
저는 어려움이 닥쳐올 때 그것을 피할 수 있는 지혜가 있길 원합니다.
반면 어리석은 자들은 미래를 대비하지 않고 돈을 그냥 써버립니다.

주님, 저는 낯선 자를 위해서 보증을 서지 않겠습니다.
그래서 그자의 채권자들에게 제 소유를 빼앗기지 않겠습니다.
그러면 채권자들은 다른 보증인을 세워 담보를 잡을 것입니다.
그자의 죄 때문에 생겨난 빚을 해결하기 위해서입니다.

저는 동 트기도 전에 이웃을 축복한답시고 소리치지 않겠습니다.
큰 소리로 외친 축복의 말이 그의 잠을 깨울 것이고,
신경질 난 그가 도리어 저를 저주할 것입니다.

주님, 계속 안달하며 볶아대는 아내의 잔소리는
비오는 날 처마에서 떨어지는 빗방울 소리 같아서
그저 제 부아만 치솟게 하고 화를 돋울 뿐입니다.
부정적으로 비판만 하는 아내를 통제하는 것은
바람을 저지하는 것과 같이 불가능한 일입니다.

주님, 칼을 연마하기 위해 철을 쓰듯
저는 친구의 사고방식을 고쳐줄 수 있습니다.
무화과나무를 정성스레 키우고 보살핀 자들은
무화과를 수확하여 맛볼 수 있습니다.
상사가 원하는 것을 행한 자들은
존귀하게 대접받고 승진할 것입니다.
물 속에 비친 제 모습을 볼 수 있듯이

다른 사람들은 제 얼굴을 통해 제 마음을 읽습니다.

주님, 많은 것을 욕심내는 탐욕을 만족시키기란
바닥이 보이지 않는 지옥을 채우는 것과 같습니다.
불이 은을 연단하고 도가니가 금을 연단하듯이
제 인격은 칭찬에 어찌 반응하는 지로 가늠할 수 있습니다.

주님, 곡식을 맷돌로 갈아서 가루를 만들듯이
제가 어리석은 자를 맷돌로 갈 듯 연단할 수는 있습니다.
그러나 그럴지라도 그의 어리석음은 여전할 것입니다.

저는 제 가축들이 튼튼한지 잘 살필 것이며
가축의 마리수가 부족한지 꼼꼼히 점검할 것입니다.
사람의 부유함이란 영원히 지속되지 못하고
언젠가는 손실이 나는 법이기 때문입니다.
그래서 저는 겨울에 쓸 꼴을 미리미리 베어두고
정원에서 부지런히 채소들을 모아둘 것입니다.
그러면 양들에게서 털을 거둬 옷을 만들 수 있을 것이고
염소에게서 젖을 짜서 마실 것이 풍부할 것이며
남는 염소들은 팔아서 이익을 남길 수 있을 것입니다.
그래서 저는 겨우내 식구들에게 줄 음식을 충분히 사고
직원들에게 줄 상여금도 넉넉히 준비할 수 있을 것입니다. 아멘

28

...

상식에 따라서 경건하게 생활하라

주님, 악한 자들은 그 마음에 두려움이 있습니다.

그들은 건강한 삶에 대한 확신이 없습니다.

반면 의로운 자들은 사자처럼 강한 자기 확신이 있습니다.

그들은 주님을 알고, 자기 자신을 확실히 알기 때문입니다.

저희들은 죄로 가득한 세상 속에서 살아가고 있습니다.

그래서 저희에게는 많은 통치자들이 필요합니다.

그들이 백성들을 올바로 이끌어줘야 합니다.

그러나 마침내 한 통치자가 올 것인데,

그는 지혜와 명철의 사람입니다.

그의 왕국은 모든 것을 다스릴 것이며

그의 왕국은 또한 영원히 견고할 것입니다.

주님, 저는 한 가난한 자를 보았습니다.

그는 또 다른 가난한 자를 억압하고 괴롭혔습니다.

그 광경은 마치 모든 식량들을 쓸어버리는 태풍과도 같았습니다.

생존을 위해서 가난한 자들이 서로 도와야 함을 몰랐기 때문입니다.

자신의 원칙을 포기하는 자들은
죄를 사랑하는 것으로 생을 마치지만
주님의 원리에 순종하는 자들은
죄악을 사랑하는 자들에게 대항합니다.
악한 자들은 절대적인 진리와 심판을 이해하지 못하지만
주님을 기쁘게 해드리려는 자들은 모든 것을 이해합니다.

주님, 제가 진리를 말하다가 가난해지는 것이
거짓을 말해서 부유해지는 것보다 낫습니다.
저는 주님의 진리에 순종하는 주님의 영리한 자녀입니다.
바보들과 어울리는 자들은 그들의 아버지를 실망시킵니다.

주님, 악한 자가 폭리를 취하여 축적한 부는
결국 가난한 자를 돕는 자에게로 돌아가게 됩니다.
주님의 원리를 순종하지 않는 자들은
아무리 주님께 기도해도 응답 받지 못합니다.

주의 법을 깨뜨리라고 의인을 유혹하는 자들은
자기가 놓았던 바로 그 덫에 걸려 고통당할 것입니다.
그러나 꿋꿋하게 유혹을 떨쳐낸 사람들은
주께서 그를 위해 마련하신 좋은 것들을 받을 것입니다.

주님, 부자들은 그가 하는 모든 일이 잘 되리라 믿지만
가난해도 현명한 자는 자기 계획을 신중하게 살핍니다.
선한 자가 승리하는 것은 모든 사람들이 기뻐하지만
악한 자가 이기는 꼴은 모두가 보기 싫어합니다.
죄를 숨기는 자들은 그 죄에서 벗어날 수 없지만
죄를 고백하고 회개하는 자들을 주님은 용납하십니다.
주님을 두려워하고 주님께 순종하는 자들은 행복합니다.
그러나 마음을 굳게 닫아 건 자들은 힘든 삶을 살게 됩니다.

주님, 가난한 자들을 착취하려는 악한 지도자는
배고파 으르렁대는 사자와 먹이를 찾아 헤매는 곰과 같습니다.
세간의 주목을 받으며 급부상하는 지도자일지라도
지혜가 없는 자는 그저 잔인한 압제자가 될 뿐입니다.
그러나 탐욕을 싫어하는 지도자는 계속 공직에 있을 것입니다.

주님, 다른 사람을 죽인 자는 그 역시 죽어 마땅합니다.
아무도 그를 도와 건져내지 못하도록 해주십시오.
주님의 원리를 순종하는 자들은 구원을 받을 것이지만
주님의 길을 따르기를 거부하는 자들은 오래 살지 못합니다.

주님, 자기 일을 열심히 하는 자는 먹을 음식을 구하지만
게으른 자들과 호화로운 잔치만을 벌이는 자들은 가난해집니다.

성실하고 믿음직하게 일하는 자들은 상여금을 받고 승진하지만
안이하게 일하는 자들은 한직으로 배치되거나 해고될 것입니다.

주님, 누구에게든 차별해서 대우하는 것은 옳지 않습니다.
사람은 모두 한 핏줄이고, 주님의 형상으로 창조되었기 때문입니다.

주님, 탐욕스러운 사람은 돈을 위해 자기 영혼을 팝니다.
그러나 자기의 만족할 줄 모르는 탐욕이
결국 자신을 질식시켜 죽음으로 몰아갈 것을 모릅니다.
한편 굶주린 자는 먹을 것을 얻으려 도둑질을 하게 됩니다.

주님, 제가 제 형제를 돕고자 그의 잘못을 고쳐준다면
그의 죄와 불순종을 합리화해주고 아첨했을 때보다
그 형제로부터 더한 감사를 받을 것입니다.

주님, 부모의 물건을 훔쳐내면서
"나는 자녀라 괜찮아"라고 하는 자들은
마귀의 형제입니다.

주님, 남의 주목을 끌려는 자들은
다툼을 일으키고 주변 사람들을 화나게 만듭니다.
그러나 주님의 원리를 순종하는 자들은

번성해서 사람들의 합당한 주목을 받을 것입니다.

자기 자신을 신뢰하는 자들은 바보들입니다.

그러나 올바로 사는 자들은 번영할 것입니다.

가난한 자에게 베푸는 사람은 부족한 것이 없을 것입니다.

그러나 가난한 자들에게 등 돌리는 자들은

거절당한 자들의 저주를 받을 것입니다.

악한 자들이 권력을 잡으면 선한 사람들은 숨습니다.

선한 자들이 권력자들로부터 처벌 받게 되기 때문입니다.

그러나 사악한 자들이 자리에서 물러나면 모든 사람이 번영합니다.

아멘

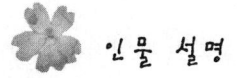

인물 설명 . . . . .

왕

"임금은 친절과 신실로 스스로 보위하고 정의로 그 자리를 다져야
한다"(잠 20:28, 공동번역).

"왕의 마음은 여호와의 손에 달려 있어 강물과 같이 여호와께서 원
하시는 대로 돌리신다"(잠 21:1, 우리말성경).

"왕들이 나(지혜)를 통해 나라를 다스"린다(잠 8:15, 쉬운성경).

"왕은 정직한 입술을 기뻐하고, 진리를 말하는 사람을 귀하게 여겨
야 한다"(잠 16:13, 쉬운성경).

「잠언」에 따르면 지혜로운 왕(옳은 원리들을 따르며 사는 왕)은 자신의
나라를 현명하게 잘 통치한다. 경건한 왕도 또한 나라를 경건하게 잘
다스린다. 그러나 경영이나 관리에 관한 원리들은 비단 나라를 다스리
는 자들뿐만 아니라 다른 사람들을 지도하는 모든 지도자들에게 다 적
용되는 것이다. 그래서 왕의 통치에 관한 「잠언」의 말씀은 대학 총장이
나 기업의 회장, 정부 각료들에게 모두 적용된다.

경영자는 반드시 올바른 원리들에 입각해서 경영을 해야 한다. 왕이
올바른 원리들에 따라서 나라를 다스리게 되면, "의로운 사람들은 자
기 나라를 번성하게 하고, 죄를 지은 백성은 부끄럽게 되는"(잠 14:34)

나라로 든든히 선다. 그러나 "악인이 권력을 휘두르면 백성이 신음한다"(잠 29:2, 쉬운성경).

정치라는 제도는 하나님이 만드신 것이다. 그래서 하나님은 정치 지도자들이 올바른 원리들에 입각해서 나라를 다스리기를 기대하신다. 그렇게 되면 그 나라가 의로워지기 때문이다.

하나님은 나라를 통치하는 왕이 정직을 말하고, 정직을 숭상하며, 정직으로 다스리기를 바라신다. "임금은 친절과 신실로 스스로 보위하고 정의로 그 자리를 다져야 한다"(잠 20:28, 공동번역). 또한 "왕이 가난한 자를 공평하게 재판하면 그의 왕위가 영원히 견고할 것이다"(잠 29:14, 쉬운성경). 그러나 그 반대의 상황도 역시 맞는 말이 된다. "무식한 통치자는 압제만 일삼"는다(잠 28:16, 쉬운성경).

왕을 권좌에 앉히신 분은 하나님이시다. 백성들이 착하고 선할 때, 하나님은 대개 좋은 왕을 그들에게 내려주신다. 그러나 백성들이 악을 행할 때, 하나님은 그들 위에 군림하는 악한 왕을 허락하신다. "왕의 마음이 여호와의 손 안에 있다. 그분은 자기 원하시는 대로 물길처럼 그 마음을 바꾸신다"(잠 21:1, 쉬운성경). 그러나 하나님이 정치 지도자나 기업 경영자를 세우신 본래 목적은 그들로 하여금 올바른 원리대로 다스리게 하시는 것이다. "왕들이 나(지혜)를 통해 나라를 다스리며, 통치자들이 나를 통해 바른 법령을 제정한다"(잠 8:15, 쉬운성경).

왕은 반드시 공정해야 되고 한 쪽으로 치우치면 안 된다. 그러나 나쁜 왕은 백성들을 공평하게 다스리지 않는다. "악인은 은밀히 뇌물을 받고 재판을 잘못되게 한다"(잠 17:23, 쉬운성경). 그렇게 "범죄자 편을 들어서, 무고한 사람을 죄 있다고 재판하는 것은 옳지 않다"(잠 18:5, 쉬운성경). 르무엘 왕은 공정하게 치리하고, "고난받는 백성들의 판결을 불리하게"(잠 31:5, 우리말성경) 하지 말 것을 왕의 의무로 정해두었다. 또한 술에 취하는 것이 지도자의 분별력을 망쳐놓기 때문에 르무엘 왕은 이렇게 선포했다. "왕에게 어울리지 않는 일이 있다. 포도주를 마시는 것이 왕에게 적합하지 않으며 독한 술을 좋아하는 것이 통치자들에게 합당하지 않다. 이는 그들이 술을 마시고 율법을 잊어버려 고난받는 백성들의 판결을 불리하게 할까 두렵기 때문이다"(잠 31:4,5, 우리말성경).

왕은 반드시 자신의 권력을 남용해선 안 된다. 구약에 등장하는 많은 왕들이 하나님께로부터 받은 권력을 남용했다. 아합 왕이나 므낫세 왕이 그 대표적인 예가 된다. 「잠언」은 "무식한 통치자는 압제만 일삼지만, 부정한 소득을 미워하는 자는 장수할 것이다"(잠 28:16, 쉬운성경)라고 말한다. 그렇다면 왕이 해야 될 일이 무엇인가? "너는 스스로 자기 사정을 알리지 못하는 자들을 살펴 주고, 힘없는 자들을 대변하여라. 공평하게 재판하여라. 가난한 자와 궁핍한 자의 권리를 변호해 주어라"(잠 31:8,9, 쉬운성경). 왕은 반드시 악한 일을 행한 자를 벌주고 무고한 자들을 보호해야만 한다.

「잠언」은 왕이 "그 심판의 보좌에 앉아서"(잠 20:8, 우리말성경) 올바른 원리들에 따라 좋은 결정들을 내려야만 한다고 말한다. 왕은 악한 자로부터 뇌물을 받아서도 안 되고, 악한 백성의 죄를 눈 감아 줘서도 안 된다. "왕 앞에서는 악한 사람을 없애라. 그래야 왕위가 공의 위에 굳게 선다"(잠 25:5, 표준새번역). 남이 고통 받는 모습을 즐겨서는 절대 안 되겠지만, 왕은 악한 자들을 벌하고 의로운 자들을 보호할 의무가 있다. 그리고 왕은 '옳은 원리들'인 법률을 숭상해야만 한다. 「잠언」은 "거만한 사람이 벌을 받으면 우둔한 사람이 지혜로워"진다고 가르친다 (잠 21:11, 우리말성경).

그래서 왕은 옳은 일을 해내는 지혜로운 자들을 보호해야만 한다. "왕은 지혜로운 신하를 기뻐하나, 해를 끼치는 신하에게는 진노를 발한다"(잠 14:25, 쉬운성경). "왕은 정직한 입술을 기뻐하고, 진리를 말하는 사람을 귀하게 여겨야 한다"(잠 16:13, 쉬운성경). 그러므로 왕은 옳은 것을 말하는 자들에게 귀를 기울이고, 그들의 의견을 따라야 한다.

그렇다면 누가 왕에게 조언을 할 자가 되겠는가? "정결한 마음을 사랑하는 자, 그 말이 은혜로운 자는 왕의 친구가 될 것이다"(잠 22:11, 쉬운성경).

왕에게 백성들은 순종해야 한다. 왕은 하나님의 자리에서 다스리는 자이기 때문에, 「잠언」은 백성들이 왕에게 순종해야 한다고 가르친다. "내 아들아, 여호와를 경외하고 왕을 두려워하여라. 반역자들과 어울리지 마라. 하나님과 왕을 반역하는 자들에게 갑자기 재앙이 내리리니, 그들에게 임할 재앙을 누가 막겠는가?"(잠 24:21,22).

왕은 백성들을 섬기는 지도자가 되어야 한다. 「잠언」은 솔로몬에게 백성들을 어떻게 다스려야 하는지 가르치기 위해서 쓰인 책이다. 그렇지만 솔로몬은 그 가르침을 따르는 데 실패했다. 때로 그는 자기 백성들을 압제했다(왕상 12:4). 솔로몬의 아들인 르호보암이 왕위에 올랐을 때, 그의 신하들은 그에게 이렇게 권고했다. "만약 오늘 왕께서 이 사람들의 종이 돼 백성들을 섬기고 그들에게 선한 말로 대답하시면 백성들이 영원히 왕의 종이 될 것입니다"(왕상 12:7, 우리말성경). 그러나 르호보암은 섬기는 지도자가 되라는 충고를 거절했고, 백성들을 학대했다. 그 결과 백성들이 반역을 일으켜서 그의 왕국은 반으로 쪼개졌다.

결론

「잠언」은 왕(혹은 경영자)이 반드시 지혜를 갖추어야 한다고 가르친다. 여기서 지혜란 올바른 삶을 이끄는 옳은 믿음을 의미한다. 왕이 백성들을 정의로 다스릴 때, 나라가 번성한다. 그 반대로 왕이 악한 법대로 다스리면 백성이 고생한다.

29

...

옳은 믿음은 좋은 시민을 만든다

주님, 책망을 받고서 돌이키기보다는
오히려 마음을 굳게 닫아버리는 자들은
어느 날 갑자기 넘어져 실패할 것입니다.
의로운 자들이 우리의 지도자가 된다면
모든 사람들이 기뻐하고 즐거워할 것입니다.
그 지도자들이 옳은 일을 집행하기 때문입니다.
그러나 악한 자들이 우리 위에 군림하게 된다면
악이 횡행해서 모든 사람들이 신음할 것입니다.

주님, 제가 옳은 것을 생각하고 추구한다면
저는 제 아버지를 기쁘게 할 수 있습니다.
그러나 창녀의 집에 출입하는 자들은
자기 돈과 인생을 낭비해버립니다.
권력자들이 옳은 일을 행하면
백성들은 국가의 안정을 누립니다.
그러나 권력자들이 뇌물을 받는 것은

백성들을 멸망시키는 결과를 낳습니다.

윗사람에게 아첨하여 출세하려는 자들은

자기가 다니는 길 위에 덫을 놓는 것입니다.

악한 자의 범죄는 결국 그를 사로잡을 것이지만

의로운 자들은 노래하고 춤추며 기뻐할 것입니다.

왜냐하면 그들은 깨끗한 양심을 가졌기 때문입니다.

주님, 의로운 자들은 언제나 가난한 사람들을 걱정합니다.

그러나 악한 자들은 이기적이라 자기 밖에 모릅니다.

부정적인 비판은 듣는 자의 마음을 뒤집어 놓습니다.

반면 현명한 말은 듣는 자의 마음을 진정시킵니다.

현명한 사람이 미련한 자와 다투게 되면

멸시와 분노의 쓰레기를 받을 뿐입니다.

사람을 죽이고자 하는 자들이 있습니다.

이들은 하나님의 원리를 순종하는 자들을 미워합니다.

그래서 그들과는 동떨어져 행동하려고 합니다.

미련한 자는 자기가 싫어하는 것을 죄다 떠들어댑니다.

그러나 현명한 사람은 자기 혀를 지킵니다.

그리고 상황에 따라서 생각하고 판단합니다.

거짓에 귀를 기울여 거짓을 믿는 지도자들은

그 주변이 악한 참모들로 채워집니다.

주님, 주님은 옳고 그름을 판단하는 양심을
가난한 자나 압제하는 자 모두에게 주셨습니다.
지도자가 가난한 백성을 정직한 마음으로 신뢰한다면
그는 오래도록 권좌에 앉아 통치할 수 있습니다.

주님은 저희에게 자녀들을 교정할 힘과 방법을 주셨습니다.
그런데도 자녀를 방치한다면 그 부모가 욕을 먹을 것입니다.
우리가 훈련시킨 자녀들은 우리를 행복하게 할 것입니다.
맞습니다. 자녀는 우리가 기대하는 것을 행할 것입니다.

주님이 제 인생의 방향을 제시해주지 않으시면
저는 영적으로 시들어 죽어버릴 것입니다.
저는 주님의 법을 순종할 때 행복을 느낍니다.

주님, 일꾼들을 말로 훈련시키는 것은 어렵습니다.
그들은 알아들었을지라도 순종하려 하지 않습니다.
뭐든지 참견하고 자기 생각을 말하려는 자들은
미련한 자가 그렇듯 희망이 없습니다.
어린 아이의 응석을 다 받아 주면
그 아이는 커서 감사를 모를 것입니다.
분노한 자들은 다툼을 일으키고 상처를 건드립니다.
또한 감정을 통제하지 못하는 자들은 죄를 범합니다.

주님, 스스로 제 자랑을 하고 교만히 굴면

높임을 받지 못하고 결국 낮은 자리로 내리울 것입니다.

그러나 자신을 낮추면 오히려 존경을 받을 것입니다.

주님, 도둑과 손잡는 자는 스스로를 미워하게 됩니다.

사람들이 그 도둑을 저주하는 말을 들었을지라도

그는 꿀 먹은 벙어리처럼 말없이 있어야 합니다.

주님, 두려움은 사람에게 함정을 놓습니다.

반면 주님께 믿음을 둔 자들은 안전할 것입니다.

많은 사람들이 운 좋게 지도자의 눈에 들기를 원합니다.

그러나 주님은 그들을 주님의 공의대로 판단하십니다.

주님, 악한 자는 항상 의로운 사람을 대항합니다.

의로운 사람은 악한 자로부터 심한 미움을 받습니다.

아멘

30

...

주께서 깨닫게 하신 지식

주님, 솔로몬은 이디엘과 우갈에게 전하기 위해
주님으로부터 이 말씀을 받았습니다.

주님, 남들보다 뒤처지고 못난 자가 있습니다.
그는 너무 무식해서 주님을 이해하지 못합니다.
그에게는 타고난 이해력과 지혜가 부족하고
거룩하신 주님을 알기에는 상식 또한 부족합니다.

주님은 천지를 모두 운행하시는 유일한 분이십니다.
주님은 바람을 손에 움켜잡으시고
주님의 외투로 대양을 감싸십니다.
주님은 땅의 이 끝에서 저 끝까지 창조하셨습니다.
오직 주님만이 주님의 이름을 아시고
주님의 아들의 이름을 아십니다.

주님이 말씀하시는 모든 말씀은 순결합니다.

주님은 주께 피난처를 찾는 자들을 보호하십니다.
만약 제가 주님의 말씀에 무엇이라도 더한다면
주님은 저를 질책하실 것이고
저는 거짓말쟁이가 될 것입니다.

저는 주께서 평생토록 저를 도와주십사
주님께 두 가지를 부탁드렸습니다.
먼저, 제가 거짓을 말하지 않도록,
진실을 잘못 전하지 않도록 해주십시오.
그리고 제게 가난도 부함도 주시지 마시고
그 대신 매일 제게 필요한 양식을 주십시오.
돈이 너무 많으면 저는 주님을 부인하게 되어
"주님이 도대체 누구란 말인가?" 떠들 것입니다.
또한 제가 너무 가난해지면 남의 것을 훔치게 되어서
주님의 거룩한 이름을 더럽히게 될 것입니다. 오, 주님.

주님, 저는 다른 사람의 흉과 허물을
그 사람의 고용주에게 고자질하지 않겠습니다.
그가 도리어 제 약점을 잡고서 저를 비방할 것이기 때문입니다.
세상에는 아버지를 저주하고 어머니를 축복하지 않는 자가 있습니다.
그들은 그러고도 자신이 아무 잘못도 하지 않았다고 생각합니다.
그들은 교만하고 어리석은 자들입니다.

주님, 비평가 중에는 그 혀가 단도와 같고
그 이가 면도날처럼 날카로운 자들이 있습니다.
그들은 빈정거리는 입놀림으로 사람들을 삼켜버리고
도움이 절실한 사람들을 쪼아댑니다.

주님, 거머리는 다른 것의 생명을 빨아먹습니다.
그런데 언제나 '더! 더! 더!' 라고 외칩니다.
거머리처럼 계속 더한 것을 원하지만
결코 만족할 줄 모르는 것이 네 가지가 있습니다.
무덤,
임신을 못하는 자궁,
메마른 사막,
이글거리는 불꽃.

주님, 자기 아버지를 조롱하고
자기 어머니의 요청을 비난하는 자는
그 눈을 새들에게 쪼아 먹힐 것이며
자기의 거역함 때문에 심판을 받을 것입니다.

주님, 세상에 놀라운 것 세 가지가 있습니다.
거기에 넷째를 더하면 저는 더욱 놀랍니다.
독수리가 하늘을 나는 법,

뱀이 바위 위를 미끄러지는 법,

배가 바람을 타고 전진하는 법,

남자가 처녀와 잠자리는 하는 법.

주님, 부정한 아내는 자신을 변명합니다.

그녀는 자기 입을 싹 닦고서 말하기를

"난 아무 짓도 안 했어요." 합니다.

주님, 땅을 진동시킬 세 가지가 있습니다.

여기에 네 번째 것을 더한다면

땅 위의 모든 것이 흔들릴 것입니다.

노예가 왕이 된 것,

바보가 부자가 된 것,

불평하는 여인이 마침내 남편을 얻은 것,

여종이 여주인의 자리를 차지한 것.

주님, 다음 네 가지 것들은

땅 위에서 정말 작은 미물이지만

현명하고 지혜로운 것들입니다.

개미입니다. 힘이 약하지만 겨울을 대비해 식량을 비축합니다.

오소리입니다. 바위에 구멍을 내어 집을 짓습니다.

메뚜기입니다. 지도자 없이도 열을 지어 행진합니다.

도마뱀입니다. 아주 작지만 왕의 궁전에 들어갈 수 있습니다.

주님, 위엄을 갖추어 당당하게 행진하는 세 가지가 있습니다.
아니, 여기에 역시 큰 걸음을 걷는 한 가지를 더하겠습니다.
사자입니다. 어떤 것을 만나도 뒷걸음 하지 않습니다.
총알처럼 달리는 사냥개입니다. 누구도 따라잡을 수 없습니다.
고집불통 숫염소입니다. 절대로 뒤로 물러서지 않습니다.
넷째, 자기 군대를 이끌고 나아가는 왕입니다.

주님, 저는 어리석은 데다 말이 많은 바보들이
침묵을 지키는 지혜를 갖길 원합니다.
그래서 남들이 그 어리석음을 알지 못하길 원합니다.
우유를 저어서 버터를 만들듯이
코를 누르면 피가 나고
화가 쌓이면 다툼이 납니다.
아멘

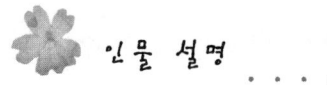

루비보다 값진 아내

"현숙한 여인을 누가 찾을 수 있느냐? 그녀는 루비보다 훨씬 더 값지
다. 그녀의 남편이 그녀를 마음으로 끝까지 믿으니 부족한 것이 없
을 것이다. 그녀가 사는 날 동안 남편에게 도움이 되고 해가 되지
않는다"(잠 31:10-12, 우리말성경).

「잠언」은 '현숙한' 아내가 어떠한 사람인지 잘 묘사해주고 있는데,
특히 그녀의 행동과 성품, 그녀가 수고한 끝에 받는 보상이 어떠한지를
잘 설명해놓았다.

1. 그녀는 신실한 여인이다. 그녀를 가장 적절하게 정의 내릴 수 있
는 말은 31장의 맺음말에서 찾아볼 수 있다. "고운 것도 거짓되고 아름
다움도 잠깐이지만 여호와를 경외하는 여자는 칭찬을 받을 것이다"(잠
31:30, 우리말성경). 그녀는 외적인 아름다움이나 매력 때문에 칭찬을
받는 것이 아니라, 그녀의 내면이 하나님과 동행함을 인하여 찬사를 받
는다. 그녀는 도덕적인 성품을 지녔다. 성숙한 인격의 소유자는 옳은
방법대로 옳은 일을 행하는 자로 묘사된다. 그리고 그녀는 "뛰어난 아
내"(잠 31:10, NASB 번역)로 묘사되는데, 이는 그녀가 화려한 옷을 입어
서가 아니고 능력과 위엄을 갖추었기 때문이다(잠 31:25). 이렇게 덕이

높은 여인은 찾기 어려운 인물이라서, 남자라면 꼭 열심히 구해야 하는 신부감이다(잠 31:10).

2. 그녀는 가족들로부터 신뢰를 받을 만한 인물이다. 그녀의 남편은 밖에서 일하는 동안 자기 아내에 대해서 걱정을 하지 않아도 된다. "남편은 진심으로 아내를 믿"는다(잠 31:11, 표준새번역). 그 남편은 아내가 자신에게 충실한 인품임을 알고서 그녀를 신뢰할 뿐만 아니라 그녀가 집안 일과 아이들을 돌보는 능력이 있어서 열심히 일하며, 이웃들에게 덕을 끼치는 여인임을 신뢰한다.

3. 그녀는 성실하게 일한다. 「잠언」은 여러 번에 걸쳐서 게으름뱅이를 조롱하는 반면, 현숙한 여인을 자기 손으로 부지런히 일하는 자로 묘사하고 있다(잠 31:13). 그녀는 아침 일찍 일어나서(잠 31:15) 밤늦게 잠자리에 든다(잠 31:18). 그녀는 장기적인 계획들을 세우고(잠 31:21,25), 드라마를 보거나 잡담을 하면서 빈둥거리지도 않는다(잠 31:27). 그녀는 밭을 사고(잠 31:16), 포도원에 나가 일하고(잠 31:16), 항시 남편과 자녀들의 양식을 잘 준비하고(잠 31:15), 그녀 자신도 좋은 옷을 갖추어 입는다(잠 31:22).

4. 그녀는 여러 사람을 위하는 자비로운 마음을 지녔다. 그녀는 궁핍하고 가난한 자를 걱정하며 그들의 필요를 채워준다(잠 31:20).

5. 그녀는 식구들을 위해 장을 본다. 「잠언」에 보면 그녀는 의복에 신경을 써서 좋은 옷을 구해오고 멀리서부터 좋은 양식을 구해온다(잠 31:14).

6. 그녀는 집안일을 잘 경영한다. 현숙한 여인은 온 식구들의 끼니를

챙기고 물건들을 잘 관리한다. 그녀는 아침 일찍 일어나서 아침 식사를 준비하고, 집안 식구 모두에게 할 일을 맡겨준다(잠 31:15).

7. 그녀는 장기적인 안목으로 투자하고, 이를 감독한다. 그녀는 "생각하고 생각한 후에 밭을 사고 자신이 번 돈으로 포도원을" 짓는다(잠 31:16, 우리말성경). 또한 "그녀는 고운 베옷을 지어 팔고 상인들에게 띠를 공급해준다"(잠 31:24, 우리말성경). 가만히 앉아서 남편이 주는 돈을 기다리는 아내가 되기보다는, 그녀는 자신이 갖고 있는 것을 잘 활용해서 집안 살림에 보탬을 준다.

8. 그녀는 수다쟁이는 아니지만 남을 세우고 격려하는 말을 한다. 남편에게든, 자녀들에게든, 이웃들에게든, "그녀는 입을 열면 지혜가 나오고 그녀의 혀에는 따뜻한 훈계가 있다"(잠 31:26, 우리말성경).

9. 그녀는 자기 남편의 힘을 북돋는다. 이 여인은 남편은 그저 교회 뒷자리에서 다른 남자들과 서성이게 두고서 자기는 앞에 나가 발언을 하면서 영광을 얻는 사람이 아니다. 오히려 "그녀의 남편은 유명 인사가 되고, 고위 관리들과 함께 앉는다"(잠 31:23, 쉬운성경). 그녀가 남편을 그토록 높여주면, 이제 남편이 그녀를 높이 세워준다.

31

...

경건한 여성이 누군가?

주님, 저는 솔로몬의 가르침대로 살아갈 것입니다.

본래 그의 어머니 밧세바가 그에게 준 이 가르침은

어머니로서 밧세바가 자기의 아들인 솔로몬에게

반드시 엄수할 것을 맹세하라고 요청한 것으로,

저 역시 이 가르침을 지킬 것을 맹세합니다.

저는 제 힘을 음란한 여인에게 써버리지 않겠습니다.

저를 파멸시킬 부정한 인생에 제 힘을 쓰지 않겠습니다.

저는 독주가 주는 쾌락을 따라가지 않겠습니다.

아예 제 입에 술을 대어 맛보는 일을 하지 않겠습니다.

술을 마시면 주님의 법을 깨닫는 저의 명철이 뒤틀립니다.

술에 취하면 제가 지켜야할 의무를 망각하게 됩니다.

술은 진실로 행복 대신 불행을 가져다줍니다.

독주에 자신을 맡긴 자들은 파멸할 것입니다.

그들은 자신의 허한 마음을 잊으려고 마셔대고

자기의 모든 문제들을 생각지 않으려고 들이킵니다.

주님, 저는 말 못할 처지의 사람들을 변호해주고
죽어가는 자들에게 주님의 말씀을 전하겠습니다.
저는 항상 옳은 것을 행하겠으며
가난한 자에게 저의 마음을 열겠습니다.

남성을 위한 기도 (31:10-31)

주님, 저는 정숙하고 고결한 여인을 찾겠습니다.
그런 여인은 그 어떤 보석보다도 더욱 귀합니다.
그런 여인을 얻게 된다면 제 마음은 평안을 찾고서
그녀에게 진심에서 우러나오는 신뢰를 보낼 것입니다.
그리고 그녀와 함께 저는 행복을 발견할 것입니다.
정숙한 아내는 제게 유익을 줄 것이며
일생동안 제게 악을 끼치지 않을 것입니다.
그녀는 자기가 입을 고운 의복을 준비해서
항상 적절하게 옷을 갖추어 입습니다.
그녀는 식구들을 먹일 좋은 음식이 있는 곳이라면
어디든지 다니면서 정성껏 구하여 옵니다.
그녀는 아침 일찍 일어나 음식을 준비하기 때문에
우리 집 식구들은 영양이 풍부한 식사를 대접받습니다.
그녀는 사업에도 밝아서 좋은 밭을 살 줄 알고
그 밭에 식물을 심어서 먹을 것을 풍성히 준비합니다.

그녀는 집안일이 잘 돌아가도록 힘을 내어 일하고
의로운 자들의 편에 설 만큼 당차기도 합니다.
그녀는 자기 사명이 선하다는 것을 깨닫고서
언제나 최선을 다하고 발전을 추구합니다.
그녀는 집안일을 모두 해낼 만큼 날렵하고
집안의 대소사를 추진하는 결단력을 갖추었습니다.
그녀는 도움이 필요한 자에게 온정을 베풀고
그들을 돕기 위해 돈을 내놓습니다.
그녀는 더운 날이든 추운 날이든 잘 준비해서
식구들 모두가 적절하게 옷을 갖춰 입습니다.

그녀의 의복이 아름다운 것처럼
그녀의 내면의 사랑스러움과 고결함이 그렇습니다.
저는 아내 때문에 공동체에서 좋은 평판을 얻을 것이며
옳은 일을 위해 제 영향력을 사용할 것입니다.

그녀는 부지런해서 시간 활용을 잘 합니다.
그래서 가외의 수입을 벌어들입니다.
그녀는 지혜로운 원리들을 잘 알고 있으며
주님의 법을 친절하게 설명할 줄 압니다.
그녀는 우리 집안의 모든 사람들에게
지혜의 원리대로 살아가자고 다짐을 합니다.

그녀의 자녀들은 일찍 성공해서 어머니의 영광이 됩니다.

그녀 없이는 저 또한 성공하고 번영할 수 없습니다.

세상에 좋은 여인들이 많이 있지만

주께서 제게 주신 고귀한 이 여인은

그 모든 여성들을 능가합니다.

외모의 아름다움에 여자들이 속아 넘어가고

아첨하는 찬사에 사람들이 곁길로 빠지지만

제 여인은 자기 믿음을 주님께 두는 여성입니다.

그녀에게 쏟아지는 칭찬은 그녀에게 합당한 것입니다.

그녀는 자신이 일하여 얻은 열매를 누릴 자격이 있습니다.

그녀가 성취한 일은 그녀의 자랑거리입니다.

여성을 위한 기도 (31:10-31)

주님, 저는 정숙하고 고결한 여인이 되기를 원합니다.

어떤 보석보다 더욱 가치 있는 여인이 되기를 원합니다.

저는 제 남편이 진심으로 저를 신뢰하기 원합니다.

그리고 저에게서 행복을 발견하길 원합니다.

저는 제 남편에게 유익을 끼치길 원합니다.

그가 믿음을 부인하도록 유혹하지 않길 원합니다.

저는 제가 가진 가장 좋은 옷을 골라서

항상 적절하게 옷을 갖춰 입겠습니다.

저는 식구들에게 좋은 음식을 주기 위해
필요한 일은 무엇이든지 하겠습니다.
저는 음식을 준비하기 위해서 일찍 일어나겠습니다.
그래서 식구들에게 영양 많은 음식을 먹이겠습니다.
저는 주님께서 제게 주신 능력을 사용해서
식구들을 위해 밭을 사서 식물을 심겠습니다.

주님, 제게 모든 일을 감당할 힘을 주시고
의로운 자들 편에 설 수 있는 도덕적인 힘을 주십시오.
저는 저의 사명이 선한 것임을 압니다.
제가 맡은 일을 최고로 해내도록 저를 도와주십시오.

주님, 집안일 모두를 잘 하도록 제게 지혜를 주시고
일을 거뜬히 해내도록 자기를 단련하게 해주십시오.
또한 도움이 필요한 자에게 자비를 베풀게 해주십시오.
그러면 저는 그들에게 필요한 돈을 주겠습니다.
저는 더운 날이나 추운 날 모두를 잘 대비해서
식구들이 모두 편안하게 의복을 갖춰 입도록 하겠습니다.

주님, 저는 주께서 제게 주신 내면의 아름다움이
적절하게 표출되도록 의복을 갖춰 입겠습니다.
저는 제 남편이 공동체에서 좋은 평판 얻기를 원합니다.

주님, 제가 저의 모든 시간을 현명하게 쓰도록 도와주십시오.

그래서 가정을 위해 여분의 수입을 벌도록 해주십시오.

제가 성공을 거두는 법을 적절히 생각해내도록 도와주십시오.

저는 저희 가족이 주님의 원리대로 살 것을 다짐하기를 원합니다.

저는 자녀들이 저의 거룩한 영향력을 인정하고 감사하길 원합니다.

주님, 세상에는 좋은 여인들이 많이 있습니다.

그러나 저는 주님 말씀하신 고귀한 여인이 되길 원합니다.

저는 외모의 아름다움이 저를 속이고

칭찬이 저를 곁길로 나가게 할 수 있음을 압니다.

그래서 저는 내면에서 우러나오는 아름다움을 원합니다.

왜냐하면 저는 주님께 제 믿음을 두고 행하기 때문입니다.

저는 제가 이룩한 일들로 인해 찬사를 듣기 원하고

제가 정성껏 돌본 가정 때문에 칭찬받길 원합니다.

아멘

...전도서로 드리는 기도,
조와 고통을 피하다...

<<< 서문

Ecclesiates(전도서)라는 단어는 이 책의 라틴어 제목이다. 히브리어
로는 이 책을 〈Qoheleth〉이라 부르는데, '설교자'라는 뜻이다. 히브리
어 qohel에서 파생된 qoheleth은 구약성경에서 오직 전도서에만 등장
하는데, 마틴 루터는 독일어로 der prediger, 즉 '설교자'로 번역했다.
결론을 내리자면 이 책의 저자가 설교자인 것이다.

설교자가 꼭 솔로몬이라고 지칭된 것은 아니다. 그러나 이 책의 서
두에서 "다윗의 아들이요 예루살렘의 왕인 설교자의 말씀"(전 1:1)이라
고 밝히기 때문에, 다윗의 아들로서 유일하게 이스라엘의 왕이 된 솔로
몬이 이 책의 저자임은 분명하다. 첫 장 후반부에서도 다시 한 번 저자
가 누구인지 밝힌다. "나, 설교자는 예루살렘에서 이스라엘을 통치하
는 왕이 되었다"(전 1:12).

그리고 잠언, 전도서, 아가의 순서로 히브리 성경이 배열된 것 역시
솔로몬이 전도서를 집필했음을 암시해주고 있다. 솔로몬이 그 앞 뒤 책
들을 쓴 저자임이 분명하므로 중간에 있는 「전도서」역시 그가 저자라
고 은연중에 밝히는 것이다.

또한 솔로몬 자신이 "지혜 운동"(왕상 4:27-32)을 일으킨 대단한 지

혜자였으니, 그가 설교자가 되어서 지혜와 부의 진정한 가치를 판단하여 결정하는 일은 두말할 나위 없이 적합한 일일 것이다. 그런 솔로몬이 결론한 바는, 허무와 부요함과 먹고 마시고 즐기는 육체적 쾌락에 대하여 현대인이 갖고 있는 의견과는 정반대의 대척점에 서 있다. 그 밖에도 「전도서」에 대한 다른 의견들을 잠재울 수 있는 또 다른 증거가 있는데, 쿰란에서 발견된 사해 사본을 조사해보면 히브리어로 된 「전도서」 사본 조각들이 대단히 오래 전에, 그리스도 훨씬 이전 시대에 작성된 것임을 알 수 있다. (Tmnilendurg, *Bulletin of the American Schools of Oriental Research*, 133, 1954, pp. 20-28).

전도서가 언제 쓰였는가

유대 전통에 따르면 솔로몬은 사랑의 열정을 노래한 「아가」를 그의 젊은 시절에 집필했다. 「아가」는 그가 술람미 소녀를 만나서 그녀와 사랑에 빠지고, 이스라엘 왕이 된 뒤 그녀와 첫 결혼을 하게 된 이야기를 들려준다. 솔로몬의 두 번째 책은 「잠언」이다. 실용적인 지혜를 크게 강조한 책이다. 솔로몬은 자신의 왕국을 지혜 위에 건설하고 훌륭한 통치 원리에 따라 다스렸기 때문에 그의 권력이 더욱 공고해지고 왕국이 크게 강성해졌다. 그래서 그는 「잠언」에 이러한 원리들을 차례대로 적어놓았다. 「잠언」이 젊은 청년에게 지식을 갖추고 지혜를 얻을 수 있도록 권고하는 책인 만큼, 오늘날로 하자면 '성공적인 삶을 위한 올바른 신앙'으로 제목을 붙일 수 있겠다. 히브리 전통에서는 솔로몬의 세 번째 책인 「전도서」가 그의 노년 시절에 쓰였다고 말한다. 나이 많아 솔로몬은 그의 인생에서 여러 성공들을 맛보았고, 많은 결혼에서 실패를 했고, 사치를 다 누리고도 만족을 못했고, 권력과 권세에도 지루함을 느끼게 되었다. 그런 뒤에 쓴 책이 「전도서」이다. 그는 이렇게 질문을 한다. "뜨거운 태양 아래 행한 모든 수고로 무슨 이익을 얻겠느냐?"(전 1:3). 그는 돈과 사치, 성적 쾌락이 모두 "헛되고 헛되다"고, 아무런 의미가 없다고 결론을 맺는다.

부정적인 시각

오랜 세월에 걸쳐 많은 사람들이 「전도서」의 부정적인 태도에 많이 혼란스러워 했다. 그러나 설교자의 이런 부정적인 태도는 하나님의 원리들을 떠나서 살아가는 인생의 허망함을 보여주려는 의도에서 비롯된 것이다. 설교자는 "헛되고 헛되다"(전 1:2)고 외치며 시작한다. 이 말은 이 책에서 "인생에는 의미도 없고 목적도 없다"고 번역되어 있다. 설교자는 계속해서 질문한다. "뜨거운 태양 아래 행한 모든 수고로 무슨 이익을 얻겠느냐?"(전 1:3). "이익"이라는 단어는 히브리어로 〈yithron〉이다. 상업에서 쓰이는 단어를 끌어와 「전도서」에 쓴 것이다. 「전도서」에 독특하게 쓰인 이 단어는 '재정적 이익, 소득, 우월, 걸출'이라는 뜻을 갖고 있다. 사람이 이 타락한 세상에서 무엇을 얻을 수 있겠는가? 이것은 우리 주 예수님도 똑같이 하셨던 질문이다. "만약 사람이 온 세상을 다 얻었지만 자기 영혼을 잃는다면 그에게 무슨 유익이 있겠는가?"(막 8:36). 만약 사람이 세상의 모든 지혜를 알고 있어도 그가 하나님을 모른다면, 그가 이 세상의 모든 즐거움을 맛본다 해도 하나님을 그 위에 모시지 못한다면, 그가 모든 재산과 명품들을 소유한다 해도 하나님과 떨어져 있다면, 과연 그 인생에 무슨 가치가 있겠는가?

"헛되고 헛되다"는 문구는 히브리어 〈hebel〉에서 나왔는데, 이 책에서 35번 쓰였을 만큼 설교자가 대단히 좋아한 문구로서, 연기 또는 숨이라는 뜻이다. 설교자는 하나님 없는 인생이 몇 분 사이에 사라져 버릴 미풍처럼 하찮은 것이라고 말한다. 바람 같은 인생들이 수없이 살아가는 이 세상에서 사람들은 인생에 무슨 의미와 목적을 두고 사는 것일까? 당신은 그들과 무엇이 다르고, 어떻게 구별된 인생을 살 수 있겠는가? 이 책에서 "헛되고 헛되다"는 "가치 없고 의미 없다"로 번역되었다.

어떤 사람들은 「전도서」의 설교자가 성경과 반대되는 내용을 가르치고 있다고 생각하지만, 이 생각은 맞지 않다. 그는 하나님과 떨어져 사는 인생의 공허함을 묘사하고 있다. 인생 자체가 공허하다고 단정하는 것이 아니다.

오랜 세월에 걸쳐서 많은 미신과 잘못된 종교들이 자기들의 이단적인 교리나 부도덕한 생활을 뒷받침하기 위해서 「전도서」의 구절들을 인용해왔다. 그러나 「전도서」에 묘사된 죄를 지으며 사는 삶은 하나님의 원하시는 삶이 아니다. 「전도서」를 읽는 독자는 이런 식으로 살지 말아야 한다고, 부도덕한 삶을 경계하는 말로 들어야 한다.

「전도서」를 읽으면서 당신은 "막대기"의 구절과 "못"의 구절을 구별해서 읽어야 한다. 설교자는 그 둘을 구별하면서 이렇게 말한다. "지혜자의 말은 막대기(개역개정에서는 '채찍')와 같고 학자의 말은 잘 박힌 못과 같은데, 둘 다 한 분 목자에게서 나온 말씀이다"(전 12:11). 막대기는 「전도서」에 나오는 부정적인 원리들이다. 설교자는 이 원리들을 사람이 따라야 할 것으로 제시하지 않았다. 독자들은 이 원리들을 거부해야만 한다. 이것은 인생을 허무로 이끌기 때문이다.

그러므로 「전도서」를 읽을 때 "막대기"와 "못"의 관점으로 모든 내용들을 해석하며 읽어야 한다. "막대기" 구절들은 부정적인 내용이며, 우리가 삼가야할 것들이다(전 1:2-18; 2:1-11; 3:12-13; 4:1-3, 13-16; 5:1-7; 6:1-12). 일곱 개의 "못" 구절들은 사람이 지켜야할 긍정적인 원리들을 권고해준다(전 3:1-11, 14-21; 7:1-29; 8:1-9; 9:18; 10:1-20; 11:1-7; 12:7).

설교자는 사람의 마음이 어떠한지, 그들이 불러들이는 부정적인 결과들이 어떠한지를 연구하다가 "막대기들"을 발견한다. 막대기 원리대로 살아가면 사람이 어떤 열매를 맺게 될까? 죄책감과 공포, 실패, 좌절, 후회스러운 기억들이 그 결과물들이다. 그러나 "못" 원리들은 하나님이 계시하시는 긍정적인 내용들인데, 하나님이 우리에게 무슨 생각, 무슨 행동하기를 원하시는지를 보여준다. 못의 원리들은 안정감, 내적 평안, 삶의 목적과 이유를 가져다준다.

전도서는 솔로몬이 경험했던 실패들과 좌절, 투쟁들을 요약한 것이다. 그는 자신의 왕국을 세우고, 많은 부인들과 결혼하고, 엄청난 재산을 모으는 과정에서 이것들을 경험하게 되었다. 그러나 이것들은 모두 그에게 행복을 가져다주지 못했다.

전도서는 인생에 관한 근본적인 결론에 도달한다. 첫째, 인생에서 깊은 만족을 경험하고 오래도록 지속되는 목적을 붙들 수 있는 것은 오직 하나님께 순종하는 삶에서 발견된다(전 2:24-26; 3:22; 5:18-20). 둘째, 사람의 근본적인 의무는 지혜와 성공으로 인도하는 원리들을 지킴으로써 하나님을 경외하고 신뢰하는 것에 있다(전 12:13). 전도서는 한 지혜자가 후회로 가득 차서 쓴 자서전이다. 그는 자신이 행해야 할 것을 알고 있었음에도, 그것을 자기 인생에 적용하지 않았던 사람이다.

솔로몬의 지혜

하나님은 젊은 솔로몬에게 인생에서 그가 원하는 것을 구해보라고 하셨다. 그런데 그는 부요함도, 긴 수명도, 원수를 패배시키는 승리도 구하지 않았다. 그는 하나님 앞에 제대로 지혜를 구했다. 그 결과 솔로몬은 "지혜롭고 총명한 마음"(왕상 3:9-13)을 받았다. 게다가 그가 받은 지혜로 결국에는 부요와 영광과 평안까지 얻게 되었다. 솔로몬은 올바른 믿음과 올바른 삶의 원리들을 이해했다. 솔로몬은 "지혜 운동"의 창시자이다.

그런 솔로몬이 결정적으로 잘못한 것이 있었는데, "이방 여인"에 대해 그가 썼던 원리들을 본인 스스로 삼가지 않았던 것이다. 이 이방 여인은 성적인 즐거움을 갈구했던 방탕한 여인이었던 동시에 여호와와의 계약적인 관계에도 전혀 무지했던 여인이기도 했다. 그녀는 히브리

인이 아니었다. 그래서 그녀는 신앙이 없었다. 솔로몬의 문제는 단지 간음을 저지르는 성적인 문제에 국한된 것이 아니었다. 그것은 이방인 과 결혼으로 섞여버린, 영적인 타협의 문제였다. "그러나 왕 솔로몬은 많은 이방 여인들을 사랑했다"(왕상 11:1).

그 결과 솔로몬은 여인들의 사랑과 육신의 만족을 지혜보다 위에 두 었다. 본래 그는 잠언에서 지혜에 관하여 쓰고 지혜를 추구했었지만 나 중에 그는 초심을 잃어버렸다(왕상 11:4-8). 그 뒤에 솔로몬의 인생에 맺혀진 열매가 무엇이었던가? 지혜의 사람이요, 아버지 다윗의 왕국을 세웠던 자라기보다는 왕국이 분열되도록 만든 자로 알려지지 않았는 가? 솔로몬의 아들 르호보암은 "암몬 사람 나아마"에게서 태어난 자였 다(왕상 14:21-31). 솔로몬이 하나님의 교훈을 무시하고서 이방의 여인 들과 결혼하면서 그들에게서 성적인 만족을 구했기 때문에 그는 결국 하나님의 교훈을 거슬러 배반하고, 하나님과 맺은 계약을 파기하게 되 었다. 말할 것도 없이 그의 아들 르호보암은 그의 왕국을 둘로 쪼갰고, 하나님의 백성에게 파멸을 가져다주었다.

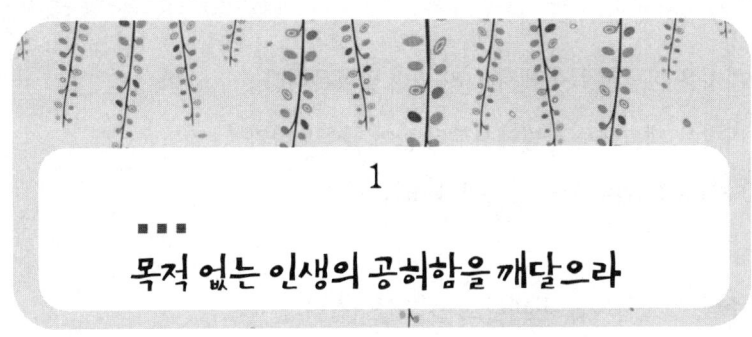

1
■■■
목적 없는 인생의 공허함을 깨달으라

주님, 저는 솔로몬이 한 예언의 말을 듣기 원합니다.

다윗의 아들인 그는 예루살렘의 왕좌에 앉았던 사람입니다.

솔로몬은 인생이 헛되고 헛되다고 결론짓습니다.

인생이란 아무런 의미 없는 공허한 것이라 합니다.

우리가 애쓰고 힘들여 얻을 귀한 것이 인생에는 없다 합니다.

주님, 뜨거운 태양을 견뎌가면서 저희는 일했습니다.

그 수고와 고통의 대가로 저희는 무엇을 얻을 수 있겠습니까?

만일 인생이 헛될 뿐이고 아무 가치가 없다면,

이 땅에서 제가 한 이 모든 수고의 대가가 무엇이겠습니까?

주님, 세대는 변할지라도 땅 위의 모든 것은 그대로입니다.

저희가 이 땅에서 제 아무리 대단한 일을 할지라도

태양이 아침에 뜨고 저녁에 지는 것은 똑같습니다.

태양은 하늘 위 같은 경로를 따라 서둘러 갑니다.

뜨거운 바람은 남쪽에서 불어오고

차가운 바람은 북쪽에서 소리 내며 날아옵니다.
바람은 계속해서 사방에서부터 불어 들어오다가
다시 처음 왔던 자리로 돌아가 버립니다.

주님, 강물들이 모두 바다로 흘러 들어갑니다.
그런데 왜 바다는 꽉 차서 넘치지 않을까요?
어디를 봐도 강물은 계속 흘러갑니다.
그 수원이 마른 적이 없습니다.

주님, 삶이란 목적도, 의미도 없는 것처럼 보입니다.
제가 수고한 모든 것이 별것 아닌 것처럼 보입니다.
눈으로 아무리 봐도 볼만한 것이 없고
귀로 아무리 들어도 들을만한 것이 없습니다.
이전에 일어났던 일이 계속 되풀이되고
예전에 이루었던 일을 다시 해내야 합니다.
태양 아래에 새로운 것이란 없습니다.

주님, "이건 새 것이다!" 말할 수 있는 자가 과연 있겠습니까?
없습니다! 새 것처럼 보이지만 과거에 있었던 것일 뿐입니다.
아무도 예전에 살았던 사람들을 상관하지 않습니다.
오늘을 사는 우리 역시 내일에는 기억되지 못합니다.

* 설교자는 해 아래 새 것이 없다고 선언한다(전 1:9). 이것은 세상에 새로운 창조물이 전혀 없다는 뜻이 아니라, 다만 지구를 통제하는 땅의 법칙이 변하지 않는다는 말이다. 뿐만 아니라 인간의 천성조차도 변하지 않는다고 말한다. 솔로몬은 인생은 단조로운 반복일 뿐이라 한다. 제 아무리 새로운 것들이 개발되고 발명되더라도 인생은 여전히 똑같다. 사람들은 인생에 대해 하나같이 서글픈 반응을 보인다. 사람들 모두가 계속 "나는 왜 살아가는 걸까?" 스스로 질문을 그치지 않는다. 하나님을 모르는 사람은 아는 것이 제한되기 때문에 자신이 왜 여기에 존재하는지 이해하지 못한다. 그에게는 새로운 것이 아무 것도 없다.

당신이 세상의 가치를 성취하려고 애쓸 때 당신은 과연 무엇을 이룬 것일까? 이 세상의 어떤 가치가 하나님을 알고 그를 섬기는 것과 비교될 수 있을까? 하나님 없이 우리는 기본적으로 인간의 잔인함에 속수무책으로 희생되는 대상일 뿐이다. 하나님께서 우리 인생에서 떠나신다면 우리에게서 가치 있는 어떤 것도 남아있지 못한다.

주님은 이스라엘 왕 솔로몬에게 지혜를 주셨습니다.
그는 세상에서 가장 지혜로운 자가 되었습니다.
그는 자기 지혜를 이용해 이 땅의 모든 것을 연구했습니다.
그러나 솔로몬의 지혜는 그를 냉소적으로 만들어버렸습니다.
탐구하고자 한 많은 주제들과 법칙들이 있었지만,
그 핵심에 주님을 두지 않았기 때문입니다.
태양 아래 모든 것을 보고서 솔로몬은 허망함을 느꼈습니다.

그 어떤 것에서도 목적과 의미를 찾지 못했습니다.

그는 이렇게 말합니다.

"구부러진 것은 곧게 펼 수 없고,

네게 부족한 것이 얼마인지 셀 수 없다."

솔로몬은 아무에게도 없는 자기 지식을 자랑했지만

그 대단한 지식을 정작 인생에 적용해야 될 때는

자신의 생각 때문에 스스로 흔들리고 바람에 날렸습니다.

솔로몬은 자신이 어리석고 멍청하다고 느꼈습니다.

그래서 그는 지식이 지나치면 고통에 빠진다고 결론짓습니다.

지혜가 더할수록 고통이 심하다고 합니다.

아멘

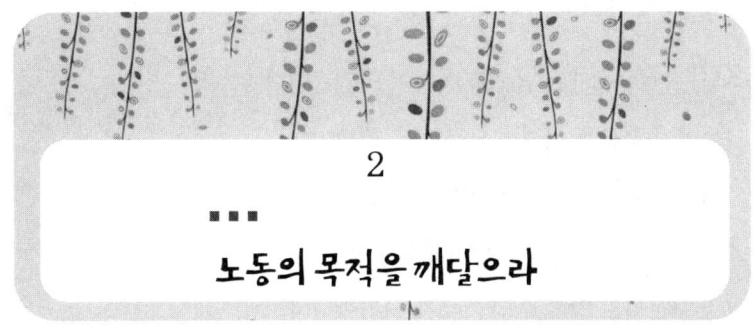

2

...

노동의 목적을 깨달으라

주님, 솔로몬은 쾌락에서 인생의 의미를 찾으려 했습니다.

그러나 쾌락은 인생의 목적이 아닙니다.

그것은 헛된 자기만족일 뿐입니다.

그는 술로 육체를 만족시켜보려고,

그것에서 인생의 의미를 찾아보려고 했습니다.

그러나 바른 믿음의 사람은 그 어리석음을 깨닫습니다.

솔로몬은 자기가 살 수 있는 이 짧은 인생에서

꼭 이뤄야 할 가장 좋은 것을 찾으려 했습니다.

그래서 열심히 일하여 거대한 궁전을 지었습니다.

그리고 그 주위를 아름다운 정원으로 두르고

각종 나무들을 그곳에 심었습니다.

온실에 물을 대려고 근사한 우물도 팠습니다.

그러고선 그는 이렇게 말했습니다.

"소유란 헛되고 의미 없는 것이라서

내가 이렇게 수고하여 얻을 아무런 가치도 없다."

주님, 솔로몬에게는 남종과 여종이 있었습니다.

그들이 솔로몬을 위해서 모든 일을 했습니다.

그래서 그는 쉽게 인생을 살며 즐겼습니다.

그에게는 엄청난 가축과 양떼들이 있었는데,

그 누구보다도 많은 수의 가축을 가졌습니다.

또한 그는 남녀 가수들을 고용해서 즐겼고

성생활을 통해서 쾌락을 누렸습니다.

그는 어마어마한 부를 지녔고,

그 누구보다도 가장 막강한 권력을 지녔습니다.

또한 그는 주께 받은 지혜도 유지하려고 했습니다.

그는 원하는 것이라면 무엇이든지 절제하지 않았고

기이한 즐거움을 경험하는 데에 주저함이 없었습니다.

솔로몬은 그가 소유한 것을 얻기 위해 열심히 일했습니다.

그래서 스스로 그 모든 것을 경험할 자격이 있다고 여겼습니다.

그러나 솔로몬은 그 모든 유익들이 헛되다는 사실을 깨달았습니다.

자기가 소유한 그 모든 것에서 진정한 만족을 얻지 못했기 때문입니다.

그는 말합니다. "이 모든 수고와 고통으로 내가 과연 무얼 얻는 걸까?"

인생은 헛될 뿐입니다. 어떤 것도 진실로 귀하고 가치 있지 않습니다.

주님, 그 후 솔로몬은 바른 생각과 지혜의 길을 다시 궁구했습니다.

그래서 예전에 이미 행해진 것 이외에 그 어떤 것도

사람이 새롭게 행할 수 없음을 그는 알게 되었습니다.

주님, 솔로몬은 빛이 어둠보다 더 쓸모 있듯이
지혜가 미련함보다 더 유용하다고 했습니다.
주님, 저도 깨닫고 있기를, 올바르게 생각하는 자는
자기가 어디를 가고 있는지 살펴볼 줄 압니다.
그러나 어리석은 자는 어둠 속에서 걸어갑니다.
그러나 현명한 자나 미련한 자나 결국은 죽습니다.

주님, 제가 현명한 사람일지라도
죽음이 찾아오는 것은 바보들과 똑같습니다.
그러면 왜 제가 지혜롭게 살아야 합니까?
현명한 자나 미련한 자나 죽은 뒤에는 기억되지 않습니다.
현명한 자도 미련한 자도 결국은 죽습니다.

미래에 사람들은 과거의 일을 모두 잊을 것입니다.
그러면 왜 제가 애쓰며 살아야 됩니까?
왜 제가 신경 쓰며 살아야 됩니까?

솔로몬은 자기 인생을 미워하게 되었습니다.
그가 한 모든 것들이 헛되고 무의미했기 때문입니다.

*솔로몬은 좋은 명성을 쌓는 것이 인생의 목적을 달성하지 못한다고
말한다. 좋은 명성 덕분에 당신이 많은 것을 얻고 만족할 수 있지만, 남

들에게 잘 알려지는 것보다 더 선하고 좋은 것이 있다. 바로 하나님과의 좋은 관계이다. 이것이 인생의 해답이다.

주님, 솔로몬은 그가 인생에서 행한 모든 일을 혐오했습니다.
그 모두를 후대에게 물려줘야 하기 때문입니다.
저의 유산을 물려받을 자가 누구인지,
바른 생각을 하는 현명한 자인지, 아니면 미련한 자인지
그 누가 알 수 있겠습니까?
아무튼지 제 것을 물려받은 그 사람은
제가 생전에 수고한 것을 쉽게 얻을 것입니다.
그렇기에 제가 없는 미래의 그 어느 날
타인에 의해 헛되이 소비되고 마는 것들을
제가 그토록 애써서 모으고 가꾸는 일은
그저 헛되고 무의미해 보입니다.

*솔로몬은 노동이 잘못이라거나 돈을 버는 일이 잘못이라고 하지 않았다. 그는 우리가 하나님께 영광을 돌리기 위해서 일해야 한다고 말한다. 그리고 우리의 일에서 인생의 의미를 찾아야 한다고 말한다. 이 책에서 솔로몬은 의미 없는 노동은 헛되다고 이야기한다.

주님, 솔로몬은 잘못된 결론을 내립니다.
그저 먹고 마시고 즐기라고 합니다.

주께서 음식을 주시고 마실 것을 주시니

사람이 그것을 즐겨야 한다고 생각한 것입니다.

그러나 그가 깨닫지 못한 것이 있는데,

우리가 오직 주님만을 즐거워해야 한다는 것입니다.

주님, 믿음이 없는 자는 열심히 소유를 늘려서

죽은 뒤 누군가에게 물려주려고 애를 쓰지만

그것은 자기 인생을 허비하는 일입니다.

이건 정말 허무하고 무의미한 일이 아닙니까?

주님은 우리에게 인생의 좋은 것들을 주십니다.

그러나 그것들이 바로 주님으로부터 왔음을

저희가 깨닫게 되길 주님은 원하십니다.

아멘

3

하나님께서 우리에게 이생의 시간을 주셨음을 깨달으라

주님, 인생의 좋은 것은 모두 주님이 주신 것입니다.

그런데 주께 받은 것을 누리기에 알맞은 때는

경우에 따라 다 다릅니다.

저희는 태어날 때가 있고 죽을 때가 있으며

심을 때가 있고 거둘 때가 있습니다.

저희는 죽일 때가 있고 치료할 때가 있으며

쪼갤 때가 있고 모아둘 때가 있습니다.

저희는 울 때가 있고 웃을 때가 있으며

비탄에 젖을 때가 있고 환희에 빠질 때가 있습니다.

저희는 투자 할 때가 있고 배당금을 받을 때가 있으며

끌어안을 때가 있고 홀로 설 때가 있습니다.

저희는 꼭 붙들 때가 있고 놔줄 때가 있으며

간직할 때가 있고 기부할 때가 있습니다.

저희는 찢을 때가 있고 기워야할 때가 있으며

잠잠할 때가 있고 소리를 높일 때가 있습니다.

저희는 사랑할 때가 있고 미워할 때가 있으며

투쟁할 때가 있고 편히 쉴 때가 있습니다.

주님, 제가 수고한 대가로 얻을 것이 무엇입니까?

주님은 제 생애에 성취할 일들을 제게 주셨고

그 시간과 장소도 모두 계획해 두셨습니다.

주님이 저희에게 깨닫게 하신대로

저희는 이 땅에서 지금 영원을 준비하는 중입니다.

그러나 저희가 삶에서 성취한 것들을 통해서

주님이 무엇을 의도하시고 일하시는지

저희는 절대로 완전히 이해할 수 없습니다.

주님의 일이 어디서 어떻게 시작되고 끝나는지

저희는 알지 못하기 때문입니다.

그렇다면 먹고 마시고 즐기는 것이

저희가 인생에서 누리는 선한 것의 전부입니까?

이것이 이생에서 주님이 제게 주신 대가입니까?

주님, 주님이 하시는 일은 모두 영원할 것입니다.

아무도 주님이 하신 일을 바꾸거나 더할 수 없습니다.

그래서 저희는 이생에서 주님을 더욱 경외하게 됩니다.

주님, 이 땅에 제가 왔을 때 이 세상에 있는 것들은

제가 태어나기 훨씬 전부터 이미 존재했습니다.
그래서 주님은 사람이 행복을 찾아서 따라가기보다는,
그 잡기 어려운 목표를 향해 달리기보다는,
오직 주님 한 분만을 구하기를 원하십니다.

주님, 해 아래 있는 것들을 제가 관찰하고 연구해보았습니다.
그랬더니 정의가 있는 곳이면 어디든지 악이 있음을 알았습니다.
또 악이 있는 곳이라면 어디든지 정의도 있었습니다.

주님, 주께서 사람의 심중을 판단하시는 때가 옵니다.
주님은 의인이나 악한 자나 심판하실 것입니다.

솔로몬은 이렇게 말합니다.
주님은 사람들을 시험하실 때
다른 사람들에게 부대끼게 하십니다.
그래서 자신이 한낱 동물이 아님을 알게 하십니다.
그러나 결국에는 사람이나 동물이나 똑같은 일을 당합니다.
둘 다 죽어서 땅에 묻히는 것입니다.
그러면 사람이 동물보다 나은 것이 무엇입니까?

저희는 흙에서 나왔고 흙으로 돌아갈 것입니다.
그러나 저희는 주님의 형상으로 지음 받았습니다.

주님, 죄인들은 죽음 뒤에 무슨 일이 있을지 알고 있습니까?

인간의 영은 올라가고 동물의 영은 내려감을 그들은 깨닫지 못합니까?

주님, 제가 반드시 죽는다는 사실 덕분에

저는 정신을 차리고 인생을 살 수 있습니다.

그래서 저는 주님께서 이 땅에서 제게 주신 시간 동안

제가 하는 일에서 행복과 의미를 찾도록 노력하게 됩니다.

아멘

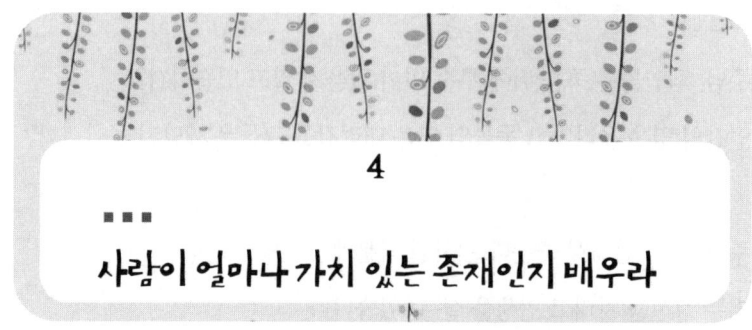

4
...
사람이 얼마나 가치 있는 존재인지 배우라

주님, 솔로몬은 해 아래에서 저질러지는

모든 학대들을 곰곰이 생각해보았습니다.

학대 받는 자들은 눈물을 흘립니다.

그런데 아무도 위로해 주지 않습니다.

학대하는 자에게는 그만한 힘이 있고,

누구도 그 곁에서 그를 제지하지 않습니다.

차라리 죽은 자가 살아있는 자보다 더 행복합니다.

그들은 이미 인생의 모든 고통에서 벗어났기 때문입니다.

그러나 생명이 있는 한 고통이 있더라도 계속 살아야 합니다.

그렇다면 아직 태어나지 않는 자가

고통 속에 있는 산 자보다 더 행복한 것입니까?

아니면 고통을 맛보지 않는 산 자가 더 행복한 것입니까?

아직 태어나지 않은 자들의 경우는

해 아래 모든 악들을 보지도 못해서

그 어떤 산 자보다 더 복 받은 것입니다.

주님, 많은 노력과 업적들이

사람의 시기심 때문에 이루어집니다.

이것은 정말 무의미하고 헛되지 않습니까?

주님, 미련한 자들은 팔짱을 낀 채로

인생에서 찾아오는 기회들을 거절해버립니다.

한 줌의 평화와 고요가

두 손 가득한 공허와 허무보다 낫습니다.

주님, 허무한 일이 또 있습니다.

외로운 자가 계속해서 열심히 일을 하는데,

그에게 인생을 나눌 친구가 하나도 없는 것입니다.

게다가 같이 있어 줄 아들이나 형제마저도 없어서

그는 그저 재산만을 모으려고 끊임없이 일을 합니다.

하지만 그는 스스로에게 물어야만 합니다.

"내가 누구를 위해서 열심히 일하고 있지?"

"누구를 위해 내가 인생의 즐거움을 포기하는 거지?"

이렇게 사는 것은 인생을 헛되고 무의미하게 낭비하는 것입니다.

주님, 두 사람이 한 사람보다 나은 이유는

그들이 서로 도우며 일하기 때문입니다.

둘 중 하나가 넘어지면 다른 사람이 도와 일으키지만

혼자서 넘어지면 그를 도와줄 사람이 없습니다.

둘이 함께 자면 서로가 따뜻할 수 있지만

혼자서는 자기 몸을 덥힐 수가 없습니다.

공격자는 홀로 있는 자를 패배시킬 수 있지만

둘이서 함께 방어하면 넘어뜨릴 수 없습니다.

밧줄을 세 가닥으로 꼰 것은

쉽게 끊어지지 않습니다.

주님, 가난하지만 젊고 똑똑한 자가

늙고 미련하여 조언을 더 듣지 않으려는 왕보다 낫습니다.

그가 비록 무서운 환란을 극복하고 왕이 된 대단한 자라 할지라도

그가 지혜를 듣지 않으려 한다면 가난한 자로 전락할 뿐입니다.

주님, 저는 해 아래 있는 이 세상에서

사람들이 살아가고 걸어가는 모습을 보았습니다.

그래서 저는 현명하지만 가난한 젊은이가

통치를 못하는 왕보다 낫다는 것을 알게 됐습니다.

아무리 재산이 많은 왕일지라도

신하들은 미련한 왕을 존경하지 않습니다.

미련한 왕의 삶은 무의미하고 허무합니다.

그의 삶은 텅 비었고, 가치가 없습니다.

아멘

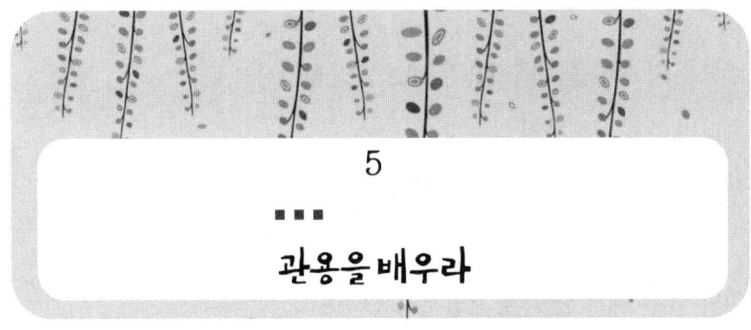

5

관용을 배우라

주님, 저는 주님의 집에 들어 갈 때
제 생각과 몸가짐을 신중히 하겠습니다.
저는 주님의 목소리를 경청하고 지혜를 배우겠습니다.
그렇게 하는 것이 무작정 제물을 드리는 것보다 낫습니다.
바보는 자기 죄가 무엇인지도 모르면서
희생 제물을 드리겠다고 나섭니다.

주님, 제가 말을 너무 많이 하지 않도록,
또한 성급하게 말하지 않도록 가르쳐 주십시오.
주님 보시기에 제 말이 헛되지 않기를 원합니다.
주님은 하늘에 계시고 저는 땅에 있는 자이기에
저는 신중하게 말을 골라 몇 마디만 할 것입니다.
걱정을 너무 많이 하면 악몽을 꾸게 되는 것처럼
어리석은 자는 말을 많이 하다가 곤란에 빠집니다.

주님, 저는 주님께 맹세한 것을 꼭 지키겠습니다.

주님은 자기 말을 지키지 않는 바보를 물리치시므로
차라리 주께 맹세하지 않는 편이
해놓고서 지키지 않는 것보다 낫습니다.

주님, 저는 제가 한 말에 책임지지 못하여
제 스스로를 죄에 가두지 않겠습니다.
교회 지도자들 앞에서는 아예 맹세를 하지 않아서
그들에게 추궁당할 일이 없게 하겠습니다.

주님, 주께서 제가 한 말로 인해 분노하셔서
제가 이룬 일 중 일부를 망하게 하지 않으시기를 원합니다.
하나님을 대변한다고 하는 지도자들이 너무 많으면
사람들이 모두 혼란스러워합니다.
저희는 오직 주님을 두려워해야 합니다.

주님, 가난한 자가 학대 받고 정의가 사라질 때,
재판관들이 올바르고 공정히 행하지 않을 때,
그런 일을 보고서 놀라고 절망해서는 안 됩니다.
왜냐하면 그 재판관을 재판하는 더 높은 권력이 있기 때문입니다.
그렇지 않더라도, 하나님은 직접 그 모든 자들을 재판하실 것입니다.
그러나 왕이 스스로 백성의 종이 되는 나라는
제일 살기 좋은 곳입니다.

주님, 돈을 사랑하는 자는

가진 돈이 충분하다고 여기는 법이 없고

사치를 좋아하는 자는

수입이 언제나 부족할 뿐입니다.

사업이 확장되어 일할 것이 늘어나면

이익을 챙기려는 욕심쟁이들이 달려들어 돈을 법니다.

그래서 사업가의 유일한 낙은

수하 직원들이 서로 경쟁하는 것을 보는 것입니다.

주님, 노동자는 많이 먹었건 적게 먹었건

밤에 잠을 달게 잘 수 있습니다.

그러나 부자들은 과식을 하면

잠을 푹 잘 수가 없습니다.

주님, 가장 해로운 일은 돈을 그저 쟁여두는 것입니다.

돈을 써야 할 곳에 쓰지 못하면

그의 인생과 사업이 결국 타격을 입습니다.

또 아버지에게 불운이 닥치는 것도 큰일입니다.

그러면 그의 재산이 다 날아가 버리고

그 아들들이 물려받을 것이 남지 않습니다.

주님, 제가 어머니 뱃속에서 벌거벗고 나왔듯이
저는 이생을 마감할 때 벌거벗고 떠나갈 것입니다.
돈을 벌려고 행한 모든 수고들은 아무것도 아닙니다.
제가 수중에 어떤 것도 쥐고 가지 못하기 때문입니다.
저희가 이 세상에 왔던 것처럼 또 그렇게 떠나갈 것입니다.
제가 열심히 했던 그 모든 일은 그저 공기만 덥혀놓았습니다.
부자가 어둠과 절망 속에서, 상처와 고통 속에서 홀로 먹는 일은
이 세상에서 가장 비참하고 불행한 일입니다.

주님, 솔로몬은 인생을 두고서,
먹고 마시고 즐기고 열심히 일하는 것이
사람에게 선한 것이라고 생각했습니다.
해 아래에서 살아가는 사람이 이것을 누리도록
주님이 본래부터 계획하셨기 때문입니다.
사람이 자기 일을 주께서 주신 선물로 받는다면
적어도 그는 행복할 수 있는 한 가지 이유를 갖게 됩니다.
그래서 그는 인생이 짧다고 불평하지 않을 것입니다.
아멘

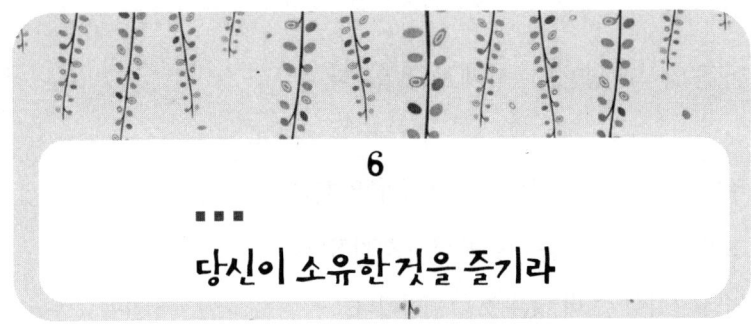

6

...

당신이 소유한 것을 즐기라

주님, 솔로몬은 이 세상의 또 다른 불행을 보았습니다.
부와 명예를 얻어 인생에 부족한 것이 없는데도
자신이 소유한 것을 즐길 힘이 없는 자들입니다.
그러면 그가 쌓아놓은 것을 낯선 자가 와서 누리게 됩니다.
이것은 정말 어리석고 불행한 인생이며
허무하고 무의미한 인생입니다.

주님, 자녀와 손자들이 100명이고,
이 땅에서 장수를 누리는 자라도
그가 자기가 가진 복을 즐기지 못한다면
이것은 헛된 일 중에 헛된 일이며
참으로 무의미하고 공허한 일입니다.
만약 그 아버지가 계속 살아서 이생에 남는다면
그 아들은 차라리 태어나지 않는 것이 낫습니다.
자기 아들을 기뻐하지 못하는 아버지를 두는 것보다
차라리 태어나지 못하여 어둠 속에 머무는 것이

더 큰 안식과 평안을 누리게 될 것입니다.

주님, 저는 먹을 음식을 사기 위해 일을 합니다.
그러나 저는 먹고 좀 지나면 다시 허기집니다.
저희는 항상 좀 더 많은 것을 원합니다.
음식보다 술이 육신을 더 만족시킵니까?
경험이 있는 자가 경험 없는 자보다 낫습니까?
저희 눈이 현실을 있는 그대로 보는 것이 낫습니까,
아니면 우리가 꿈꾸는 것들이 좋은지 나쁜지 모르는 채
그저 인생에서 진정 원하는 것들을 갈망해야 합니까?
우리의 모든 토론과 주장들은 무의미하고 헛됩니다.
인생은 공허하고 가치 있는 것이 없습니다.

주님, 제 이름은 제가 알기도 전에 정해졌습니다.
제가 어떤 사람인가는 상관없습니다.
그러나 제가 그저 미약한 사람이라는 것은 알고 있습니다.
그러므로 저는 죽음을 이길 수 있을 만큼 강하지 못합니다.
죽음은 저희 중 그 누구보다도 더 강하기 때문입니다.

주님, 제 인생을 하찮고 무익하게 만드는 많은 것들이 있습니다.
제가 이 무익한 것들을 통해 배울 것이 있겠습니까?
혹시나 쓸데없다고 생각한 일이 오히려

제 삶을 더 좋고 부유하게 하는 것인지 모를 일 아닙니까?

죽고 나면 그 일이 선한 것인지 나쁜 것인지 아무도 모릅니다.

그래서 무의미하고 헛된 인생 밖에는 아무것도 장담할 수 없습니다.

아멘

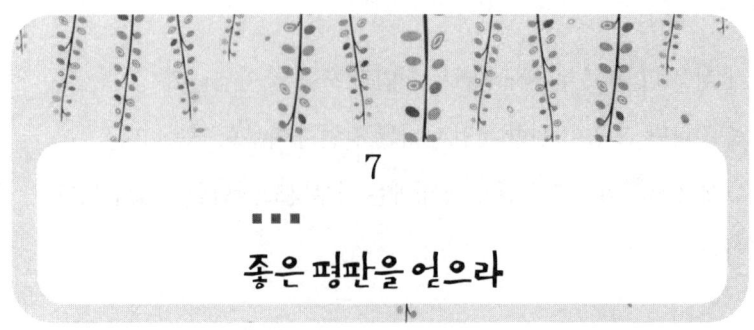

7

···

좋은 평판을 얻으라

주님, 모두가 인정하는 좋은 평판을 얻는 것이
악취를 덮으려 향수를 쓰는 것보다 낫습니다.
상을 당한 집에 찾아가서 애도하는 것이
영화를 보면서 시시덕거리는 것보다 낫습니다.
그러면 죽음이 저희에게 닥치는 날
사람들이 찾아와 저희의 죽음을 애도하고
저희에 대해서 좋은 말을 할 것이기 때문입니다.
누구도 사람들이 자기를 보면서 시시덕거리기를 원하지 않습니다.

주님, 슬픔이 웃음보다 제게 좋습니다.
슬픔은 저 자신을 성숙하게 하기 때문입니다.
초상집에 가면 저는 인생에 대해 많은 것을 생각합니다.
그러나 미련한 자는 자신의 성숙을 위해 고민하지 않습니다.
그들은 웃음거리만 찾으면서 시간을 낭비합니다.

주님, 저는 미련한 자들의 즐거운 노래 소리보다

현명한 자들의 책망하는 말에 귀 기울이겠습니다.
미련한 자들의 웃음소리는 화로 속 가시 땔감과 같아서
요란한 소리를 내면서 튀기는 하지만 열은 별로 못 냅니다.
어리석은 자의 인생은 무의미하고 헛될 뿐입니다.

주님, 사람들이 제게 반대한다고 화를 낸다면,
뇌물을 받으면서 제 인격을 더럽힌다면,
제 인생이 참 무의미하고 헛되지 않겠습니까?

주님, 일의 시작보다 끝이 좋아야 합니다.
그래서 상황이 좋아질 때까지 인내해야 합니다.
그럴 때 저는 지혜로운 사람이 됩니다.
저는 평정심을 너무 쉽게 잃지 말아야 합니다.
분노의 감정을 통제하지 못해서
잠깐 지나가는 감정에 노예로 사로잡히는 것은
바보들이나 하는 일이기 때문입니다.
저는 옛날이 지금보다 나았다고 절대 말하지 않겠습니다.
바보들이나 옛일을 생각하면서 현실을 주목하지 않습니다.
바보들은 일이 앞으로 어찌 돌아갈지도 주목하지 않습니다.

주님, 제 재산이 늘어나도록 도와주십시오.
아울러서 저의 지혜도 함께 늘도록 도와주십시오.

왜냐하면 어려움이 제게 닥쳐올 때

지혜와 재산은 제게 피난처를 제공하기 때문입니다.

그러나 이 둘 중에 고른다면 지혜를 가지는 편이 더 좋습니다.

지혜는 제가 가진 재산을 지킬 수 있게 하지만

지혜 없이 재산만 있다면 결국 재산을 잃게 될 것입니다.

주님, 주께서 무슨 일에 능하신지 저는 압니다.

오직 주님만이 구부러진 것을 곧게 펴실 수 있습니다.

만약 제 인생이 잘 나간다면, 저는 그 성공을 즐겨야겠지요.

그러나 만약 제 인생이 구부러져서 엉망이 된다면

오직 주님만이 제 인생을 곧게 펴실 수 있습니다.

그러면 저는 제 인생이 마치 곧게 뻗은 길과 같다고,

미래에는 더 잘 할 수 있다고 말하게 될 것입니다.

주님, 의로운 사람들이 일찍 죽는 경우가 많고

악한 자들이 오히려 장수를 누리는 경우가 많습니다.

그래서 올바로 사는 것이 꼭 장수를 보장하지는 않습니다.

그렇다고 악한 자가 꼭 오래 살라는 법은 없습니다.

우리가 이 세상을 떠나는 때는 하나님이 주관하고 계십니다.

주님, 저는 일생을 한 가지 규칙만 따르면서 살면 안 됩니다.

저는 바른 믿음의 법칙들을 모두 준수하며 살아야 합니다.

그 법칙들을 주신 주님을 제가 두려워하기 때문입니다.

주님, 제 인생을 보호할 수 있는 힘은
권력자들에게보다 지혜에 더 있습니다.
지혜는 제 인생의 모든 영역을 방어해줍니다.
저는 완벽하지 않기 때문에 죄를 짓습니다.
그러므로 지혜는 저의 유일한 보호방패입니다.
그래서 저는 바르게 믿고 바르게 살아야 합니다.

주님, 누군가 저를 비판하는 소리를 들었을 때
그 즉시 화를 내며 반응하지 않겠습니다.
저 역시도 남을 비판했던 적이 있기 때문입니다.

주님, 저는 현명해지자고 결심했었습니다.
그러나 지혜는 손에 잡기에 어려운 것이어서
항상 제 손이 미치지 못하는 곳에 있는 것 같습니다.
왜 멀리 떨어져서 보면 당장 코앞에서보다
상황을 더욱 직시하고 잘 파악하게 되는 걸까요?
이 모순은 설명하기도 어렵고 이해하기도 어렵습니다.
그래서 저는 더욱 지혜로운 사람이 되려고 합니다.
저는 상황 뒤에 숨겨진 진짜 이유를 보기로 작정합니다.
저는 죄를 사랑하는 마음이 어떻게 바보들을 자극하는지,

그래서 그토록 미련하게 행동하게 하는지 알기 원합니다.

그들은 자신이 얼마나 어리석은지 알지 못합니다.

그래서 저는 인생이 공허하고 가치 없음을 깨닫고,

죽음이라는 여인의 존재를 발견하게 됩니다.

그녀는 무서운 함정으로 저희를 끌고 갑니다.

그것은 저희 눈을 가리는 것보다 더 위험합니다.

그녀는 자유로웠던 저희의 두 손에 수갑을 채우고

저희를 불러들여서 자기 감옥으로 끌어들입니다.

주님을 두려워하고 기쁘시게 하는 사람은

마침내 그녀를 피할 수 있겠지만,

죄를 짓는 미련한 자는 영원히 그녀의 포로가 됩니다.

주님, 솔로몬은 진리를 찾아보려고

모든 영역을 샅샅이 연구했습니다.

그래서 그는 이렇게 결론을 내립니다.

현명하게 생각하면서 살아가는 사람들은

천 명 중에 겨우 한 사람이 있을 뿐이고,

그나마도 죽음이란 여인은 아무도 피할 수 없습니다.

주님은 본래 사람들이 올바로 믿도록 만드셨습니다.

그러나 대부분의 사람들이 교활한 일들을 계획합니다.

그 계획들 때문에 그들의 삶은 결국 망할 것입니다.

아멘

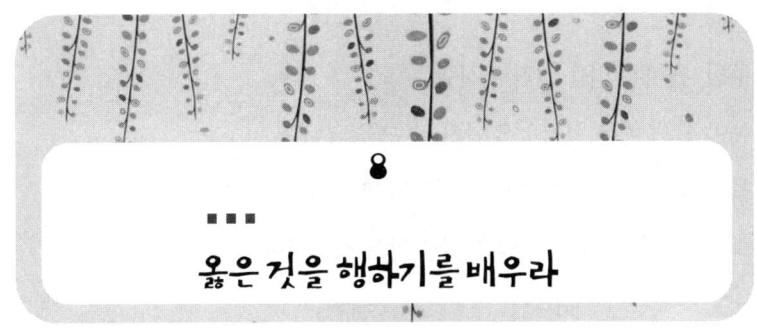

옳은 것을 행하기를 배우라

주님, 상황을 올바로 해석하고 판단하는 지혜는

과연 어떤 사람에게 있는 것일까요?

저는 때때로 그것을 사람의 얼굴에서 찾게 됩니다.

지혜가 주는 인생에 대한 확신이

그 얼굴빛에서 나타나기 때문입니다.

주님, 저는 나라의 법을 따르겠습니다.

주께서 그렇게 하기를 원하시기 때문입니다.

저는 나라가 잘하고 있는 것을 거스르지 않을 것이고

법을 어기는 일을 미련하게 고집하지 않겠습니다.

나라는 나라 법을 어긴 자들을 처벌할 것이고

나라에서 하는 말이 최종 권위를 갖기 때문입니다.

나라더러 "왜 당신이 법을 갖고 있소?"라고 물을 수 없습니다.

그러나 법에 순종하는 자들은 벌을 받지 않을 것입니다.

주님, 올바른 믿음을 가진 사람은
해야 할 올바른 일이 무엇인지 알 수 있습니다.
옳게 행하는 것이 항상 맞는 일이기 때문입니다.
그러나 잘못을 하는 사람은 벌을 받을 것입니다.

주님, 사람들은 미래에 대해서 대단히 걱정합니다.
앞날을 확신할 수 있는 것이 무엇이겠습니까?
사람이 무언가에 놀라는 경우를 보더라도
그런 일이 벌어질지 사람이 어떻게 알겠습니까?
바람 부는 것을 아무도 막을 수 없듯이
미래에 대해서 아는 분은 오직 주님뿐이십니다.
죽음은 저희가 미래를 자신할 수 있는 유일한 것이지만
그조차도 저희가 언제 죽을지 그 날과 시는 모릅니다.
다만 죽음이 찾아오는 것은 아무도 피할 수 없습니다.
군인으로 징집되면 대신 싸워줄 다른 사람을
전쟁터에 내보낼 수 없는 것과 같습니다.

주님, 솔로몬이 목도한 것이 있는데,
남을 잔인하게 학대했던 사람들이 죽은 뒤에
교회에서 격식을 차리고 장례식을 하는 것입니다.
반면 바르게 생각하고 지혜로웠던 사람들이
싸구려 관에다 허름하게 매장되었습니다.

그런데 장례식에 참석했던 사람들은

교회를 떠난 뒤에 그들을 잊어버렸습니다.

이것은 저희 인생에 벌어지는 모든 일들이

무의미하고 헛된 것으로 보이게 합니다.

그러므로 악에 대한 심판과 징벌이

저희 생애 동안에 이루어지지 않을 때면

몇몇 사람들은 더 대범하게 악을 행하게 됩니다.

그러나 죄인이 백 번 죄를 짓고도 살아남을지라도

최후에는 하나님을 경외하는 자에게 상황이 유리해집니다.

그러나 죄인에게는 일이 불리하게 돌아갈 것입니다.

마치 그늘이 태양 빛을 가리는 것과 같습니다.

그는 어떻게 하든지 자기 생명을 늘릴 수 없습니다.

주님, 솔로몬은 이해할 수 없었습니다.

왜 나쁜 일이 선한 사람들에게 발생하고

왜 좋은 일이 악한 사람들에게 일어나는지.

그것은 인생이 무의미하고 덧없어 보이게 합니다.

주님, 그래서 솔로몬은 이렇게 결론합니다.

하나님께서 사람에게 해 아래 인생을 주신 동안

먹고, 마시고, 인생을 즐겨야만 될 것 같다고.

주님, 솔로몬은 열심히 해답을 찾아보았습니다.

왜 사람들의 눈은 그들이 보지 못하는 것을 볼 수 없을까,

왜 이성은 지구상에 일어나는 모든 일을 이해할 수 없을까,

왜 진리를 찾으려 열심히 일해도 이해할 수 없는 것이 있을까,

왜 모든 것을 안다고 자부하는 지혜로운 자조차도

여전히 많은 것을 모르고 있는 것일까.

그러다가 솔로몬은 낙심하고 말았습니다.

아멘

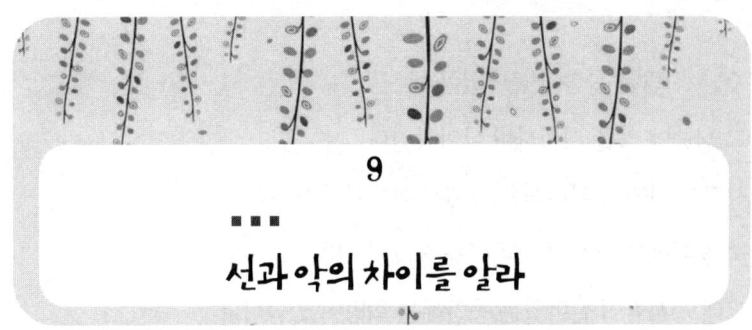

선과 악의 차이를 알라

주님, 솔로몬은 모든 증거들을 자세히 살펴서

신중히 판단한 뒤 이렇게 결론을 내립니다.

선하고 지혜로운 자의 삶과 죽음은

결국에 주님의 손에 달려 있습니다.

이들이 이생에서 사랑을 받을는지 미움을 받을는지

세상에 그 누구도 알 수 없는 이유는

행이든 불행이든 가능한 모든 일이

사람을 가리지 않고 일어나기 때문입니다.

주님, 의로운 자나 악한 자나 똑같은 일이 일어납니다.

그래서 무슨 일이든 누구에게나 일어날 수 있는 것입니다.

선한 자에게도 나쁜 자에게도 같은 일이 벌어집니다.

주께 죄를 고백하는 자와 그렇지 않은 자,

주께 헌신한 자와 그렇지 않은 자,

모두에게 같은 일이 벌어집니다.

같은 일이 어떤 인생에게든 찾아갈 수 있습니다.

주님, 사람은 목숨이 붙어있는 한

그 심중에 악을 계획하며 살아갑니다.

사람은 자기의 어리석음 속에서 살아가다가

죽을 때에야 자신의 어리석음을 그칩니다.

그래도 사람이 살아있는 동안에는 희망이 있습니다.

죽은 개보다 살아있는 강아지가 나은 것이,

살아있는 것은 딱 한 가지 아는 것이 있어서입니다.

바로 자기가 반드시 죽는다는 사실입니다.

그러나 이미 죽은 자는 아무 것도 모릅니다.

죽은 자가 할 수 있는 것은 아무것도 남지 않습니다.

그들에 대한 기억도 모두 사라져버립니다.

죽은 자들은 더 이상 사랑할 수도,

미워할 수도, 질투할 수도 없습니다.

무엇을 할 수 있는 기회들이 모두 사라집니다.

죽은 자들은 태양 아래에서 살아 숨 쉬는 자들과

더 이상 삶을 나눌 수 없습니다.

주님, 이 사실은 저희가 음식을 먹고, 술을 마시고,

이 땅에서 저희가 가진 인생을 즐겨야 함을 뜻합니다.

주님이 저희가 열심히 행한 것을 아시기 때문입니다.

그러므로 저희는 최고로 좋은 옷으로 항상 차려입고

깨끗이 씻고 아름답게 외모를 가꾸어야 합니다.

주님, 이 사실은 또한 저희가 젊은 날의 배우자와

저희의 인생을 즐겨야 함을 가르쳐줍니다.

이것은 이 허무하고 덧없는 인생에서

저희에게 정해진 할 일이기 때문입니다.

저희에게 무슨 일이 맡겨졌든지

저희는 힘을 다해서 해야 합니다.

죽은 뒤에는 자신을 증명할 수 있는

어떤 기회도 더 이상 없기 때문입니다.

죽음 뒤에는 일도, 꿈도, 배움도 없습니다.

주님, 가장 빠른 자가 반드시 경기를 이기거나

가장 힘센 자가 꼭 전쟁에서 승리하는 것이 아님을,

지혜로운 자이거나 지식이 많은 자라고

반드시 상을 타는 것도 아님을

솔로몬은 경험하게 되었습니다.

그보다는 때와 기회가 우리 인생을 결정합니다.

주님, 저는 죽음이 제게 언제 닥칠지 모릅니다.

그물에 걸린 물고기나 덫에 잡힌 새들처럼

죽음은 불행한 시기에 찾아와 사람들을 손에 넣습니다.

죽음은 사람들을 갑자기, 예상치도 못하는 때에 찾아옵니다.

주님, 솔로몬은 또 예사롭지 않은 경우를 보게 되었습니다.

어떤 임금이 주민이 많지 않은 작은 마을 하나를 공격했습니다.

그 임금은 그 마을을 많은 군대와 무기로 둘러쌌습니다.

그런데 가난하지만 지혜로운 자가 그 도시를 구해냈습니다.

아무도 그가 그런 놀라운 일을 해낼 줄 몰랐습니다.

그렇지만 정작 도시가 위기를 벗어난 후에는

그 사람을 기억하는 자가 아무도 없었습니다.

솔로몬은 지혜가 힘보다 더 좋은 것이라고 말합니다.

그러나 세상은 지혜로운 자들에게 거의 관심을 두지 않습니다.

이것은 정말 헛되고 쓸데없는 일처럼 보이지 않습니까?

저희는 큰소리치는 바보의 명령에 이리저리 뛰어다니기보다는

지혜로운 자가 조용히 말하는 소리를 귀담아 들어야 합니다.

지혜는 전쟁의 무기들보다 더 좋은 것입니다.

아멘

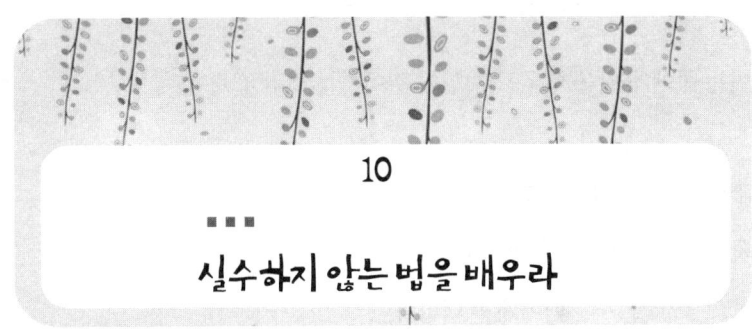

주님, 이제껏 쌓아올린 많은 좋은 것이

작은 실수 하나로 무너질 수 있습니다.

아무리 맛과 향이 좋은 음식이라도

죽은 파리 하나가 떨어지면 역겨운 냄새가 나듯이

현명한 사람에게 있는 작은 어리석음이 그렇습니다.

어리석은 자는 자신의 어리석은 마음을 따르기 때문에

매일 매일의 삶에서 어리석은 짓만 하고 다닙니다.

그러면서 사람들에게 자신이 바보임을 보여줍니다.

주님, 상사가 제게 화가 났을 때면

저는 자리를 지키고 계속 일해야 합니다.

왜냐하면 침묵이 화난 영혼을 달래기 때문입니다.

주님, 솔로몬은 해 아래 또 다른 엄청난 악을 보았습니다.

지도자가 어리석은 자를 높은 지위에 올리고선

지혜로운 자를 낮은 자리에 남겨두는 것입니다.

이는 종에게 말을 태우고 주인이 걸어가는 것과 같습니다.

주님, 함정을 파는 사람들은 대개
자기가 판 바로 그 함정에 빠지고
뱀의 소굴을 파면 뱀에게 물립니다.
저희는 너무 무거운 돌들을 옮기면서 다치고
날이 무딘 도끼를 쓰면서 부상을 당합니다.
만약 도끼날이 무딘데 갈 시간이 없다면
장작을 패는데 훨씬 더 많은 힘이 들어갑니다.
지혜로운 자라면 모두 이 점을 명심해야만 합니다.

주님, 뱀은 피하지 않으면 물리게 되듯이
저희가 수다쟁이와 함께 어울리면
결국 저희가 해를 입습니다.
현명한 자의 말은 언제나 은혜롭지만
어리석은 자의 말에는 독침이 있습니다.
바보는 이미 생각 자체가 어리석기 때문에
말을 뱉기만 하면 그의 어리석음이 드러납니다.
그가 무슨 말이든지 계속해서 떠들어댈지라도
정작 가치 있고 중요한 말은 아무 것도 못합니다.

주님, 미련한 자는 미래에 무슨 일이 일어날지 모르고
제가 간 뒤에 무슨 일이 일어날지 충고하지 못합니다.
바보가 하는 일은 매일 사람들을 피곤하게 합니다.
자기가 무얼 하는지조차 모르기 때문입니다.
그는 자기 집으로 가는 길도 모릅니다.

주님, 하루 일과를 잔치로 시작하는 철부지를
지도자로 모시는 백성에게는 화가 있습니다.
그러나 자기 임무를 수행하기 위해
스스로 건강을 챙기고 제 때에 식사를 하는
좋은 훈련을 받은 사람이 지도자가 되면
그 백성은 행복을 누리게 됩니다.

주님, 주인이 게으르면 그 지붕에 구멍이 뚫립니다.
그가 아무 것도 안 하고 있는 동안
집 전체에 금이 가서 비가 샙니다.

주님, 저는 잔치를 즐기고 즐겁게 지낼 때가 필요하며,
좋은 친구들이 인생의 가치를 높인다는 것을 알고 있습니다.
저희는 살면서 많은 친구들의 도움을 받아야 합니다.

주님, 저는 제 지도자를 모욕하지 않겠습니다.

제 머릿속에서라도 그렇게 하지 않겠습니다.

저는 제 상사를 잠자리에서 비판하지 않겠습니다.

그를 비판한 제 말은 날아가는 새가 듣고 옮겨서

제가 생각한 결과대로 고통을 당하게 될 것이기 때문입니다.

아멘

11

...

인생의 필연적인 수순들을 배우라

주님, 저는 대가를 바라지 않고 선한 일을 하겠습니다.

그러면 세월이 지나서 결국 제게 상이 돌아올 것입니다.

저는 투자처를 일곱이나 여덟 군데로 분산시키겠습니다.

재앙이 한 번 닥치면 그 중에 한 둘은 망하기 때문입니다.

구름이 빗물을 잔뜩 머금으면 결국 땅에 비가 내리고

나무가 한 번 넘어지면 그 자리에 그대로 있습니다.

좋은 바람만을 기다리는 자는 결코 파종을 못하고

구름을 기다리는 자는 결코 추수하지 못합니다.

무엇을 하기에 완벽한 시기란 결코 없기에

망설이지 말고 할 일을 추진해야 합니다.

아무도 바람의 방향을 예측할 수 없고,

어머니의 뱃속에서 태아의 뼈가

어떻게 자라는지 누구도 모르듯이,

하나님이 어떻게 일하시는지 아무도 모릅니다.

하나님은 이 땅을 창조하신 분이십니다.

저희는 아침부터 정성스레 파종을 해서

해질 녘까지 골고루 심어야 합니다.
밭의 어디에서 씨앗이 잘 자랄지
이쪽인지, 저쪽인지, 아니면 다 잘 될지
저희는 예측할 수 없기 때문입니다.
일을 마친 후 저희는 파종한 밭을 지켜보면서
주님이 자라게 하시는 일을 보고 즐거워할 것입니다.
씨앗이 자라 결실을 맺도록 태양이 하는 일을 보노라면
저희는 큰 기쁨과 보람을 얻습니다.

주님, 만일 제가 오래도록 살게 된다면,
그 세월동안 즐겁게 살 수 있게 해주십시오.
그러나 인생에는 어두운 날도 많이 있을 것입니다.
그리고 그 시절은 헛되고 의미 없이 보일 것입니다.

주님, 젊은 시절을 그저 즐기며 보낸다면,
청년이 재미있는 일만 따라다닌다면,
그 마음에 원하는 대로만 한다면,
그 눈에 보이는 대로 다 행한다면,
그러면서 인생의 기회를 낭비했음을 안다면,
하나님은 그에게 그 책임을 물으실 것입니다.
저희는 저희 젊음이 영원하지 않다고
화를 내거나 슬퍼하지 말아야 합니다.

저희가 청년의 때에 행한 것이

저희 평생토록 따라다닐 것입니다.

아멘

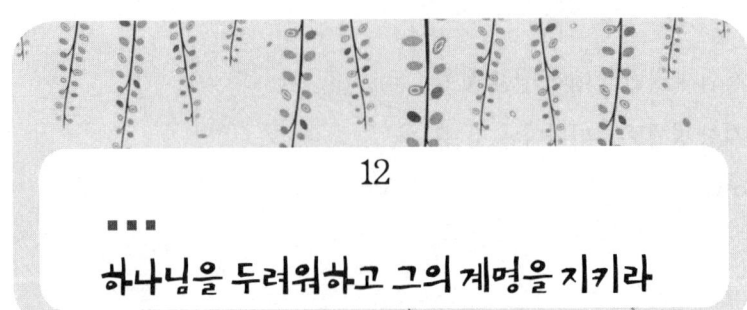

■■■

12

하나님을 두려워하고 그의 계명을 지키라

주님, 악한 시절이 닥쳐서 가슴이 찢어지기 전에

저희는 모두 젊은 시절, 주님을 배워야만 합니다.

인생의 모든 낙이 사라지기 전에 힘써 주님을 배워야 합니다.

저희 눈이 태양빛을 보기에도 침침해지고

달빛과 별빛으로는 사물을 분간치도 못하기 전에,

하늘이 맑은데도 판단력이 구름 낀 듯 흐려지기 전에,

예전에는 힘셌던 저희의 팔다리가 후들후들 떨리기 전에,

저희의 등이 세월이 주는 짐으로 굽어지기 전에,

저희가 더 이상 집 주변에서 일하지 못하기 전에,

치아가 하나 둘 씩 빠지고 시력마저 잃어가기 전에,

세상에 일어나는 일에 관심을 쓰지도 못하기 전에,

언덕을 오르기가 벅차고 두려워지기 전에,

꽃이 만발해서 하얗게 된 아몬드 나무처럼

저희의 머리가 온통 희어지기 전에,

저희 몸 하나도 제대로 일으키지 못하고

어떤 정력제도 더 이상 효력이 없기 전에,

저희는 힘써 주님을 배워야 합니다.

주님, 영원한 고향으로 돌아갈 준비가 거의 되었을 때,
친구들과 가족들이 제게서 받을 유산을 기다릴 때,
수명의 은줄이 곧 끊어지고 생명의 금대접이 곧 깨어질 때,
그래서 더 이상 인생의 우물에서 물을 길어 올리지 못할 때,
저희가 본래 흙으로 만들어졌음을 기억하게 해주십시오.
저희가 땅으로 다시 돌아가고, 저희 혼이 주께로 돌아갈 때,
누가 처음 저희에게 생명을 주셨는지 기억하게 해주십시오.

주님, 솔로몬은 인생이 허무하고 덧없다고 말합니다.
그 무엇도 가치가 없고 중요하지 않다고 합니다.
솔로몬은 열심히 궁구하고 살펴본 뒤에
그런 비관적인 결론에 도달하고 말았습니다.
그럼에도 불구하고 그는 자신이 본 바를 뛰어넘었습니다.
그는 올바른 삶의 원리들을 조사해서 자세히 기록해두었습니다.

주님, 올바른 삶을 위한 이 원리들은
달리는 말을 재촉하는 날카로운 박차와도 같아서
저희가 잘못을 행할 때면 저희의 양심을 자극하고 찌릅니다.
또한 그 원리들은 저희의 영혼을 단단히 고정하는 못과 같아서
그 견고한 기준에 따라 인생의 선한 방향을 찾을 수 있습니다.

*설교자는 마지막 결론에서 자신의 잠언들을 어떻게 해석해야 할지 말해주고 있다. 그가 말한 찌르는 '막대기'(여기에서는 박차라고 번역되었다)는 사람이 선하고 좋은 삶을 살려면 반드시 금할 것을 말해준다. '못'(나사라고 번역되었다)은 인생에서 성공을 거두기 위해서라면, 즉 하나님을 이해하고 섬기기 위해 바르게 생각하고 사고하는 법을 배우고 싶다면, 반드시 따라야 할 것들을 긍정의 말로 일러준다.

*금지의 막대기는 농부가 끝이 뾰족한 막대기나 장대를 들어서 게을러 꾸물대는 동물을 찌르는 것처럼, 게을러 잠만 자는 사람이 일어나 행동할 수 있도록 자극하는 기능을 한다. 단단히 고정된 못은 사람의 옷이나 무기, 도구 같은 것을 안심하고 걸 수 있는 튼튼한 곳이다. 이 못들은 독자들에게 정신적이고 영적인 닻을 주는 삶의 원리들을 뜻한다. 이것들은 설교자가 말한 "기꺼이 받아들일만한 마음에 합한 말씀 … 진리의 말씀"이다(전 12:10).

주님, 어찌 살아야 하는지 많은 사람들이 책을 썼지만
그것들을 다 연구하다가는 저희가 지쳐버릴 것입니다.

주님, 그러나 사람이 어떻게 인생을 살아야 하는지,
그 최종적인 결론이 바로 여기에 있습니다.
저희는 솔로몬이 해야 했던 모든 말들을 들었고,
인생이 너무나도 허무하다는 분명한 사실을 배웠습니다.

그 허무한 인생을 어떻게 살아야 하는지의 해답은

주님을 두려워하고 주님의 계명들을 지키는 것뿐입니다.

이것이 저희 인생이 행할 의무를 총망라하기 때문입니다.

주님은 저희가 행하는 모든 것을 판단하시고,

저희의 숨은 생각을 모두 다 아시기 때문입니다.

* 원문의 단어 배열은 "하나님을 너는 두려워하라"이다(전 12:13). 강조점
  이 하나님에게 있다. 인간의 두려움과 존경이라는 감정, 거기에서 비롯
  되는 신뢰는 이차적인 것이다. 하나님에 대한 두려움은 우리의 모든 삶
  을 하나로 묶을 수 있는 가장 근본적인 감정이다. 「전도서」는 하나님과
  떨어진 사람은 거룩함이 결핍되어서 죄를 추구하지만, 하나님의 거룩
  하심이 요구하는 올바른 삶을 직면해야 한다고 말한다. 하나님은 절대
  적인 복종을 요구하신다. 질문은 허용되지 않는다. 하나님은 "모든 행
  위와 모든 비밀한 일들"을 판단하시고 심판하시기 때문이다.

* 우리가 하나님의 심판을 명확하게 이해할 수 있는 것은 신약성경에서
  만 가능하다. 우리는 오직 예수 그리스도만이 하나님의 지혜이시고(고
  전 3:21) 우리의 모든 동기들이 하나님께 판단 받게 될 것을(고전 4:5) 알
  수 있다. 「전도서」의 모든 문제들은 우리에게 모든 문제의 해답을 갖고
  계시는 예수 그리스도를 바라보게 한다.

...이까로 드리는 기도,
사랑의 의미를 배우다...

<<< 서문

솔로몬은 성경에서 몇 편의 시편과 세 권의 책을 썼다(왕상 4:32). 그 중에서 제일 먼저 쓴 책이 「아가」인데, 그가 젊은 시절 나누었던 진실한 사랑에 관한 내용이다. 다음으로 솔로몬은 중년의 나이에 「잠언」을 썼다. 그가 하나님께 기도해서 받은 지혜를 되새기면서 쓴 책이다. 이책을 쓴 뒤 그는 천 명이 되는 부인과 첩을 두고서, 넘치는 부와 권력과 사치를 누리게 된다. 그 화려한 날들을 보내고서 나이 많아 쓴 책이 「전도서」이다. 이 책은 재산과 권력의 허무함을 보여주고 있다. 「전도서」 곳곳에서 그는 비탄에 젖어 부르짖는다. "허무하고 허무하다"(전 1:2).

배경

다윗은 많은 아들들을 두었다. 그 중 솔로몬은 장자가 아니었다. 그래서 그는 왕좌에 오를 첫 번째 후보가 아니었다. 그러나 솔로몬은 이스라엘의 왕위를 이을 자로 하나님의 선택을 받았다(삼하 7:12-17). 아버지 다윗이 어린 목동으로 지내면서 많은 교훈을 배웠던 것처럼 다윗의 아들들은 들에 나가 일하면서 인격을 수련했었다. 그 들판에서 솔로몬은 피부가 가무잡잡하고 나이 어렸던 술람미 소녀를 만났다. 그리고 그녀와 사랑에 빠졌다. 그 사랑은 정말 순수했다! 그런데 갑자기 솔로몬은 궁으로 보내져서 왕이 되었다. 돌아오겠다는 솔로몬의 약속만을 붙들고서 소녀는 홀로 남겨졌다. "떨어져 있으면 그리움이 자란다." 소녀는 그가 함께 있었을 때보다 헤어져 있을 때 더욱 솔로몬을 사랑하게 되었다.

드디어 솔로몬이 돌아오는 날이 되었다. 그는 자기 신부를 데리러 당당한 모습이 되어 돌아왔다. 그가 탄 마차가 시골 길을 위엄차게 내달렸던 모습은 이렇게 묘사되어 있다. "연기 기둥을 뒤로 하고 광야에서 나아오는 이 사람이 누구인가?"(아 3:6). 솔로몬의 마차 바퀴에서 일어나는 먼지를 연기 기둥으로 묘사한 것이다. "솔로몬 왕이 직접 그 마차를 만들었다네. 그 기둥을 은으로 하고, 그 바닥을 금으로 했다네"(아 3:9,10). 그가 탄 마차는 가운데 꼭대기에 화려하게 술이 달려 있고, "그 좌석은 보라색"(아 3:10)인 사륜 마차였다. 오늘날로 말하자면 엔진과 외관 전부를 '튜닝' 한 잘 빠진 차를 몰고서, 청년 솔로몬이 '첫사랑' 을 데리러 먼지가 뽀얗게 날리는 시골길을 내달리고 있는 것이다.

솔로몬의 어머니, 밧세바는 솔로몬의 이야기를 듣고서 그 결혼을 허락했다. "혼인날에, 가슴 벅찬 그 날에, 그 모친이 솔로몬의 머리에 면류관을 씌워주었다"(아 3:11).

인물들

「아가」에는 세 사람이 등장한다. 첫째, 신랑인 솔로몬이다. 그는 교회와 결혼하신 예수 그리스도를 보여주고 있다. 두 번째, 술람미 소녀이다. 그녀는 솔로몬을 깊이 사랑하는 신부이다. 솔로몬과 사랑에 빠져서 그와 결혼하기를 마음먹는다. 하지만 그녀가 그에 대한 자신의 사랑을 항상 적절하게 표현한 것은 아니다. 그리고 그와의 관계에서 항상 만족을 얻으려고 한다. 세 번째 인물군은 예루살렘의 딸들이다. 이들을 신부의 들러리로 해석하는 사람도 있고, 솔로몬 궁전의 여인들로 해석하는 사람도 있는데, 이 책에서는 그들의 목소리가 나오는 부분을 합창이라는 제목 하에 번역했다.

매일의 큐티 시간

「아가」에서 솔로몬과 술람미 소녀의 사랑은 정원으로 비유되어 그려진다. 이 비유는 또한 믿는 자가 그리스도를 만나 교제하는 곳을 연상시키기도 한다. 그래서 이 책에서 하나님과 교제하는 매일의 큐티 시간을 묘사할 때 정원을 비유해서 표현했다. 그리고 그리스도와 우리의 친밀한 관계는 목자와 양의 관계로 비유했다.

「아가」 해석

나는 시편으로 드리는 기도와 잠언으로 드리는 기도를 집필하면서, 모든 성경 연구자들이 밟는 기본 과정을 따랐다. 첫째는 "성경이 뭐라 말하는지 알기 위해" 성경 자체를 공부하는 것이다. 다시 말하면 연구자는 성경에 나와 있는 사실에 정통해야 한다. 두 번째는 "성경에서 말한 사실이 무엇을 의미하는지" 판단해서 결정하는 일이다. 이 작업은 해석이라고 부른다. 그래서 나는 성경의 내용을 해석한 것을 바탕으로 시편으로 드리는 기도와 잠언으로 드리는 기도를 집필했다. 나는 내가 집필한 기도들이 성경에서 말하는 내용과 일치하기를 원한다. 해석 다음의 세 번째 과정은 성경을 우리 삶에 적용하는 단계이다. 이 과정을 적용이라고 부른다. 세 번째 과정을 거치면서 당신은 성경의 말씀이 당신에게 어떤 의미를 지니는지 질문을 하게 된다. 성경의 독자들이 이 과정을 거치면서 자기의 삶에 말씀을 직접 적용하는 것이다. 나는 아가로 드리는 기도를 쓸 때는 다른 책들과 다른 방법으로 했다. 해석이 아니라 적용을 바탕으로 이 책을 쓴 것이다. 처음에 나는 성경의 다른 책들을 집필했던 방법대로 「아가」를 해석했고, 그 뒤 「아가」를 그리스도와 나 사이의 친밀한 교제에 적용을 해보았다. 「아가」를 해석하면 부부간의 (성적인) 사랑의 순결이 그 주요 내용이 된다. 그러나 나는 아가로 드리는 기도를 부부간의 사랑이라는 관점으로 쓰고 싶지 않았다. 그 대신 예수 그리스도를 앎으로써 더욱 가까워지는 예수님과 나의 관계라는 관점에서 이 책을 쓰기 원했다.

구약 시대 전반에 걸쳐서 이스라엘은 자기 민족을 지으신 창조주는 여호와 하나님이시며, 그들의 남편이시라고 가르침을 받았다. 그 뒤 세례 요한이 등장해서는 예수님이 바로 그 신랑이시요, 우리는 신부라고 가르치기 시작했다. 세례 요한은 "신부를 취하는 자는 신랑이시다"라고 말한다(요 3:29). 요한을 따라서 바울도 같은 비유를 들어 설명한다. "이러한 이유로 남자는 그 부모를 떠나서 자기 아내와 함께 해야 한다.

그리고 그 둘은 한 몸이 된다. 참으로 불가사의한 일이지만, 나는 지금 그리스도와 교회의 관계를 또한 말하고 있다"(엡 5:31,32). 바울은 그리스도와 믿는 자의 연합을 인간의 결혼 관계의 사랑을 비추어 설명한다. 내가 「아가」를 번역한 방식도 이러한 영적 통찰에서 비롯되었다.

신부가 자기 남편을 바라고 그에게 자신의 마음을 주는 것처럼, 믿는 자들은 예수 그리스도를 바라고 자기 마음을 열어서 주님과 나누어야 한다.

부부 사이가 친밀해지면 행복과 만족을 얻는다. 이는 예수 그리스도를 알게 되어 얻는 복 중에 하나이다. 예수님은 말씀하신다. "그러나 내가 주는 물을 마시는 사람마다 결코 목마르지 않을 것이다. 내가 주는 물은 그 사람에게 샘이 되어서, 그 속에서 영원한 생명을 얻게 하는 물이 솟아날 것이다"(요 4:14).

예루살렘의 딸들

많은 사람들이 이 여성들이 누구인지 궁금해 한다. 예루살렘의 딸들이 신부가 아닌 것은 분명하다. 하지만 그들은 신부를 알고 있고, 그녀와 가까운 사람들이다. 그 밖에 그들이 알고 있는 바를 살펴보면, 첫째, 그들은 신부가 어디에 있는지, 그리고 그녀를 어떻게 찾아야 하는지를 알고 있다. 둘째, 그들은 신랑이 어디에 사는지 안다. 셋째, 이들 예루살렘의 딸들은 계속해서 신부에게 신랑을 바라고 향하게 한다. 그들은 신부를 위한 솔로몬의 위엄과 권위와 사랑을 지켜본다. 신부가 예루살렘의 딸들에게 연인을 찾도록 도와달라고 요청할 때 그들은 그녀를 도와준다. 이 여인들은 신부와 신랑이 함께 있는 것을 보기 원한다. 그들은 신부의 친구들을 대표하는 사람들로서, 오늘날로 말하자면 신부 들러리이다. 어떤 사람은 그들을 솔로몬 궁전의 여인들이라고 해석하기도 하지만, 그러나 그들은 술람미 소녀의 고향 사람들 쪽에 더 가깝다. 그래서 그들은 그녀의 들러리가 된다.

노래 중에 노래

이 사랑 노래(아가 雅歌)가 "노래 중에 노래"로 불리는 까닭이 무엇인가? 솔로몬이 처음 쓴 글이라 그런가? 아니면 이 시에서 그의 젊은 시절 첫사랑을 노래하고 있어서 그런가? 이 노래가 모든 노래들 중에서 가장 뛰어나고 아름다워서 그런가? 혹은 이 노래가 다른 모든 노래들의 기본이 되는, 인생에서 가장 기본이 되는 사랑을 노래해서 그런가? 아니면 이 시가 관계를 노래해서, 그리스도와 우리의 관계를 노래해서 가장 좋은 것인가? 그리스도는 신랑이 자기 새 신부를 사랑하는 것보다 더 깊이 우리를 사랑하신다. 그래서 우리는 그리스도께 같은 사랑으로 응답해야 한다. "노래 중에 노래"라는 것이 「아가」가 문학적으로 탁월하다는 뜻인가? 「아가」는 지금껏 나온 책 중에서 가장 뛰어난 노래인 것이 맞다. "노래 중에 노래"라는 말은 아마도 위에 열거한 모든 것을 의미할 것이다. 그리고 이 "노래"는 그리스도를 사랑하는 당신의 노래가 되어야 한다.

1

사랑하는 이에게 헌신하라

솔로몬의 노래 (1:2–2:7)

이 시작 부분은 한 여성의 연인에 대한 깊은 그리움을 보여주고 있다. 그녀의 사랑이 얼마나 깊은지는 그녀가 연인에게서 떨어져 있을 때 잘 드러난다. 다윗 왕의 아들 솔로몬은 다윗의 다른 아들과 마찬가지로 직업이 있었는데, 가축을 돌보는 일이었다. 솔로몬은 목자가 되어 일하다가 포도원에서 일하는 한 소녀를 만났다. 그리고 그녀와 사랑에 빠졌다.

그런데 다윗이 죽었을 때, 솔로몬은 갑작스레 이스라엘의 왕으로 추대되었다. 그렇게 솔로몬이 떠나고 난 뒤 그녀는 그를 더욱 사랑하게 되었다. 이 시기에 그 소녀는 사람들에게 비난을 받는다. 솔로몬이 궁전에 들어가면 그녀를 잊어버릴 것이라면서 그녀에게 싫은 소리를 한다. 솔로몬에 대한 그녀의 그리움은 예수 그리스도에 대한 우리의 간절한 바람과 그리움을 은유적으로 그려내고 있다.

우리는 지금 이 땅에서 예수님과 떨어져 있다. 아무리 우리가 그 분을 전적으로 사랑하기를 바란다 해도 우리는 이 죄 많은 세상에서 제한된 삶을 살아갈 수밖에 없다. 이 때 사람들은 믿는 자들을 비판하면서 예수님이 돌아오지 않을 것이라고 말을 한다.

이 술람미 소녀는 자기 신랑에게 자신을 내어 맡길 때 평화를 찾게 된다. 우리도 예수 그리스도께 우리 자신을 내어 맡길 때 마음의 평안을 얻는다. 우리의 삶에서 예수님은 위대한 왕보다 더한 존재가 되신다. 그분은 우리를 만족케 하시고, 우리의 깊은 갈망을 채우시고, 우리가 사랑하는 상대자가 되어 주신다.

주님, 이 노래는 가장 뛰어난 사랑 노래입니다.
이 노래는 서로를 사랑하는 우리의 모습을 그리고 있습니다.

그리스도께 드리는 나의 기도

주님의 끝없는 사랑을 제게 보여주세요.
그래서 주님과 깊은 친밀감을 나누고 싶어요.
"내가 네 안에 머물겠다,"고 주님은 말씀하세요.
그리고 "너도 내 안에 머물러야 한다."고 저를 붙드십니다.
저 또한 그렇게 주님과 하나가 되기를 간절히 원한답니다.

주님, 주님의 이름은 정말 놀라워요.
부드러운 연고를 바르듯 제 상처를 어루만지시고
찢겨진 마음을 치료하셔서 아픔을 가라앉혀 주십니다.
그래서 젊은이들은 주님을 사랑한답니다.

주님의 임재하심을 경험하길 원하고
주님의 전에서 주님을 예배하기 원해요.

합창

주님, 주님께 감사와 찬양을 드립니다.
저희는 주님의 사랑을 영원히 기억할 것입니다.
저희가 주님을 사랑하는 것이 바로 의로운 일입니다.

그리스도께 드리는 나의 기도

주님, 저는 주님을 떠난 죄인이지만
주님의 가족이 되기를 원하고 있답니다.
제 죄를 보시고선 저를 버리지 말아주세요.
저는 거역하는 본성을 타고나서
그 본성 때문에 죄를 지으며 살아요.
그런데도 제가 주님을 찾고 구하기 때문에
다른 죄인들이 저를 몹시 미워한답니다.
제가 그들에게서 돌아섰기 때문에,
그들도 제게서 등을 돌렸어요.
그렇지만 저희 집은 더 이상
그들과 같이 비참하지 않아요.

주님, 제게 주님의 사랑을 다시 한 번 보여주세요.

주님이 임재하시는 곳을 어디에서 찾을 수 있나요?

저는 주님이 기르시는 양떼와 함께 쉬고 싶어요.

어째서 저는 주님을 찾으려 사방을 다녀야 하나요?

왜 저는 주님의 양 무리에 들어갈 수 없나요?

왜 저는 저들과 함께 주님을 예배할 수 없나요?

합창

주님, 주님의 자녀임에도 술 취한 자들이 많습니다.

그들은 주님이 얼마나 가까이 계시는지 모르고 있습니다.

주님의 양떼들이 걸어갔던 발자국을 그들에게 보여주십시오.

그들도 주님의 손에서 양식을 받아먹게 해주십시오.

그리스도의 대답하심

네가 나를 따르고 섬기기에

너는 내게 보물과도 같이 소중하단다.

네가 세상 사람들을 섬기는 것은

곧 나를 섬기는 것이란다.

네가 나를 바라볼 때

다른 사람들도 나를 보게 된단다.

너는 내가 나타날 수 있는 유일한 통로이기에

나를 아름답게 장식해줄 것이란다.

그리스도께 드리는 나의 기도

주님, 주께서 저를 주님의 만찬에 초대하실 때

주님의 신비로운 향기가 저를 주님의 품으로 이끌어요.

주님은 제가 이 세상 그 무엇보다 사랑하는 단 한 분이세요.

전 주님이 제 마음속에서 쉴 수 있으시길 바라고 있어요.

주님, 주님은 이 세상 가장 아름다운 정원에서

막 꺾어 오신 꽃들의 향기로 저를 설레게 하셔요.

그리스도의 대답하심

네 마음속에 있는 것을 살펴보아라.

하나님이 주신 거룩한 아름다움이 네게 있단다.

보아라. 네게는 그것을 볼 수 있는 영의 눈이 있단다.

그리스도께 드리는 나의 기도

주님, 저는 제 마음의 눈으로 볼 수 있어요.

주님의 아름다움…

주님의 불쌍히 여기심…

그리고 주님의 능력을.

저는 감사함으로 주님 전에 나아와

주님의 위대하심을 경배하며 들어갑니다.

아멘

2
이별이 사랑을 자라게 하다

그리스도께 드리는 나의 기도

주님, 주님은 샤론의 장미이세요.
주님 향기와 그 아름다움은
저를 싱그럽게 하시고 살아있게 하세요.
주님은 골짜기에 핀 저의 백합화이세요.
주님은 제 손으로 한 모든 일 위에
빛깔을 입히시고 농담을 맞춰주세요.

그리스도의 대답하심

가시밭에 피어난 백합화처럼
난 사람의 고통 속으로 들어갔단다.
네게 있는 그 가시들은,
에덴에서 내게 등을 돌려 생긴 그 가시들은
내 살을 찔러서 피를 흘리게 했단다.

그건 모든 사람을 위한 내 사랑이었고,

그 사람들 중에 바로 너,

내 가장 사랑하는 연인을 위해

달게 받았던 나의 고통이었단다.

솔로몬의 아가 (2:8-3:5)

술람미 여인과 솔로몬은 '억지로' 떨어져 있어야 했던 시기가 있었다. 그리스도와 우리 사이가 떨어져 있는 것처럼 말이다. 이것은 우리가 일터에서 매일 매일 일하면서 그리스도를 위해 거의 시간을 내지 못하는 모습을 그려낸 것이 아닐까? 혹은 믿는 자들이 세상에서 육신의 정욕과 안목의 정욕을 만족시키려 다니는 모습을 그려낸 것이 아닐까? 예수님이, 우리가 사랑하는 그 예수님이 언제나 임재하시는 것은 아니다. 그래서 믿는 자들이 주님과 항상 교제를 나눌 수는 없다. 그러나 믿는 자들은 주님을 구하고, 주님을 찾기를 바라고, 주님께 자신의 사랑을 보여드리기 원한다. 가장 깊은 사랑은 대개 사랑하는 연인이 곁에 없을 때 느껴지는 법이다.

그리스도께 드리는 나의 기도

주님, 주님은 숲 속에 있는 나무들 중

한 가운데 서 계신 생명나무이세요.

다른 모든 나무들을 떠받치고 계시지요.

저는 주님의 그늘 안에 안전히 있어요.

그곳에서 평화롭게 앉아 쉬지요.

생명을 주시는 주님의 열매는

제 입에 꿀보다도 더 달아요.

주님은 만찬이 차려진 저택으로 저를 이끄시지요.

제 머리 위에 휘날리는 주님의 깃발은 사랑이에요.

주님은 아무도 줄 수 없는 좋은 것으로 저를 먹여주세요.

주님은 제가 어디에서도 찾을 수 없었던 만족을 주세요.

주님은 주님의 품안으로 저를 끌어안으시고

살아가야 할 목적을 제게 주십니다.

솔로몬의 아가는 육체적인 사랑을 노래한 책이다. 함께 눕는 얘기며, 가슴을 얘기하는 것 등이 그렇다. 그러나 이런 언급들은 한 쌍의 연인이 결혼으로 연합되기 전까지 성적인 흥분을 자극하는 내용들이 아니다. 젊은 이들에게 전하는 아가서의 핵심적인 뜻은 2장 7절과, 3장 5절, 8장 4절에서 세 번 반복된다. 여기에서 "흔들지 말고"라는 말은 성적인 자극을 하지 말라는 뜻이다.

그리고 "내 사랑을 깨우댜"는 당신의 성적인 열정을 결혼이라는 성경적인 방법으로 이룰 수 있기 전까지 잠재워두라는 뜻이다. 이것은 현대를 사는 젊은이들에게 성적으로 순결할 것을 호소한다. 성적인 욕망을 자극하는 노골적인 영화들을 의도적으로 피하고, 성적 자극을 일으키는 육체적 접촉을 하지 말라고 간청하는 것이다.

합창

우리는 아담의 자식들인 너희에게 경고한다.
너희는 절대 이 사랑을 깨우고 흔들지 마라.
이 사랑은 오직 예수 그리스도에서 시작되니
너희의 성적 사랑을 아직 흔들거나 깨우지 마라.
부부로 하나 되어 네 사랑이 회오리치기 전까지
잠잠히 참고 기다리라.

그리스도께 드리는 나의 기도

주님, 저는 제가 사랑하는 단 한 분,
주님의 목소리 듣기를 사모해요.
그 음성은 온 산을 울리고 저 끝까지 퍼져요.
주께서 속삭이시는 소리조차
이 땅의 어떤 소리도 당해낼 수 없어요.
제가 가는 곳이 어디든지
주님은 언제나 제 곁에 다가와 서세요.
그리고선 제 영혼의 창을 들여다보시지요.
"내게로 어서 와, 내 사랑아."

주님은 제 귀에 말씀하세요.
"내게 가까이 와서 나와 함께 애정을 나누자.
그래서 나를 깊이 알아봐."

주님, 겨울에는 아무것도 피어나지 않았어요.
제 영혼은 추위로 얼어붙어서
저를 다시 살리는 봄비에 목말라 있어요.
따뜻한 햇볕 아래 꽃이 처음으로 피어날 때면
향기롭고 신선한 꽃냄새가 들녘에 퍼져요.
새들이 지저귀는 소리는 제 영혼을 깨우고
비둘기는 구구 거리며 사랑을 속삭여요.
나뭇가지 위에는 신비로운 새싹이 돋아나고
포도나무는 곧 다니 단 열매를 주겠노라 약속해요.

주님, 이제 제가 주님을 알고,
주님이 저를 아는 때가 돌아왔어요.
오, 주님, 제가 주님을 만지고
주님이 저를 만지시는 때가 온 거예요.

그리스도의 대답하심

난 나를 피해 숨었던 사람을 찾으러 왔단다.
그들을 건져내려고 찾아왔어.
내가 찾아낼 수 없는 은밀한 곳은 어디에도 없단다.
나는 나에게 말을 거는 너에게 이렇게 대답해 주겠어.
나는 너의 사랑이고⋯ 너의 방패이고⋯ 너의 전부야.

그리스도께 드리는 나의 기도

주님, 아주 작은 것이 제 삶을 망쳐놓아요.
그것들이 제 주위를 흐트러뜨려요.
네! 사소한 것들이 우리 정원을 망쳐놓고
주님과 저 사이에서 기쁨을 빼앗아가요.
인생에 부는 바람을 맞으며 늙기 전에,
인생의 그늘이 어둡게 늘어지기 전에,
주님의 임재 속에 저를 다시 들여보내 주세요.
배부를 때까지 저를 먹여주시고
제가 할 말을 잃을 때까지
제게 계속 속삭여주세요.
아멘

3

사랑의 완성

그리스도께 드리는 나의 대답

주님, 저는 밤마다 침대에서 주님을 찾았어요.

어디를 가든지, 주님을, 제 창조자를 찾았어요.

주님을 찾으려고 모든 방법을 써보았어요.

그러나 주님은 제게서 숨어계셨습니다.

사람들이 고안해 낸 방식대로는

주님을 찾을 수가 없었어요.

저는 제 침대에서 일어나서

주님을 찾으려고 사방을 다녔어요.

하지만 주님은 어디에도 계시지 않았어요.

군중 속에도, 사무실에도, 경기장에도 안 계셨어요.

하지만 저는 계속 주님을 미친 듯이 찾았습니다.

그러나 어디에서도 주님을 찾을 수 없었어요.

주님, 저는 주님의 성전을 지키는 사람들을 만났어요.

저는 물었어요. "그분이 어디 계시나요?"

하지만 그들은 대답해 주지 않았어요.

오히려 저를 학대하고 도와주지 않았어요.

"어떻게 그분을 찾을 수 있나요?" 저는 물었지만,

그들은 주님을 보지도 못했고, 어디 계신지도 몰랐어요.

그런데 제가 그들을 떠나자마자 저는 주님을 찾게 되었어요.

가장 높으신 하나님의 그 비밀스러운 곳에서 주님을 찾았어요.

"저는 이제 주님이 가버리시도록 하지 않을 거예요."

주님, 주님의 임재를 어떻게 찾을지 알았어요.

이제 저는 주님을 저의 집으로 모실 거예요.

저는 제가 사랑하는 사람들에게

주님을 사랑하는 제 마음을 말해줄 거예요.

합창

우리는 아담의 자식들인 너희에게 경고한다.

너희는 절대 이 사랑을 깨우고 흔들지 마라.

이 사랑은 오직 예수 그리스도에서 시작되니,

너희의 성적 사랑을 아직 흔들거나 깨우지 마라.

부부로 하나 되어 네 사랑이 회오리치기 전까지

잠잠히 참고 기다리라.

솔로몬의 아가 (3:6–5:1)

술람미 소녀는 솔로몬 왕이 자기를 신부로 맞으려고 마차를 몰고 찾아와서 너무나 기뻤다. 그는 머리에 왕관을 쓰고서 왕이 타는 마차를 몰고 왔다. 그가 가는 곳마다 시위대들이 그를 엄호했다. 이제는 예루살렘의 여자들까지 솔로몬의 위대함을 알게 되었다. 그래서 술람미 여인은 그를 더욱 사랑하게 되었다. 솔로몬은 그녀로 인해 큰 기쁨을 느끼고, 그녀 역시 그와 함께 하는 것이 얼마나 큰 기쁨인지 알게 되었다. 이것은 우리가 그리스도 안에 거하고, 그리스도께서 우리 안에 거하시는 모습을 비유적으로 그리고 있다. "내 안에 머물러 있어. 그럼 나도 너희 안에서 머무를게"(요 15:4). 이렇듯 그리스도와 우리가 서로의 안에서 살아가는 삶은 교제와 예배와 행복으로 하나 되는 삶이다.

그리스도께 드리는 나의 대답

주님, 주님은 힘차고 맹렬하게 오셨어요.
저의 버려진 사막을 찾아오신 거예요.
제가 목말라 하면서 죽어가고,
길을 잃어 겁에 질려있는 곳으로
주님은 저를 찾아서 내려오셨어요.
주님은 아름다움과 향기로움으로
온 몸을 두르시고 제게 오셨어요.

제 영에 빛을 비추시려고 오셨어요.

주님은 성령의 열매를 많이 갖고 오셔서

제가 먹고 기운을 차리게 해주셨어요.

저는 그 열매들로 제 인격에 힘을 공급했어요.

주님은 제가 주께 드리려던 것을 제게 주시려고,

하늘의 가장 좋은 것들로 선물해주시려고 가져오셨어요.

주님은 저를 보호하시려고 천사들을 대동하고 오셨어요.

주님은 제가 알기도 전에 위험들을 맞닥뜨리셨어요.

제가 제 자신을 스스로 보호할 수 없었을 때

주님은 저를 위해 방패 벽을 세워주셨어요.

주님, 주님은 마차를 갖고 계세요.

그 마차는 하늘의 바람이에요.

그 바람마차를 타고 주님은 어디든지 가세요.

그래서 주님의 위엄이 제 가까이에도 느껴져요.

주님의 마차는 은혜로 늘어서고

주님의 힘과 능력으로 나아가요.

그리고 자비의 길을 따라 달려가요.

합창

너희 사람의 아들과 딸들아,

와서 너희의 왕이시요 주 되신 분을 보라.

그 머리에 둘렸던 가시관이 금으로 바뀌었다.

그 금 면류관이 그분의 권세와 능력을 보이도다.

여자에게서 난 모든 자 위에 가장 뛰어남을 보이도다.

그 면류관은 주님의 만찬서 받으셨던 왕관이라.

아멘

4

오 아름다워라, 오 놀라워라

그리스도께 드리는 나의 대답

주님, 제게 오시는 주님 두 발이 얼마나 아름다운지요.

제 가슴에 바로 오시는 주님 길이 얼마나 아름다운지요.

지금도 있고, 예전에도 있었고, 앞으로도 있을 모든 것을

주님 두 눈이 바라보고 계십니다. 이 얼마나 놀라운지요.

주님의 눈은 제 마음속을 살피시고, 제 생각을 꿰뚫으셔요.

주님을 사랑하는 제 마음은 아직 너무 얕아요.

하지만 주님은 저를 깊이깊이 사랑하시지요.

모든 피조물에게 하시는 주님 말씀이 얼마나 장엄한지요.

오직 제게만 하시는 주님 말씀이 얼마나 뜻 깊은지요.

주님의 말씀은 하나님의 보좌로부터 나와서

저에게까지 닿아 있는 붉은 실이에요.

저는 주님의 사랑스러운 얼굴을 알고 있어요.

제 육신의 눈으로는 한 번도 본 적 없지만,

제 마음의 눈은 기억하고 있어요.

저는 주님 얼굴의 모든 선을 기억해요.

그러니 저는 주님을 안다 말할 수 있어요.

주님의 겉모습보다 주님을 더 잘 알고 있어요.

왜냐하면 저는 얇은 막 뒤에 있었으니까요.

그 때 저는 주님과 이야기를 나누었고,

주님도 제게 말씀해주셨어요.

주님, 아침 일찍 저는 주님 얼굴을 또 바랄 거예요.

그래서 제가 누군지 또 확인할 거예요.

어스름이 드리우는 저녁이 찾아오면

제 모든 죄들이 깨끗하게 지워지는

그곳으로 가서 주님을 만나겠어요.

그곳에서 저는 주님께 죄를 아뢰고,

주님을 찾고, 다시 새로워질 거예요.

주님의 모든 것은 다 아름다워요.

주님은 제 사랑이요, 제 하나님이세요.

그리스도의 답하심

지치고 상한 사람은 모두 내게 오려무나.

이 땅에서 매일 해야 될 고된 일을 벗어놓고

나의 임재 안에서 네게 허락된 평안을 찾으렴.

이 세상에는 너를 유혹하는 많은 것들이 있단다.

하지만 난 네 손을 꼭 잡아줄 거야.

이 세상에는 위험한 것들이 많이 있어.

하지만 내가 너와 함께 할 거야.

세상이 어두워지면 넌 갈 길을 모르겠지만

세상이 시작될 때 이미 내가 있었고,

거기서 내가 모든 것을 새롭게 했었어.

그리고 미래에도 나는 네 곁에 있을 거야.

나는 알파와 오메가, 처음과 끝이란다.

나는 지금도 있고, 이전에도 있었고,

앞으로도 있을 유일한 존재란다.

내가 쉬는 숨은 영생의 말씀이란다.

내가 곧 영생의 말씀이야.

그리스도께 드리는 나의 대답

주님은 맑고 깨끗한 연못과도 같아요.

그 끝이 어디인지 보이지도 않지요.

그런데 연못의 문이 잠기게 되면

아무도 그 안에 무엇이 있는지 몰라요.

앞으로 그 연못에 무엇이 담기게 될지

누구도 몰라요. 주님조차도 모르세요.

주님은 생명이 솟아나는 샘이 되어 주세요.

그 샘에서 모든 사람이 아름다움을 보게 돼요.

또한 제 삶의 정원에 우물이 되어 주세요.

그래서 건조한 제 삶에 물을 대 주세요.

그런데 어떨 때는 그 문이 닫혀서

주님이 무엇이 되시는지 아무도 몰라요.

이제까지도 몰랐고, 지금도 몰라요.

주님, 주님의 연못을 제게 열어주세요.

주님 주시는 생수로 제가 생명을 얻어요.

그 생명은 제가 한 번도 기대하지 못했던 거예요.

주님, 저를 풍요롭게 해주세요.

그리고 다른 사람들도 풍요롭게 해주세요.

사람들이 모두 너무나 목말라있어요.

합창

북풍아 깨어나라! 남풍아 불어오라!

그 샘에 아름다움과 생명의 숨을 불어넣으라.

주께서 물 위를 걸어오시게 하라.

"평안이 임할지어다."

아멘

5
사랑의 회복

솔로몬의 아가 (5:2–6:10)

하나 되어 행복했던 두 사람에게 뭔가 문제가 생겼다. 아마도 솔로몬이 궁전으로 돌아가게 되고, 거기서 할 일이 많았던 것 같다. 아니면 하루 정도, 혹은 여러 날 동안 솔로몬이 자기 신부를 남겨두고 떠날 일이 생겼는지도 모른다. 아무튼 그들의 달콤했던 교제가 깨어져버렸다. 이 장면은 우리가 세상에 빠지거나, 혹은 게으르거나, 혹은 주님과의 교제를 망쳐놓으려고 죄가 몰래 비집고 들어와서 우리가 그리스도와 사귐을 잃어버린 모습을 그려낸 것이 아닐까? 그렇다면 이 노래가 우리에게 전해주는 주제를 잘 살펴보라. 이 노래는 지금 회복을 이야기하고 있다. 술람미 소녀가 부지런히 나가서 자신의 연인을 찾아다닌 것처럼 우리는 우리가 소홀히 하여 잃어버렸던 예수님을 부지런히 찾아야 한다. 우리가 전심으로 주님을 찾는 것이 회복의 시작이다. 그러면 주님은 자신을 우리에게 보이시고, 주님과 우리의 하나 됨이 완전히 회복된다.

그리스도의 대답하심

나는 너에게로 갈 거란다.
네 안의 정원으로 들어갈 거란다.
그곳 아침에는 기도의 향기가 날 거야.
그곳 저녁에는 만남의 달콤함이 있을 거야.
우리 같이 사귐의 고기를 먹자꾸나.
우리 같이 달콤한 꿀을 즐기자꾸나.

합창

친구와 함께 먹고 마시라.
배를 채워줄 음식보다도
서로를 더욱 즐거워하라.
친구와 함께 먹고 마시라.
서로가 더욱 가까이 알게 될 때까지,
네가 땅의 할 일로 돌아가야 될 때까지.

그리스도께 드리는 나의 대답

주님, 자려고 누울 때라도 제 마음은 깨어 있어요.
보지 못하더라도 저는 주님의 목소리를 들어요.

저는 제 마음에 새겨진 주님의 형상을 따라가요.

그리스도의 대답하심

나에게 네 마음을 활짝 열어줘.

나에겐 네게 들려줄 사랑의 말이 있어.

내 가슴을 적어놓은 책을 깊이 들여다 봐.

거기서 널 위해 내가 했던 모든 일들을 봐.

그 부분을 다시 봐. 그 책의 시작을 계속 읽어 봐.

거기에 네 필요에 대한 내용이 적혀져 있지는 않지.

모든 것은 하나님 아버지께 영광을 돌리려 창조되었어.

아버지께서 자신을 위해 하실 수 없었던 단 하나가 있는데,

아버지 하나님은 하나님 자신을 경배하실 수가 없단다.

하나님을 경배하는 것은 이미 네게 알려진 말씀이야.

나는 네가 아버지를 경배하도록 도와주러 왔어.

그것은 아버지께서 찾으시는 일이야.

그리스도께 드리는 나의 대답

주님, 겉옷을 이미 벗었는데 다시 입어야 하나요?

신발을 이미 벗었는데, 다시 신어야 하나요?

주님의 임재가 다가오는 것을 느낄 수 있지만

주님이 언제 가버리셨는지는 전 잘 몰라요.

제 맘이 공허하고 외로워지면 그제야 알아차리죠.

주님이 제게 원하시는 일을 모른 척하고

바쁘다고 주님 생각을 하지 못할 때면

저는 혼란과 절망에 빠지게 돼요.

그러면 주님께 다시 마음의 문을 열어요.

그렇지만 그 땐 이미 주님은 그곳에 없으세요.

저는 주님이 이 세상 어디든지 계시다고 생각했어요.

그래서 안심하고 주님을 찾았는데, 찾을 수 없었어요.

소리 높여 주님을 불렀지만 주님은 대답지 않으셨어요.

제가 주님을 찾고 다녔던 것은

제 자신을 위해, 제 절망을 해소하려고,

제 이기적인 필요를 위해서였어요.

저는 주님 자신을 찾지 않았어요.

저는 주님 성소의 문지기들에게 갔어요.

저는 그들의 도움이 필요했어요.

그런데 그들은 저를 때리고 상처를 입혔어요.

그들은 제 기쁨을 빼앗아 갔어요.

주님의 문지기란 사람들이 말이죠.

합창

그리스도를 아는 모든 너희여,
갈릴리의 그분을 찾으라.
그분을 찾으라.
우주의 주인 되신
오직 그분만을 구하고 찾으라.
잃어버린 사랑을 다시 찾는 것은
언제나 그분에게서 비롯되고 시작된다.
어떻게 나사렛의 그가 사랑을 줄 수 있나?
다른 사람은 줄 수 없는 사랑을 그만 홀로?
아름다움이 바로 그에게서 시작되기에
그는 언제나 사랑의 근원이셨다.
그분은 사랑이시다.
너희는 그에게서 사랑을 받으라.
그래서 사랑하는 법을 배우라.
어떻게 그의 사랑이 다른가?
다른 모든 사람들의 사랑과 다른가?
너희가 그 분을 마음으로 받아들이면
너희는 주는 법을 배울 것이다.

그리스도께 드리는 나의 대답

주님, 주님은 위대한 신이시지만,
놀랍게도 사람이시기도 합니다.
주님은 그 누구와도 다르신 분이예요.
주님 사랑의 순결함은 결코 변하지 않아요.
그 순결한 사랑에 견줄 수 있는 것은
오직 주의 거룩하고 불변하는 사랑뿐이에요.
변하는 건 저희지요. 저희는 너무 배고프니까요.
하지만 저희가 주님 사랑 안으로 들어가면,
저희는 주님이 용납하시는 것을 느껴요.
그러나 저희가 헛걸음하고 불순종할 때면
주님의 거룩하심이 저희를 거절하심을 느껴요.
주님은 변하지 않으세요.
저희가 다른 빛을 따라 움직이지요.
저희가 변할 때 주님은 외딴 곳에서 외로이 계세요.
주님은 저희에게 새로운 말씀을 하지 않으세요.
이미 이전에 모두 말씀하셨기 때문이죠.
저희가 주님을 발견했던 그 책에서 말이죠.
주님은, 저희를 사랑하시며,
인내하시며, 기대하시며 기다리세요.
주님 사랑 안으로 돌아오기를 기다리세요.

저희를 향한 주님 사랑이 변치 않으니까요.

우리 함께 즐기던 것을 차버리고 거절하는 것은

주님이 아니라 바로 저희예요.

주님, 주님의 말씀은 모두 달아요.

주님은 온전히 사랑스러운 모습으로 서 계세요.

그렇지만 저는 방황하기 쉬워요. 그것이 제 마음이죠.

제 마음을 붙드시고 다만 주님의 사랑으로 봉해주세요.

아멘

6

깨지지 않은 하나 됨

합창

당신의 사랑이 어디에 계신지 당신은 아는가?

당신의 인생에서 그분의 임재를 놓쳐버릴 때

당신의 사랑을 어떻게 다시 찾을지 당신은 아는가?

그분을 찾으려 당신은 언제쯤 다시 일어나려는가?

당신이 그분을 찾을 수 있도록 도울 수 있는 방법이

딱 하나 있다. 당신 혼자서는 안 된다.

모든 혼란과 일탈에서 벗어날 수 있는 길은

그분에게 다시 새롭게 집중하는 것이다.

솔로몬의 아가 (6:11-8:4)

이 대목은 솔로몬과 술람미 소녀가 서로를 사랑하는 모습을 묘사하고 있다. 동시에 그리스도와 우리 사이가 깨어지지 않고, 아름답게 하나 됨을 보여주기도 한다. 즉 그리스도가 우리 안에 사시고 우리가 그분 안에서 살아갈 때 변화되는 우리의 삶을 그려내는 것이다. 장차 하늘나라에서 있을 그리스도와 우리의 관계는 오늘날 우리가 이 땅에서 매일 매일 그분과 함께 교제하는 모습에서 분명하게 반영될 것이다.

그리스도께 드리는 나의 대답

주님, 주님이 매일 저녁 우리의 정원에 오셔서
기쁨을 누리신다는 것을 저는 알고 있어요.
주님은 연못의 물로 기운을 차리시지요.
해가 저물면 주님은 양떼들을 모으시고
백합화가 피어있는 밭에서 저를 기다리셔요.
마땅히 주께 드릴 예배를 받으시려고 오셔요.
저는 주께 속하였고, 주님을 깊이 사랑해요.
그리고 주님도 제게 속하셨지요.
매일 저녁 주님의 임재 안으로
새로워지려고 나아옵니다.
주님께 경배를 드리고
제 사랑을 드리려고 주님 앞에 옵니다.

그리스도의 대답하심

나는 우리의 정원에 매일 매일 온단다.

네가 오든 안 오든 난 널 기다려.

나는 너의 예배를 받으러 온단다.

네가 예배하든 안 하든 난 널 기다려.

네가 날 만나러 여기 오지 않은 날엔

너만 혼자 버려진 게 아니야.

네 게으름과 무시 속에서

네 사랑이 강해지지 못해.

그 사랑을 약해지도록

네가 내버려 두는 거야.

하지만 나도 애가 탄단다.

나를 네게 줄 수 없어서란다.

나는 나를 예배할 사람을 찾고 있어.

네가 넘어질 때 난 너를 보듬을 것이고

네가 내 사랑이 필요할 때 내 마음을 줄게.

그러나 동시에 나는 만군의 주요,

전쟁하는 하늘 사자들의 대장이기도 하다.

그들은 강하고 능한 군대이다.

나는 하늘과 땅의 모든 권세가 있다.

나는 항상 너와 함께 있을 것이니

나의 깃발 아래에서 행진하고

내게 더 가까이 다가와 머물러라.

이 세상의 신에게서 너는 안전할 것이다.

너를 겁주고 잔인하게 내치는 자로부터

너는 자유로울 것이고, 안전할 것이다.

네가 나를 보는 눈을 거둔다면

너는 이 세상에 압도될 것이지만

나와 친밀한 관계 안에서 넌 안전할 거다.

나에게는 내게 속한 많은 사람들이 있단다.

나는 나를 필요로 하고 나를 찾는 자들이라면

그 누구에게도 줄 수 있는 공간과 여유가 있어.

그런데도 사람들은 나를 떠나서 살아왔어.

나에게는 한 사람 한 사람을 위해서

내가 준비한 풍성한 사랑이 있단다.

그리고 너에게 줄 사랑이 있단다.

그러나 우리가 함께 있을 때,

너도 네 모든 사랑을 나에게 다오.

내가 네게 내 사랑을 다 준 것처럼 말이야.

네가 내 안에서 완전해지면

너는 온전함을 찾게 될 거야.

너와 나는 다른 누구도 없는 것처럼

이 세상에 우리 둘만 있는 거야.

다른 사람들이 너를 보고서

네가 행복한 것을 보고 말하게 하렴.

너를 칭찬하는 것은 곧 나를 칭찬하는 것이니까.

네 안에 있는 모든 선한 것들이 나를 경배한단다.

합창

그리스도의 깃발 아래 모집된 군대 앞에서

그 누가 동 터오는 새벽보다 더 밝게 빛나겠는가?

그 누가 달처럼 품위 있고, 고요하고, 사랑스럽겠는가?

그 누가 위엄차게 행진하는 군사라 하겠는가?

그리스도께 드리는 나의 대답

주님, 저는 제 사랑을 만나려고 정원으로 갔어요.

주님의 임재 안에서 새롭게 기운을 차리려고 갔어요.

주께 경배하여 맺혀진 제 삶의 열매를 드리려고 갔어요.

저도 모르는 사이, 저는 주님의 마차 안으로 이끌렸어요.

저는 예배의 기운에 압도되었고, 가슴이 설레었어요.

저는 그리스도 안에 있었고,

주님은 제 안에 계셨어요.

아멘

7

돌아오라

합창

돌아오라 하와의 아들과 딸아,
그분에게로 돌아오라.
돌아와서 그분을 보라.
그 분의 임재 안으로 돌아오라.
왜 너는 길 잃은 사람처럼 주위를 맴도는가?
왜 너는 엉뚱한 곳에 잘못 찾아가서
잘못된 것을 바라고 있는 건가?

그리스도의 대답하심

내게로 오는 자의 발걸음이 얼마나 아름다운지!
나를 찾는 자들의 영혼이 얼마나 사랑스러운지!
그들이 드리는 예배가 얼마나 정성스러운지!
하나님의 법을 어기고 슬피 우는 자들을,

나는 그런 사람들을 찾고 있단다.

그들은 자기 죄가 얼마나 중한지 깨달았어.

기쁨으로 찬양하며 경배와 감사를 드리는 자들,

나는 그런 자에게 귀를 기울이고 그 소리를 듣고 있어.

하나님의 영광의 구름이 임하는 성전에다

참새도 둥지를 짓고 편히 지내는데,

왜 너는 내 임재 앞으로 나오지 않고서

이 문제, 저 문제로 고통당하고 있는 거지?

내 집으로 나아오면 내가 너를 만날 텐데.

영광의 구름이 거하는 내 성전에서 하루가

다른 집에서 보내는 천 일보다 더 좋단다.

나는 네 왕관이고, 네 빛이고, 네 생명수야.

나는 인생을 시작하는 여명이야.

자, 나를 통해서 모든 것을 봐.

나 없이는 누구도 진정 살아갈 수가 없어.

그리스도께 드리는 나의 대답

주님, 주님 앞으로 제가 나아가요.

주님 계신 곳이 아니고서는

어디에도 행복과 평안이 없어요.

어디에서도 생명으로 들어갈 수 없었고

그토록 풍성하게 생명을 누릴 수 없었어요.

저는 주님의 것이에요. 제 뜻을 주께 드려요.

제 인생에서 주님이 계획하신 일을 해주세요.

주님 제게 와주세요.

이 저녁 시간 우리 서로 얘기를 나눠요.

저는 주님께 제 사정을 말씀 드리고,

주님께 제 찬양과 경배를 드릴게요.

주님 일어나세요.

이른 아침 정원에서 우리 함께 만나요.

꽃이 피고 상점들이 문 열기 전에요.

저는 주님께 제 사랑을 드리고서

주님의 완전한 사랑을 받을 거예요.

정원에는 우리가 함께 할 것들이 정말 많아요.

실컷 먹을 과일도 있고, 아름다운 꽃도 있어요.

갈한 목을 시원하게 축일 물도 있고

깊이깊이 생각할 수 있는 교제도 있어요.

저는 매일 주님께 하루의 일부를 드릴 거예요.

저는 제 삶의 가장 우선할 자리에 주님을 모실 거예요.

아멘

8

광야 밖으로 나오다

그리스도께 드리는 나의 대답

주님, 주님은 제 가족보다도 더 가까우세요.
혈육은 영이 느끼는 친밀함과 기쁨을 모르지요.
저는 주님을 제 고향 집으로 모시고 갈 거예요.
그래서 가족들 모두에게 말해 줄 거예요.
저는 주님께 제 사랑과 헌신을 드렸노라고.
부모로부터 교훈을 배우게 해주셔서 감사해요.
저는 무엇이 선하고 무엇이 나쁜지를 배웠어요.
만약 부모가 제게 관계의 중요성을 안 가르쳐줬다면
저는 주께 다가가 주님 임재의 복을 받지 못했을 거예요.

합창

우리는 아담의 자식들인 너희에게 경고한다.
너희는 절대 이 사랑을 깨우고 흔들지 마라.

이 사랑은 오직 예수 그리스도에서 시작되니
너희의 성적 사랑을 아직 흔들거나 깨우지 마라.
부부로 하나 되어 네 사랑이 회오리치기 전까지
잠잠히 참고 기다리라.

이번 대목은 신부가 광야를 벗어나오는 모습으로 시작된다. 솔로몬이 처음 광야에서 올라올 때처럼 이번에는 신부가 광야에서 나온다. 그러나 이제는 사랑하는 사람과 함께이다. "사랑하는 사람에게 기대어 광야에서 나오는 이 여인이 누구인가?"(아 8:5). 그들은 함께 있다. 그리고 그들은 서로에게 기대어 있다. 이들은 하나가 되었다. 신부가 계속 솔로몬에게 더욱 단단히 매여 있기를 구하는 것처럼, 우리는 그리스도께 이전보다 더욱 가까이 가려고 애써야 한다. 그녀의 몸은 포도원에 있지만 마음은 솔로몬으로 가득 차 있다. 마치 우리의 마음이 세상의 일들보다는 사랑하는 그리스도로 더 채워져 있는 것과 같다.

이 마지막 장면에서 모든 사람은 그들의 사랑을, 서로가 서로를 사랑하는 모습을 보게 된다. 그녀는 우리가 그리스도께 하는 것처럼 자기의 연인에게 기대어 있다. 왜 그럴까? 그리스도는 우리의 힘이시고, 기쁨이시고, 우리 인생의 상급이시기 때문이다.

그리스도의 대답하심

너는 우연히 잉태된 것이 아니란다.

너희 가정에 내가 너를 보냈던 거야.

너의 성격과 기질은 이미 정해져 있었어.

나는 이 세상을 짓기 전부터 너를 생각하고 있었어.

나는 시간이 시작되기 전부터 너를 사랑하고 있었어.

그리스도께 드리는 나의 대답

주님, 주님의 가슴에 저를 새겨주세요.

주님의 강한 팔로 주님 곁에 저를 항상 두세요.

사랑은 죽음처럼 강렬하기 때문이에요.

사랑은 그 불꽃이 넘실대듯 타오르고

그 위에 기름을 얹으면 높이 높이 솟아나요.

어떤 물로도 주님의 사랑을 꺼뜨릴 수 없어요.

증오로 내달리는 폭포수 같은 사람의 감정도

주님의 사랑을 결코 꺼뜨릴 수 없어요.

주님, 누군가 자기 돈을 다 쓴다 해도

그 돈으로는 사랑을 사기에 충분하지 않아요.

사랑은 받는 것이지, 돈으로 살 수 없으니까요.

주님, 저희는 모두 이기적인 사람이에요.

남에게 주기란 저희에게 불가능한 일이에요.

그런데 어떻게 저희가 주님 사랑을 얻을 수 있지요?

저희가 사랑을 줄 수 없는데도?

저희는 먼저 주님이 주신 것을 받아요.

주님이 제게 모든 것을 주셨기 때문이죠.

그리고 저희에게 주신 분께 드리는 법을 배워요.

그렇게 저희는 주님께 드리면서 사랑을 시작해요.

합창

세상 그 누가 완벽하단 말인가?

누구도 완벽을 손에 쥘 수 없다.

그러나 그리스도는 주시려 오셨고,

우리에게 새로운 품성을 주셨다.

불완전한 자들을 완전하게 만드시려

그리스도가 우리에게 오셨다.

이제 우리는 모두 주님의 완전함 속에서

완전한 출발을 새롭게 할 수 있다.

그리스도께 드리는 우리의 대답

주님, 저는 사람이에요.

제 안에는 사랑할만한 것이 하나도 없죠.

그래서 제 모습 그대로 주님께로 가요.

주님에게는 주님이 쉬시는 정원이 있어요.

제가 주님의 정원으로 향하게 해 주세요.

그 곳에서 우리는 함께 만날 수 있을 거예요.

제가 주님의 정원에서 계속 돌봄 받게 해주세요.

그래서 주님의 성실하심에서 벗어나지 않도록,

세상에서 꼬임을 받지 않게 해주세요.

제가 주님의 임재로부터 배우게 해주세요.

저는 주님과 함께 있는 법을 배우고,

주님을 더욱 완전하게 알게 될 거예요.

그래서 주님이 저를 완전하게 하셨기에

세상에서 저는 완전하게 있을 거예요.

제 기도와 찬양과 경배와 감사를

더욱 풍성하게 자라도록 해주세요.

주님의 정원에서 저를 자라가게 해주세요.

주님의 영광을 향해 자라가게 해주세요.

주님, 저의 정원은 제 것이 맞아요.

제가 기뻐하는 대로 그 정원을 가꿀 수 있지요.

하지만 전 주님을 위해 그 정원을 가꾸기로 택했어요.

주님과의 관계가 제 모든 것이기 때문이니까요.

그리스도의 응답하심

누가 나와 함께 내 정원에서 살아갈까?
누가 내 정원에서 나를 기다려줄까?
누가 내 목소리에 귀를 기울일까?

그리스도에게 드리는 나의 대답

주님, 저 혼자서 정원에 가보았는데,
뜻밖에도 주님이 거기에 계셨어요.
저는 주님의 임재하심을 발견하고,
주님도 저를 찾으셨어요.
저는 주님 안에서 완전하고,
주님도 제 안에서 완전하세요.
아멘

결론

그리스도를 향한 우리의 사랑

사랑의 친밀감

솔로몬의 「아가」는 세상에 있는 가장 위대한 사랑 이야기 중 하나이다. 그래서 우리는 사랑에 관한 많은 선언들과 정의를 「아가」에서 기대하게 된다. 「아가」의 신부는 간청한다. "그가 내게 입 맞추기를 원해요"(아 1:2), "저를 데리고 가세요!"(아 1:4). 신부는 사랑하는 이의 향기가 어떠한지 말해주고, 그에게 "내 사랑"이라고 부른다(아 1:9). 사랑의 마지막 표현은 "함께 눕는 것"이다. 그래서 신부는 그가 "내 품에 안겨 온 밤을 누워있다"고 말한다. 사랑에 빠진 사람들은 연인을 묘사하기 위해서 아름다움과 향기의 상징들을 사용한다. "그녀는 장미요, 백합이요, 활짝 핀 꽃들이라 불리지요"라고 말이다. 그래서 이 표현들은 우리가 그리스도를 부를 때 쓰는 말이기도 하다.

만족스럽지 못한 인생

그 신부는 솔로몬과 사랑에 빠진 후에 어떤 것으로도 만족할 수가

없었다. 그녀의 눈은 오직 그의 아름다움만 보이고 그녀는 끊임없이 그
의 사랑의 충만한 기쁨을 갈망한다. "그 입술로 제게 입 맞춰주세요.
당신의 사랑은 술보다 더 달콤해요"(아 1:2). 진정한 사랑은 연인과 계
속 같이 있고 싶은 마음이다. 진정으로 예수 그리스도를 사랑하고 그
분에게서 기쁨을 발견하는 자들도 그와 똑같다.

우리가 그리스도와 사랑에 빠지게 되면 이 세상은 우리에게 이전과
똑같을 수가 없다. 마치 사랑에 빠진 연인들이 다른 사람들을 똑같이
대하지 않듯이 말이다. 솔로몬은 확실히 그 소녀와 사랑에 빠져버렸다.
그래서 그녀를 수시로 찾아간다. 비록 그 방문이 짧을지라도 그 시간들
은 너무도 소중한 기쁨의 시간이었다. 그 뒤 그들이 떨어져 있을 때 그
렇게 찾아갔던 시간들은 사랑을 더 갈망하게 하고 절실하게 만들었다.
이 이야기는 그리스도가 안 계시다면 우리 인생에 진정한 만족이 없다
는 것을 다시 한 번 가르쳐준다. 예수 그리스도 안에서 풍성한 삶을 발
견한 자들은 세상이 줄 수 있는 것으로 결코 다시는 만족할 수 없다.

가끔씩, 그러나 계속되는 사랑의 훼방

솔로몬의 「아가」에는, 우리의 실제 삶에서도 그렇지만, 신랑이 항상
신부와 함께 있지 않다. 사랑하는 사람이 항상 당신과 있지 않은 것처
럼 그들도 언제나 함께 있지는 못했다. 신랑이 매일 일터로 나가야 하
는 사정은 우리가 언제나 그리스도의 임재를 인식하지 못하는 것과 닮
아 있다. 우리에게는 해야 할 일들과 돌봐줘야 할 아이들, 해결해야 될

문제들이 있다. 세상에서 할 일들 틈에서 예수 그리스도를 잠깐씩 만나는 기쁨은 그분이 얼마나 소중한 분이신지를 절감하게 한다.

시절이 항상 변하듯이, 우리 인생에도 썰물 때와 밀물 때가 있다. 그래서 그리스도와 함께 동행하며 살아가면서 우리는 그분과의 다정하고 친밀한 관계를 경험을 할 뿐만 아니라 이 세상에서 느끼는 답답함을 경험하기도 한다. 우리는 이런 기복을 싫어하지만, 그러나 우리가 세상에서 언제나 절정의 기쁨만을 만끽하며 살 수는 없는 것이다. 그것이 바로 인생이다. 하루 중에는 빛 가운데서 온전히 주님을 보는 것처럼 밝은 대낮이 있는가 하면, 그 뒤에 잠을 자고 주님과 떨어져 있어야 할 밤이 반드시 찾아오게 되어 있다.

"그 입술로 제게 입 맞춰주세요. 당신의 사랑은 술보다 더 달콤해요"(아 1:2). 술람미 소녀는 이렇게 말하고 있는 듯하다. "그의 사랑이 내 사랑만큼이나 강하다면, 그 얼굴빛을 내게서 돌리지 않을 거야."

사랑은 휴식보다 더 강한 힘이 나게 한다. 사랑은 언제나 갈망한다. 사랑은 만족을 추구한다. 진정한 사랑은 당신의 연인이 당신의 것이고, 당신도 그의 것임을 마음에서 확신한다. 비록 그리스도께서 우리를 언제나 기다리고 계시지만, 그분을 그리워하는 우리의 가장 깊은 갈망을 최고로 만족시키는 것은 그가 우리의 마음 안에 계시고 우리가 그분께 나아갈 때마다 그분이 거기에 계시는 것이다. 비록 그분이 보이지 않으시면 우린 진정한 쉼을 쉴 수가 없지만, 그래도 우리는 우리 마음에 주님이 거하신다는 것을 믿는다. 우리가 매일의 큐티 시간에 그 임재를 경험하지 못할지라도 그분이 우리와 함께 하심을 신뢰한다.

신랑에 관해 주목할 또 한 가지 사실이 있다. 신부는 신랑의 전부를 요구하고 있는 것 같다. 그런데 정작 그녀는 그에게 자신의 전부를 드려본 적이 없다. 사랑은 순종이다. 그럼에도 불구하고 우리는 항상 주님께 순종하지는 않는다. 그 신부는 그를 온전히 사랑한다고 말은 하지만, 자기의 이름을 그대로 둔 채로 사랑하는 그에게 자신의 전부를 주지는 않는다. 만약 그녀가 사랑과 존경을 약속했다 해도, 순종을 약속하지 않았다면, 그녀가 진정 그를 사랑하는 것일까? 그녀의 사랑이 자기 포기라는 정점에 도달하기 전까지, 그녀는 사랑에 만족할 수가 없다. 그리고 남편을 통해 그녀가 필요로 하는 친밀감과 다정함도 얻을 수 없다. 자기와 관련된 일을 혼자서 결정하고 해나가는 여인은, 연인과 함께 계속 공유해가야 할 것들에는 결코 만족하지 못한다. 그녀가 그렇게 남편과 함께 공유하기를 기뻐하지 못한다면 그녀는 사랑하는 자에게 당당히 사랑을 요구할 수 없다.

그러니 만족하지 못하는 삶에 들려줄 대답이 무엇일까? 왜 그토록 많은 사람들이 진정한 만족을 느끼지 못하면서 인생을 겨우 살아가는 것일까? 만족하지 못하는 삶은 신부가 신랑을 위한 사랑이 아니라 자기 자신을 위한 사랑을 더 필요로 하는 까닭이다.

하나님은 우리에게 그리스도를 향한 우리의 사랑이 어떠해야 할지 깨닫도록 하시기 위해서 우리에게 남자와 여자의 관계를 주셨다. 사랑의 문제는 그리스도가 우리를 사랑하시는 데에 문제가 있지 않다. 우리가 그분의 사랑을 받아들이고 그분께 사랑을 드리는 데 문제가 있는 것이다. 이 세상에서도 신부가 신랑을 선택하고 그에게 헌신하기를 힘겨워 한다면, 그리고 신랑 될 사람이 그 사실을 알았다면 그가 무슨 생각을 하겠는가? 그는 그 결혼을 계속 지속할 수 없을 것이다. 그렇다면 우리 주님에게 더 말할 것이 무엇이겠는가?

그래서 하나님은 인간의 마음에 남성과 여성 간의 감정적인 간격을 두셨다. 우리와 그리스도 사이의 감정적인 간격을 어떻게 극복할지를 가르쳐주시기 위해서이다. 우리가 사랑을 향한 깊은 갈망을 느끼고선, 가만히 앉아있지를 못하고 더 이상 참지 못해 사랑하는 자에게 달려가야만 할 때, 우리는 사랑 안에서 우리가 채워지는 것을 발견하게 된다. 그래서 우리는 그리스도 안에서 우리의 사랑을 발견하기까지 이 세상에서 불만족스러운 삶을 살면서 사랑을 경험하지 못한다.

신부가 자신의 전부를, 그녀의 마음과 손과 소유와 명성 모두를 신랑에게 내려놓아야만 하듯이, 신부가 그리스도께 그녀의 모든 것을 드리기 전까지 그녀는 그녀를 향한 남편의 사랑을 감당할 수도 없고, 그리스도께 사랑을 드릴 수도 없다.

우리는 세상에서 이기적인 신부들이 있는 것을 보아왔다. 그저 예쁘게 보이려고 옷을 원하고, 물건을 사려고 돈을 원하고, 자기 마음대로 하려고 남편의 순종을 원하는 여인. 얼마나 많은 여인들이 자신을 위해서 해 줄 수 있는 일만을 위해서 남편을 원하는가? 그러한 여인은 사랑의 진정한 의미를 모른다. 비록 남편과 육체적인 잠자리를 함께 하더라도, 그녀는 남편의 마음을 만족시키는 사랑을 주지 못한다. 그래서 교회는 반드시 예수 그리스도를 사랑하는 법을 배워야 한다. 우리는 반드시 그분에게 우리의 사랑을 적절하게 표현해야 한다. 어떻게 우리가 그렇게 할 수 있을까? 그가 원하시는 것이면 무엇이든지, 우리 자신을 그분에게 완전히 내려놓을 때 가능하다.

아침 묵상

우리는 거룩함을 회복하는 시간을 반드시 따로 가져야 한다! 우리는 매일 하루를 하나님 앞에서 조용히 기다리는 것으로 시작해야 한다. 그 시간을 통해서 우리는 우리가 무엇을 해야 할지, 무엇을 말해야 할지, 어떻게 우리 삶의 문제들을 대해야 할지 배울 수 있다.

술람미 소녀가 그녀의 왕인 신랑에게서 자신의 만족을 찾았을 때, 그녀는 인생을 여는 열쇠를 발견하기 시작한다. "우리는 당신 안에서 기뻐하고 즐거워할 거예요. 우리는 술보다 더욱 달콤한 당신의 사랑을 기억해요"(아 1:4).

주님과 하나가 되는 거룩하고 친밀한 체험 이외에 그 어느 것도 우리 영혼을 깊이 만족시킬 수 없다. 당신은 주님이 당신의 모든 것을 알고 계심을, 그분이 당신을 이해하시고 여전히 당신을 사랑하신다는 것을 이미 알고 있다. 그 사실은 당신에게 살아갈 힘을 준다. 그 생명의 힘은 이전에는 당신에게 없던 것이다.

술람미 소녀가 솔로몬이 있는 곳으로 나아왔을 때, 그녀는 이전에는 개의치 않았던 자신의 모습을 깨닫게 된다. 그래서 그녀는 부끄럽게 고백한다. "저를 쳐다보지 마세요. 저는 햇빛에 그을려 얼굴이 검답니다. 제 어머니의 아들들이 저를 미워해서 자기들의 포도원을 지키라고 했어요. 그래서 정작 제 소유의 포도원은 돌보지를 못해요"(아 1:6). 아침 묵상 시간에 우리는 이전에 보지 못한 우리 자신을 볼 수 있는 새로운 눈이 생긴다. 우리는 살아가면서 저지른 실수들을 보고, 우리 행동에서 나타나는 경솔함을 보게 된다. 우리는 우리 죄들을 발견하고서, 우리가 죄를 범하는 또 다른 경우들을 깨닫게 된다.

아침 묵상 시간에 우리는 그날 하루에 닥칠 위험들을 미리 깨달을 수 있다. 그 중에서도 가장 심각한 위험이 무엇인지는 오직 왕 되신 주님의 임재 안에서만 제대로 볼 수 있다. 바로 왕 되신 주님을 온 마음을 다해 사랑하지 않는 것이다. 우리가 그분을 사랑하기에 소홀하면 우리가 그날 해야 될 일의 중요성도 제대로 인식하지 못하게 된다. 또한 그분 품 안에서 쉼을 얻는 길을 찾는 능력이 줄어들게 된다. 우리가 자기 영혼을 자세히 살피지 못하면 우린 실수를 저지르면서 그날 하루를 무기력하게 끝내게 된다. 우리가 잊지 말아야 할 것은, 그분의 임재 안에서 우리가 새롭게 되는 일이 그 시간 이후로 종일토록 그분을 위해 일하는 것보다 더 중요하다는 것이다. 우리가 그리스도와 함께 있을 때 우리는 그분의 임재 안으로 들어가 그분의 생명력을 받아먹는다. 그러면 우리는 그날 하루 동안 그분의 열매들을 맺게 된다.

매일 아침의 첫 시작을 그리스도와 함께 하는 일에 게으르지 마라. 아하! 물론 당신의 신랑 되신 주님은 그분과 시간을 보내지 않은 당신을 용서해주실 것이다. 그러나 그로 인해 스스로 상처를 입게 되는 것은 바로 당신이다. 당신이 그처럼 자주 상처를 입게 되면, 당신의 삶이 흉터로 얼룩지게 되는 것이다.

회복된 연합

연인이 오고 있음을 알게 된 신부는 가슴이 뛰기 시작한다. 특히 그녀가 보고 싶어서 그가 찾고 있음을 알게 될 때 더욱 빠르게 뛴다. 그녀가 설레는 가슴으로 하는 말을 주목해 보자. "내 사랑하는 사람은 노루와 같고 어린 사슴과 같아요. 보세요, 그가 우리 집 밖에 서서 창문 안을 들여다보고 있네요. 창살 사이로 그가 나를 바라보고 있어요"(아 2:9). 이 장면은 신랑이 자기 연인을 불러내는 모습이다. 하지만 그는 먼저 그녀에게 가지 않는다. 그녀가 그들의 관계를 깼던 적이 있기 때문이다. 그래서 그녀에게 가는 대신 그녀가 자신에게 나오도록 불러내고 있다.

> 내 사랑하는 사람이 말해주었죠,
> 그가 내게 이렇게 말해주었죠:
> 일어나요 내 사랑, 내 어여쁜 이여, 내게로 와요.
> 겨울은 이제 지나갔고, 비도 그쳤어요.
> 꽃들이 땅 위에 피어나네요.
> 이제 봄이 돌아 왔어요.
> 산비둘기 소리가 우리 땅에서 들리네요.
> 무화과나무에서 푸른빛 열매가 나오고
> 포도나무 연한 꽃잎에서 향기가 나네요.
> 일어나요 내 사랑, 내 어여쁜 이여,

어서 내게로 와요!

(아 2:10-13)

이것은 그분께 오라고 우리를 초청하시는 그리스도의 멋진 초대이다. 우리와 함께 교제를 나누시기를 갈망하시는 그리스도는 그분이 우리를 사랑하시는 것처럼 우리가 그분을 사랑하기를 원하신다. 우리를 위해 죽으셨던 슬픔의 그 사나이는 우리가 그분에게 매일 헌신하는 시간을 드릴 때 기쁨의 사나이가 되신다. 당신은 항상 스스로 이렇게 질문해보라.

"오늘 아침 나의 큐티 시간을 통해 그리스도께서 무엇을 받으셨지?"

그러나 우리를 향한 그리스도의 사랑이 강한만큼, 그분은 우리가 그분을 초대한 것을 넘어서서 우리 가슴에 더 억지로 들어오실 수는 없다. 이와 같이 우리는 우리가 들어가기를 선택한 범위를 넘어서서 그분 사랑의 마음에 더 깊이 들어갈 수 없다. 사랑은 선택이다. 그리고 결정은 우리 몫이다. 우리 그분을 사랑해보지 않겠는가?

당신은 분명히 그분을 사랑할 것이다. 당신은 그분의 사랑을 받으려고 앞으로 나아갈 것이다. 분명히 당신은 매일 아침 그분을 만날 것이다. 당신이 배고프기 때문에 당신은 그분이 주시는 열매를 먹으려고 할 것이다. 당신은 목마르기 때문에 생명수 마시기를 바랄 것이다. 당신은 문제들과 씨름하고 있기 때문에 그분의 해결책들을 바라고 있을 것이다. 그렇지만 만약 우리가 문제를 두고 혼자서만 계속 씨름한다면 그분은 우리가 오기를 헛되이 기다리시게 된다.

작은 문제들

사랑하는 연인들마다 그들의 깊은 사랑을 깨뜨리는 작은 문제들을 맞닥뜨리게 된다. "포도밭을 망치는 작은 여우들이 있어요. 우리가 기른 포도나무에서 열매가 맺었기 때문이죠"(아 2:15). 원수들은 매우 작다. 그러나 그들은 엄청난 손해를 입힌다. 사랑이 피어날 때면, 작은 여우 한 마리가 와서 다 피기도 전에 따 먹는 것이다. 그 반대로, 사랑의 꽃을 피우는 방법에는 어떤 것이 있을까? 따뜻한 손길 한 번, 친절한 말 한 마디, 연인에게 전한 짧은 편지로 꽃은 피어난다. 그렇다면 우리는 그리스도께도 그처럼 작지만 세심한 방법으로 우리 사랑을 전하고 있는가?

포도원 곳곳을 돌아다니면서 포도나무에 핀 사랑의 꽃을 해치고 꺾어 버리는 "작은 여우들"은 참 많이 있다. 작은 여우들은 사소해 보이는 것들로 우리를 자극해서 우리 육신을 즐겁게 한다. 그러면 우리는 그 작은 악들이 주는 즐거움을 받아먹고서 그리스도인이 할 일들을 제 시간에 하기를 소홀히 한다. 그러다가 결국 하나님을 경배하는 시간에 잘못을 저지르고 만다.

우리는 예수 그리스도 안에서 안전하다. 그렇기 때문에 우리는 그분의 사랑을 당연하게 받아들인다. 그것은 바로 술람미 소녀가 했던 반응이었다. "내 사랑하는 이는 나의 것이에요. 그리고 나도 그의 것이에요. 그는 백합꽃들 사이에서 자기 양떼를 먹이고 있어요"(아 2:16). 그녀는 자신이 필요할 때면 언제든지 그곳에서 그를 만날 수 있으리라 생각했다. 그 때 그는 백합꽃들 사이에서 양떼들을 먹이고 있었다. 그러나 그 신부는 항상 그에게 가서 그의 임재를 즐기지는 않았다. 그녀는 정말로 가볍게 그를 돌아섰고, 자기 연인과 함께 시간을 보내지 않았다. 그 대신 그녀는 그에게 가버리라고 말했다. 아마도 그의 사랑을 나중에 누릴 수 있으리라 생각한 것 같다. 그래서 그녀는 그에게 기다리라고 말한다. "날이 저물어서 그림자도 사라져버릴 때까지, 돌아가 있어요. 내 사랑. 산 위에 노루와 어린 사슴처럼 돌아가세요"(아 2:17). 참 이기적인 여인이다. 자신이 낼 수 있는 고요한 시간을 들여서 사랑하는 사람을 만나는 것이 아니라, 자기가 필요할 때면 언제든지 만나서 만족을 얻을 수 있으리라 생각하고 있다. 그녀는 그에게 가라고 말한다. 산으로 사슴처럼 뛰어가라고 말한다. 그녀는 그에게 저녁이 될 때까지 기다리라고 말한다.

우리가 바로 이런 식으로 예수 그리스도를 대하고 있다. 그분과 교제를 나누어야 할 아침 시간에 우리는 그 날 해야 될 일정을 짜느라 바쁘다. 그래서 정작 그분과는 시간을 보내지 않고, 다만 저녁 시간을 그분께 드리겠노라고 약속한다. 그러나 막상 분주한 일상을 마치고 좀 한가해지면 그분과의 교제가 우리 마음먹은 대로 되던가? 남편을 돌려보내고 신부는 자기 할 일을 할 수 있게 되었다. 드디어 날이 시원해지고 그늘이 지면 가겠노라 그녀가 약속했던 저녁 시간이 되었다. 하지만 그녀가 사랑하는 사람을 그렇게 돌려보낸 뒤 무슨 일인가 일어나버렸다. 저녁이 되어 그녀는 그를 찾았지만, 그는 거기에 없었던 것이다. "밤늦도록 나는 내 사랑하는 이를 침대에서 기다렸고, 그를 찾았어요. 그러나 나는 그를 찾을 수 없었어요"(아 3:1). 가끔씩 우리가 그리스도에게서 떠나 있으면, 다음 번 기도드릴 때 아무리 주님을 갈구한다 할지라도 그만큼 그분을 발견하지 못하게 된다.

그때 우리는 그리스도를 전심으로 찾아야만 한다. 우리는 우리의 심중 깊숙이 들어가서 우리의 이기적인 죄들을 살피고 그것들을 주님께 고백해야 한다. 우리는 주님 이외의 것들로 우리 마음을 채워두었던 죄를 고백해야 한다. 우리는 주님을 소홀히 했던 게으름의 죄를 고백해야 한다. 아무리 찾고 불러도 신랑이 돌아오지 않자, 신부는 신랑이 없는 비참한 현실을 깨닫게 되어 이렇게 말한다. "나는 이렇게 스스로 말했어요. '이제 일어나서 시내로 들어가야지. 거리를 다녀보고 광장에도 가 보아서 내 사랑하는 사람을 찾아봐야지.' 그리고서 나는 그를 찾았어요. 하지만 그를 찾을 수가 없었어요"(아 3:2). 그녀가 이른 아침 상쾌한 햇빛을 맞으며 그리스도의 임재를 누릴 수 있었다면, 그리스도를 찾으려고 그 한밤중에 거리로 나가서 누구의 도움도 없이 헤매야만 했을까? 왜 그녀는 아침에 그 사랑을 깨닫지 못하고 다른 시간으로 바꾸자고 했던 것일까? 왜냐하면 그녀가 그리스도를 중요하게 생각지 않았기 때문이다. 그래서 그녀는 그에게 "싫어요!"라고 말했던 것이다.

우리가 그리스도를 찾으러 어둠 속을 뛰어 다닐 때, 그분의 임재하심을 찾을 수 있는 곳이 어디겠는가? 신부가 했던 말을 보자. "도시를 다니던 경비병들이 나는 보았어요. 그래서 나는 그들에게 물어보았죠. '내가 사랑하는 그 사람을 본 적 있나요?'"(아 3:3).

다시 큐티 시간이 되어 우리가 마침내 그리스도를 만나게 되었을 때, 우리는 우리의 이기심을 고백하고 용서를 구해야만 한다. 회복은 좋은 것이다. 남편을 화나게 했던 아내는 남편과 다시 관계를 회복하는 기쁨을 알고 있다. 하나님은 결혼생활을 통해 사람에게 인간관계의 회복을 경험하도록 하셨다. 그와 마찬가지로 우리는 그리스도와의 관계를 통해 하나님과의 관계회복을 이해하게 된다. "나는 그를 붙들었어요. 이제는 그를 가버리게 두지 않을 거예요. 그를 데리고 내 어머니의 집으로 갈 거예요. 그리고 나를 잉태했던 어머니의 방으로 들어갈 거예요"(아 3:4).

변치 않는 하나 됨

「아가」에서 가장 중요한 부분은 바로 솔로몬 왕이다. 그가 그리스도를 상징하고 있기 때문이다. 모든 권력을 가지신 분은 바로 그리스도이시다. 그분에게 모든 사랑이 있고, 그분에게 그의 신부인 우리에게 주실 수 있는 모든 선하고 좋은 것들이 다 있다. 신부의 들러리들에게 왕을 환호하라고 초대하는 소리를 들어보자. "나아가라, 오 시온의 딸들아, 가서 면류관을 쓴 솔로몬 왕을 보라. 그의 혼인날에, 가슴 벅찬 그 날에, 그 모친이 그 머리에 면류관을 씌워주었다"(아 3:11).

솔로몬 왕이 면류관을 썼듯이, 우리는 그리스도께 드리는 우리의 행실과 말로써 그분에게 영광의 관을 씌워 드려야 한다. 우리는 그리스도로 가득 채워져야 하고, 자신을 위해서는 채우지 말아야 한다. 또한 마음을 다한 예배를 그분께 드림으로써 예수 그리스도를 영광스럽게 한다. 자신의 이기적인 감정들을 더 자라나게 하려고 큐티 시간에 주 앞에 나가는 것이 아니다. 예수 그리스도를 즐거워하기 위하여 큐티 시간으로 나가는 것이다. 그렇게 하려면 우리가 먼저 솔직히 인정해야 할 것이 있다. 그분의 임재 안으로 들어가려는 목적은 대개 우리 자신을 위해서이거나, 기껏해야 교회의 다른 사람들을 중보하기 위해서이거나, 혹은 구원받지 못한 자들을 중보하기 위해서라는 것이다.

그리스도를 우리 삶의 중심으로 모실 때, 그리고 그분이 우리의 전부임을 발견할 때, 우리는 그 분이 모든 것의 시작이요 끝이심을 알게 된다. 그러면 우리는 인생이 바뀌는 경험을 하기 시작한다. 다시 말하면, 그분이 우리 가슴에서 살아계시고 우리는 그분 안에서 살아가는 것이다.

우리를 위한 그리스도의 진실한 사랑을 이해할 때, 우리는 그분을 위한 우리의 사랑 안에 잠잠해질 수 있다. 우리가 오락을 즐길 때도 그리스도를 밀어내지 않을 것이다. 그분을 무시하거나 멀리 보내버리지 않을 것이다. 그 대신 우리는 술람미 소녀와 같이 이렇게 말할 것이다. "그분은 내게 속하셨고, 나 또한 그분의 것이에요." 우리는 그리스도와의 완전한 회복을 원한다. 그리고 그분과 굳게 하나가 될 때, 우리는 그리스도께서 이렇게 말씀하시는 것을 듣게 된다. "날이 저물어서 해 그림자가 없어질 때까지, 나는 몰약 산으로 올라가고, 유향 언덕으로 올라갈 거야"(아 4:6).

그리스도께서 우리를 용서해주실 때, 그분은 우리를 모든 죄에서 깨끗하게 씻기신다(요일 1:7). 우리가 완전히 의로운 자라고 그분이 선포하셨다. 그분은 우리를 자신의 형상대로 바꾸기 시작하신다. 이 때 그리스도께서는 솔로몬이 했던 말을 우리에게 들려주신다. "너는 내 전부란다, 내 사랑, 내 어여쁜 자야. 너에게는 아무런 흠이 없구나"(아 4:7).

우리가 사랑하는 그리스도, 우리의 주님이 그분께 드리는 우리의 인간적인 사랑에 만족하실 수 있다는 사실은 참으로 놀랍다. 그 사실은 우리에게 그분의 초대를 받아들이고 매일 조용한 시간에 그분께 우리의 사랑을 드릴 것을 격려한다. 우리는 주님의 임재를 구하며 그곳으로 가야 한다. 그분께 우리의 사랑을 고백하기를 갈망하면서 가야 한다. 솔로몬이 자기 아내에게 했던 말을 그리스도의 말씀으로 생각하며 주의해서 들어보라. "너는 내 전부란다, 내 사랑, 내 어여쁜 자야. 너에게는 아무런 흠이 없구나"(아 4:7).

아무것도 신경 쓰지 않는다!

신부가 솔로몬을 사랑해서 그와 행복한 사귐을 갖기 원하는 대목은 참 흥미롭다. 예루살렘의 딸들(신부 들러리들)은 그런 술람미 소녀를 소리쳐 부른다. "돌아와, 돌아와, 우리도 너를 좀 보게 해줘!"(아 6:13). 술람미 소녀가 신부이고, 그녀에게 신랑이 있다는 사실은 의심할 바가 없다. 그러나 신부의 들러리들이 아름다운 신부복을 입은 그녀를 보기 원했을 때, 그녀는 자신이 어떤 모습인지, 무슨 옷을 입고 있는지 더 이상 신경 쓰지 않는다. 그녀의 관심은 오직 신랑에게 있다. 그렇듯이 우리는 우리의 사랑의 대상이신 예수 그리스도에게만 우리의 모든 관심을 두어야 한다.

그러나 예수께서 이렇게 말씀하셨던 것을 기억해보자. "'틀림없이 나는 곧 돌아온다.' 아멘. 주 예수님, 어서 오십시오!"(계 22:20). 매일의 삶에서 가장 중요한 것은 예수님이시고, 미래에서도 가장 중요한 것은 예수님이시다. 결혼식의 신부로서 우리는 우리가 입은 신부복이나 우리가 식의 주인공이 되었다는 사실을 자랑해서는 안 된다. 가장 중요한 것은 예수님, 우리의 신랑이시다. 솔로몬의 신부는 들러리들에게 이렇게 묻는다. "술람미 소녀에게서 너희들이 무엇을 보려고 하니?"(아 6:13). 그녀는 자신에게 관심이 집중되는 것을 원하지 않는다. 모세가 산에서 내려왔을 때 그동안 하나님과 함께 있었던 까닭에 자기 얼굴이 빛나는 것을 몰랐던 것처럼, 우리가 매일 큐티 시간을 끝맺을 때 우리가 하나님과 함께 있었던 까닭에 우리 영의 얼굴이 빛난다는 사실을 깨닫지 못한다. 우리 얼굴이 빛난다는 것은 중요한 사실이 아니다. 우리가 하나님과 함께 있었다는 것이 중요하다. 그리고 다른 사람들이 우리에게서 그리스도의 아름다움을 보게 될 것임이 중요하다. 그들은 우리의 얼굴이 그리스도의 영광으로 빛나는 것을 보게 될 것이다.

각주

1) *Webster's New World Dictionary of the American Language*, 2nd College Ed. (Cleveland, OH; William Collins/World Publishing Co., Inc., 1974).

2) *Answers.com, http://www.answers.com/trollop,* 2005년 2월 14일 검색 결과.

3) *Webster's Third New International Dictionary, unabridged* (1993), s. v. "diligence."

4) *Ibid.*

5) *Ibid., s. v.* "diligent."

6) *Webster's New Collegiate Dictionary* (1976), s. v. "prudence."

7) *Ibid., s. v.* "prude."

8) *Oxford English Dictionary, Second Edition* (1989), s. v. "prudence."

9) *Merriam Webster Online Dictionary, http://www.m-w.com/cgi-bin/dictionary?book=Dictionary&va= scoffer,* ⟨2005년 2월 16일 검색⟩

10) *Webster's New Collegiate Dictionary,* (1976), s. v. "drunk."

11) *Webster's Third New International Dictionary, unabridged* (1993), s. v. "drunken."

12) *Ibid., s. v.* "drunkard."

13) *Webster's New World Dictionary of the American Language, 2nd College Ed.* (Cleveland, Ohio: William Collins/World Publishing Co., Inc., 1974).